The Two-Income Trap

Why Middle-Class Parents are (Still) Going Broke

맞벌이의 함정

맞벌이의 함정
– 중산층 가정의 위기와 그 대책

지은이 | 엘리자베스 워런, 아멜리아 워런 티아기
옮긴이 | 주익종

1판 1쇄 펴낸날 | 2004년 5월 15일
개정판 1쇄 펴낸날 | 2019년 6월 20일

펴낸이 | 이주명
편집 | 문나영

펴낸곳 | 필맥
출판신고 | 제2003-000078호
주소 | 서울시 서대문구 경기대로 58 (충정로2가) 경기빌딩 606호
홈페이지 | www.philmac.co.kr
전화 | 02-392-4491
팩스 | 02-392-4492

ISBN 979-11-6295-013-5 (03300)

* 잘못된 책은 바꿔드립니다.
* 값은 뒤표지에 있습니다.

이 도서의 국립중앙도서관 출판예정도서목록(CIP)은 서지정보유통지원시스템 홈페이지(http://seoji.nl.go.kr)와 국가
자료종합목록시스템(http://www.nl.go.kr/kolisnet)에서 이용하실 수 있습니다. (CIP제어번호 : CIP2019020383)

Why Middle-Class
Parents are (Still) Going
Broke

The Two-Income Trap

맞벌이의 함정

중산층 가정의 위기와 그 대책

지은이_엘리자베스 워런, 아멜리아 워런 티아기

옮긴이_주익종

필맥

아이들에게 학교에 갈 때 신을 신발과 걸스카우트 옷을 사주고 나면

주택대출 이자를 낼 돈이 모자란다는 사실을 갑자기 알아차리게 된 부모들에게

이 책을 바친다.

그들은 우리의 이웃이거나 형제자매, 친구, 직장동료다.

우리가 잘 아는 사람 가운데 그런 이들이 있다.

그들은 대학을 다니고, 아이들을 낳아 기르고, 집도 장만하면서

규칙에 맞게 살아왔는데도 좌절에 빠졌다.

이제 그 규칙을 고쳐서 그들의 가정이 실의에서 벗어나 기운을 내고

다시 희망차게 살아갈 수 있도록 해야 할 때다.

"미국의 중산층은 무너지기 시작했다." 이 말은 2003년에는 꽤 충격적이었는데 지금은 그렇지 않다.

우리는 2003년에 펴낸 《맞벌이의 함정》*에서 저축해 놓은 돈이 없고, 신용카드 빚이 많으며, 주택담보 대출이 크게 부담이 되는 가정들에 대해 이야기했다. 좀처럼 늘어나지 않는 소득, 사라지는 일자리, 치솟는 의료비, 터무니없이 비싼 대학 학비도 거론했다. 월스트리트의 탐욕스러운 은행들이 가정의 금융거래를 마치 물속에서 상어, 그것도 덩치 큰 상어와 같이 헤엄치는 것처럼 위험한 일로 만든 사실도 지적했다. 규칙을 지키며 살아가는 가정들이 난관에 부닥쳐 덜컹거리다가

---

* 2003년에 발간된 초판(*The Two-Income Trap: Why Middle-Class Mothers and Fathers Are Going Broke*)을 가리킨다. 그로부터 13년 뒤인 2016년에 발간된 개정판 (*The Two-Income Trap: Why Middle-Class Parents Are (Still) Going Broke*)을 번역한 것이 이 책이다.

결국은 파산하는 이야기도 했다.

우리는 통계숫자와 도표도 이용하고 꽤 많은 양의 주석도 달면서 모든 사실을 자세히 기록했다. 통계숫자로 일일이 뒷받침하지 않으면 우리가 하는 이야기를 아무도 믿지 않으려고 할 것이라고 생각했던 것이다.

당시에 미국의 중산층에 대해 생각을 해본 사람이라면 누구나 그들이 안전한 상태에 있다고 여기는 것 같았다. 미국의 중산층이 견고한 난공불락의 성 안에 살고 있으며, 그래서 심지어는 다소 따분해 하고 있을지도 모른다고 보았던 것이다. 미국의 중산층은 어쨌든 전쟁, 각종 사건, 전염병, 대공황 등을 겪고도 살아남은 것이 사실이다. 21세기가 우리에게 어떤 해코지를 한다고 해도 미국의 중산층은 계속 건재할 수 있다고 사람들은 생각했다.

경제적 고통의 수위가 올라가고 있다고 언론이 보도했을 때에도 그 이유를 변명하는 이야기가 오갔는데, 그것은 듣기에만 솔깃할 뿐 나쁜 뉴스를 쉽게 무시하게 만드는 이야기였다. 책, 뉴스방송, 지역 신문 5부작 시리즈물 등도 여느 아주머니나 옆 사무실 남자를 비롯한 주위의 거의 모든 사람과 똑같은 결론을 내놓았다. 그 결론은 미국인들이 어려움에 처한 것은 지출을 너무 많이 해서 그렇다는 것이었다. 나이키 스니커나 대화면 텔레비전이 인기를 끄는 것만 봐도 알 수 있지 않느냐는 것이었다. 쇼핑몰은 사람들로 북적이고, 인조 다이아몬드가 박힌 개줄까지 팔리고 있으며, 전자레인지가 없는 집이 없다고들 했다. 그런데 의료비가 치솟고 일자리가 불안정한 가운데 담보대출 연체에 따른 주택 법정처분(압류)이 급증한다고(주택 법정처분은 2003년에 이미 급증하고 있었던 것이 사실이다)? 사람들은 듣기에 거북한 소리에 대해서는 두 귀에 손가락을 꽂아 넣고 아무것도 들리지 않는다는 태도를 취했다. 그런 분위기에 내포된 의미는 분명했다. 그 의미는 만사형통이라는 것이었다. 그리고 누구든 자기는 개인적으로 그렇지 않다고 한다면 그것은 그 자신의 잘못 때문이라는 것이었다.

《맞벌이의 함정》에서 우리는 그와 같은 이야기의 진실성을 부정했다. 우리는 다음과 같은 두 가지 놀라운 사실에서 출발했다.

— 자녀가 있다는 것은 여성이 파산할 것임을 가장 잘 알려주는 예고지표다.

— 부모가 이혼하는 아이들보다 부모가 파산하는 아이들이 더 많다.

《맞벌이의 함정》은 무엇이 잘못된 것인지, 그리고 얼마나 많은 중산층 가정이 재무 낭떠러지로 굴러 떨어지는지에 관한 이야기다. 그것은 우리 모녀가 속하는 두 세대의 이야기다. 두 세대란 아멜리아가 태어난 1970년대 초부터 시작된 엘리자베스의 세대와 지금 아이들을 기르고 있는 아멜리아의 세대를 가리킨다. 현대의 가정은 주택, 의료, 교육을 비롯해 살아가는 데 필요한 모든 것의 비용을 스스로 벌어서 감당해야 한다고 우리는 들었다. 그런데 뭔가가 잘못되면, 이를테면 직장에서 해고되거나 질병에 걸리거나 이혼하는 등의 일을 당하면 저축해놓은 돈이 없는 대다수 가정은 그대로 침몰할 수 있다는 사실을 우리는 지적했다. 오늘날 사람들이 그 어느 때보다 더 열심히 일하고 있음에도 한때 견고했던 중산층은 무너지기 시작했다는 것이 우리의 결론이었다.

우리는 《맞벌이의 함정》에 대한 반박이 거셀 것으로 예상했다. 그런데 이 책이 출판된 뒤에 재미있는 일이 벌어졌다. 이 책의 메시지에 우리가 생각했던 것보다 더 많은 사람들이 공감을 표시했다. 우리는 견고하고 안전해 보이던 중산층이 심각한 재무적 곤경에 빠져 있으며, 심지어는 성공의 상징과도 같았던 맞벌이 가정도 그러함을 도표와 통계숫자로 보여주었다. 그런데 많은 사람들이 그것만 보고도 공감을 표시해서 우리가 사람들을 설득하기 위한 말을 굳이 길게 늘어놓을 필요가 없었다. 〈뉴스위크〉, 〈투데이쇼〉, 〈뉴욕타임스〉 등이 이 책의 메시지와 관계가 있는 뉴스를 보도했고, 많은 사람들이 이 나라 전역의 가정들에 어떤 일이 일어나고 있는지를 좀 더 자세하게 알고 싶어 했다.

우리에게 개인적으로 반응을 보여주는 사람도 많았다. 꽤 많은 사람들이 우리에게 이메일을 보내와 자신의 이야기를 해주었다. 우리가 식료품점에 가거나 차로 아이를 등교시킬 때에는 사람들이 다가와 우리와 이야기를 나누고 싶어 했다. 그들이 우리에게 해준 이야기의 세부적인 내용은 다 달랐지만 골자는 하나였다. 열심히 일하면서 살아왔는데 저축도 거의 못했고 은퇴 대비도 하지 못했다는 것이었다. 그래서 여전히 월급봉투만 바라보며 산다는 것이었다. 어느 젊은 엄마는 이렇게 말했다. "당신이 쓴 책을 읽고 이런 생각이 들었어요. 우리는 쉬지 않고 일을 하면서 살지만 빚의 굴레에서 결코 벗어나지 못할 거예요.

속상한 일이에요."

나(엘리자베스)의 삶 가운데 그런 개인적인 이야기들에서 추동력을 얻는 부분이 점점 더 커졌다. 그 연장선에서 나는 책을 더 써서 냈고, 신문에 기고를 했고, 하버드 로스쿨에서 강의를 했고, 누구든 듣고자 하는 사람이 있으면 내 생각을 피력했다. 심지어는 파산보호에 관한 의회 위원회(별로 성공적인 위원회는 아니었다)에 가서 조언을 해주기도 했다. 그사이에 아멜리아는 아이를 하나 더 낳았고, 새로운 사업을 시작했으며, 틈틈이 글을 써서 신문에 기고했다. 그러나 우리의 이런 노력만으로는 역부족이었다. 문제는 더 심각해지기만 했다. 우리에게 이메일을 보내거나 길거리에서 우리의 발걸음을 멈춰 세운 사람들은 매우 개인적인 관점에서 자신의 이야기를 하면서 문제의 핵심을 건드렸다.

닥터 필(Dr. Phil)은 자신이 진행하는 텔레비전 토크 쇼에 우리 모녀를 초청했다. 토크 쇼에 출연해서 재무적 곤경에 빠진 어느 부부에 대한 카운셀링에 동참해달라는 것이었다. 그는 "워런 교수님!"하고 나를 부르더니 주택담보 대출을 추가로 받기로 한 그 부부의 결정에 대해 어떻게 생각하느냐고 물었다. 그 질문은 매우 많은 수의 시청자에게 유익한 조언을 해줄 기회를 나에게 주는 것이었다. 가슴이 벌렁거리고 조명에 눈이 부셨지만 해야 할 말은 했다. 나는 빚을 갚기 위해 2차 주택담보 대출을 받는 것은 살고 있는 집을 가지고 "룰렛 도박을 하는 것"과 같으며 "주택소유자가 저지를 수 있는 최악의 행위"라고 말했다. 또한 은행들이 사람들에게 2차 주택담보 대출을 받으라고 권하는 것은 그렇게 하게 하면 자기네가 많은 돈을 벌 수 있기 때문이지 그렇게 하는 것이 곤경에 빠진 가정이 재무적 회복을 이루는 좋은 방법이기 때문이 아니라고 지적했다.

카메라가 무대 위의 부부에게로 돌아가는 동안에 나는 어디에 있는 누구는 그 토크 쇼를 보고 있다면 내가 한 말을 귀담아듣고 2차 주택 담보 대출을 받지 않기로 결심하기를 마음속으로 바랐다.

우리는 또 하나의 수단을 동원하기로 했다. 가정들이 경제적 안전을 어느 정도는 확보해가도록 도울 수 있는 조언을 담은 책을 하나 써서 펴내기로 한 것이다. 그래서 우리는 《맞벌이의 함정》에 사용한 데이터를 토대로 《맞벌이 부부의 경제학》*을 썼다. 그 책은 상당수의 가정에서 읽혔고, 여러 서평에서 좋은 평가를 받기도 했다. 요즈음에도 재무적 조언을 제공하는 칼럼니스트들 가운데 《맞벌이 부부의 경제학》에서 우리가 제시한 '50 대 30 대 20의 지출 공식'을 활용해 글을 쓰는 경우가 종종 있다.

그러나 미국의 정책은 잘못된 방향으로 나아갔다. 대규모 은행들은 가정들이 파산법원에서 찾는 마지막 피난처를 파괴하게 될 법안을 통과시키도록 의회에 대한 로비를 계속했다. 그 법안이 어떤 것이었는지는 우리가 이 책 《맞벌이의 함정》에서 설명했다. 그것은 '파산 남용 방지 및 소비자 보호 법안'†이라는 터무니없는 이름으로 불렸는데, 그보

---

* *All Your Worth: The Ultimate Lifetime Money Plan.*

† Bankruptcy Abuse Prevention and Consumer Protection Act.

다는 '안전망 파괴 및 대규모 은행 이익 보장 법안'이라고 불려야 타당했을 것이다. 그 법안은 도널드 트럼프 및 그의 친구들과 같은 사람들을 위한 파산보호 장치는 신중하게 보존하는 반면에 비싼 의료비 지출이나 실직으로 인해 빚 부담에 짓눌리게 되면서 망가지는 평범한 가정들은 희생양으로 방치하는 것이었다.

우리가 《맞벌이의 함정》을 쓸 때에 그 법안을 놓고 벌어진 싸움에서 대규모 은행들이 이기리라는 것이 이미 분명한 상태였다. 그 싸움은 그 뒤로 2년간 더 진행됐지만, '불운은 불운한 자의 탓'이라는 사고방식이 확산되는 가운데 끈질기게 펼쳐진 로비 활동과 선거자금 기부의 영향이 마침내 의회를 장악하고 말았다. 2005년에 월스트리트의 은행업계가 원하던 입법을 얻어냄으로써 곤경 속에서 허덕이는 가정들은 버림받게 됐다. 이 입법으로 인해 그 전에는 재무적 회복을 위해 파산제도를 이용할 수 있었던 가정들 가운데 일 년에 약 80만 가정이 파산제도를 더 이상 이용할 수 없게 됐다.[1] 그 80만 가정의 대부분은 가족 가운데 누군가가 실직했거나, 엄청난 금액의 의료비를 지출해야 했거나, 이혼을 했거나, 사망한 경우였다. 파산제도를 이용할 수 있었다면 재무적 구조조정을 거쳐 어느 정도의 안전을 확보했을 그 가정들이 이제는 어쩔 수 없이 채권추심업자로부터 시달림을 받게 됐다. 채권추심업자들은 곤경에 빠져 허덕이는 그런 가정들에서 한 푼이라도 더 짜낼 수 있다고 생각하는 한 빚을 갚으라는 독촉전화를 수도 없이 되풀이한다.

결과적으로 그 새로운 법은 '대침체(Great Recession)'로 불리게 되는 심각한 경기침체의 시기와 공교롭게도 맞물리면서 노동자 가정이 이용할 수 있는 최후의 안전망에 커다란 구멍을 내고 말았다.

게다가 금융감독 당국은 주택거품이 점점 더 커져가는 동안 계속해서 눈도 감고 귀도 막은 상태로 있었다. 주택거품이 터지자 경제가 붕괴했다. 우리가 2003년에 경고했던 주택 법정처분 사태가 문제가 되어 2008년 전후에 세계적인 경제붕괴가 일어나면서 미국에서만 수백만 가정이 집을 잃었고, 수백만 사람이 실직하거나 저축해 놓은 돈을 날리거나 안전한 은퇴 후 삶의 기회를 잃어버렸다. 이러한 경제붕괴가 미국에 초래한 비용은 모두 14조 달러로 추정될 정도로 어마어마했다. 그러나 미국의 대규모 은행들은 구제금융을 받았고, 기업 최고 경영자들의 보수는 급증했다. 그리고 주식시장에 활황장세가 펼쳐지면서 투자자들은 그들 자신의 과열된 꿈조차 넘어설 정도로 돈을 많이 벌었다.[2]

경제가 붕괴하고 있었던 2008년 가을에 나(엘리자베스)는 상원 다수당 대표인 해리 리드로부터 뜻밖의 전화를 받았다. 그는 '부실자산 구제 프로그램(TARP)' 법안이 의회를 통과했다는 소식을 전하면서 나에게 워싱턴으로 와서 의회가 그 법에 따른 구제금융 이행과정을 감독하는 일을 도와달라고 요청했다. 나는 그렇게 하겠다고 대답했다. 이에 따라 '의회 감독위원회(COP)'가 설치됐다. 우리는 서둘러 그 실무진을 구성하고 재무부가 돈을 찍어내어 퍼붓는 과정을 보다 책임성 있게 진행하도록 압박하려고 노력했다. 우리는 끈기 있게 목소리를 높여 재무부를 압박했지만, 재무부는 아무런 조건도 붙이지 않고 대규모 은행들에 돈을 퍼붓기를 계속했다. 우리는 결국 그런 재무부의 행동을 멈추지 못했다.

　그러한 위기의 와중에 워싱턴에서 갑자기 금융개혁이 과제로 떠올랐다. 나는 대규모 은행들이 가정들을 속이는 행위를 못 하게 할 수 있는 힘을 가진 단일의 정부기관을 설립해야 한다는 의견을 가지고 있었다. 나는 작은 글자로 촘촘하게 쓰인 금융거래 계약서에 숨겨져 있는 온갖 속임수와 함정을 제거하는 일에 대해 책임을 지는 감독기관이 설립되기를 바랐다. 돌이켜보면 비우량(서브프라임) 모기지 위기가 경제 전체에 대한 위협으로 발전하기 훨씬 전에 그 위기를 중단시킬 수 있을 만한 감독기관이 설립돼야 했는데, 당시의 내 생각이 바로 그런 감독기관이 필요하다는 것이었다.

　참으로 놀랄 일이었지만, 대규모 은행들은 그런 나의 생각을 혐오했다. 금융업계는 금융개혁을 저지하기 위해 하루 평균 100만 달러 이상의 돈을 써댔다.[3] 은행업계와 언론은 은행들이 그 싸움에서 승리했으며 소비자를 위한 감독기관 설립 방안은 목숨을 다했다는 선언을 여러 차례 했다. 그러나 고전적인 다윗 대 골리앗의 싸움과 비슷하게 소비자단체와 노동조합을 비롯한 사회집단들이 의외의 소규모 연대를 이루어 그러한 감독기관을 설립하는 내용의 법안이 의회를 통과하게 만들었다. 2010년 7월 21일에 오바마 대통령이 소비자금융보호국(CFPB)*의 설립을 포함한 금융개혁 법안에 서명함으로써 이 법안이 정

---

* Consumer Financial Protection Bureau.

식 법률로 발효됐다. 오바마 대통령이 서명을 할 때 나도 초청을 받아 맨 앞줄에 앉아서 서명식을 지켜보았다.

오바마 대통령은 나에게 소비자금융보호국을 설립하는 일을 맡아 달라고 요청했고, 그 뒤로 1년 동안 나는 그 일을 맡아 진행했다. 그런 데 공화당 의원들이 만약 내가 소비자금융보호국의 정식 국장으로 지 명된다면 싸움에 들어가겠다는 뜻을 분명히 했고, 오바마 대통령은 그 들과 싸우기를 원하지 않았다. 결국 나는 짐을 싸서 매사추세츠로 돌 아왔다. 그러나 어쨌든 소비자금융보호국은 내가 없이도 맡겨진 임무 를 잘 수행했고, 그동안 대규모 금융회사들을 압박해 그들로 하여금 그들에게 속임을 당한 2500만 명의 사람들에게 모두 110억 달러 이 상의 돈을 직접 돌려주게 했다. 소비자금융보호국은 금융회사의 회계 장부를 검사하고 새로운 규칙을 제정하는 등의 일도 해왔다. 또한 소 비자 불만 신고 핫라인을 개설하고 이를 통해 신고된 77만 건 이상의 소비자 불만 사건을 처리했다.[4] 뉴스 매거진 〈타임〉에 따르면 소비자 금융보호국은 "말 그대로 은행들을 부끄럽게 만들어 규칙에 순응하게 하고 있다."[5]

우리가 《맞벌이의 함정》의 원고를 써서 출판사에 넘겼을 때 그 편 집자가 이렇게 말했던 것으로 기억난다. "훌륭한 책이 되겠어요. 그 렇지만 독자가 미소를 더 많이 짓도록 해야 해요! 해피엔딩은 없나 요?"

그로부터 13년이 지났지만 여전히 우리는 바로 그런 해피엔딩을 어디에서 찾을 수 있을지를 살피고 있을 뿐이다. 우리 자신의 삶은 계속 진행됐다. 아멜리아는 활기찬 세 아이를 기르며 남편과 함께 살고 있고, 미국 전역을 대상으로 한 사업도 하고 있다. 아멜리아는 또한 중산층을 보다 굳건하게 만들기 위한 활동을 펼치는 데모스(Demos)라는 비영리 단체에도 자발적으로 참여하고 있다. 아멜리아의 아이들에게 엘리자베스와 브루스는 쾌활한 할머니와 할아버지가 되어주고 있으며, 엘리자베스는 2012년에 매사추세츠주에서 상원의원에 당선됐다.

그러나 여기에서 우리의 개인적인 이야기가 중요한 것은 물론 아니다. 우리는 매일 등골 빠지게 일하고 있는 수백만 중산층 가정에 관한 이야기의 해피엔딩을 지금도 여전히 찾고 있다.

이제는 전보다 훨씬 더 많은 사람들이 문제가 무엇인지를 안다고 말할 수 있는 것은 틀림없지만, 그것만으로는 허탈한 느낌을 지울 수 없다. 물론 그동안 의미 있는 개선이 일부 있었다. 의료보장의 개혁이 있었고, 새로운 소비자금융 감독기관이 설립됐으며, 대침체의 시기에 비해서는 이제 일자리가 더 많이 창출되고 있다(임금의 변동을 보여주는 그래프는 아직도 팬케이크보다도 더 납작한 모양으로 옆걸음질만 하고 있지만).

우리는 힘들게 싸워서 얻어낸 이 같은 종류의 진보에 힘입어 미국의 중산층이 점점 더 강해지고 있으며 미국은 올바른 길로 가고 있다고 선언하고 싶다. 그런데 진실은 결코 그렇지 않다. 사실 미국의 인구 전체에서 큰 부분을 차지하는 중산층은 그 어느 때보다 빠른 속도로 무너지고 있다.

"어떻게 해서 우리가 이런 지경에 이르렀을까?" 우리는 《맞벌이의 함정》에서 이런 질문을 던졌고, 그 뒤로 지금까지 13년 동안 매일 같은 질문을 던져왔다. 중산층의 붕괴는 자신이 지나가는 경로 상의 모든 것을 파괴하는 토네이도와 같이 우리가 피할 수 없는 어떤 자연의 힘에 의한 것이 아니다. 중산층의 붕괴는 우리 자신의 행위들이 직접적으로 초래한 결과다.

그렇기에 우리는 "무엇이 잘못된 것일까?"라는 질문을 던지게 된다. 대공황 이후로 여러 세대를 거치면서 대다수의 미국인들은 함께라면 우리가 더 강하고 무엇이든 할 수 있다고 믿었다. 우리는 함께 소아마비를 근절할 수 있었고, 노인들을 보살필 수 있었다. 또한 달에 탐사선을 보낼 수 있었고, 우리의 아이들에게 우리 자신의 삶보다 더 밝은 삶을 약속할 수 있었다. 우리는 함께 투표권을 확대해 유권자의 범위를 넓힐 수 있었고, 빈곤과의 전쟁을 선포할 수 있었다. 그래서 진정한 기회의 평등이 실현된 세상을 머지않아 보게 될 것이라는 꿈을 꿀 수 있었다. 물론 그동안 우리는 서로 말다툼을 했다. 그리고 정부는 결코 완벽하지 않았다. 하지만 정부는 각각의 세대가 그 다음 세대에게 더 많은 기회를 만들어주기 위해 함께 노력하는 우리의 수단이자 방식이었다.

우리가 함께 기울이는 노력은 대부분의 경우에 효과가 있었다. 강하고 활기찬 시장과 열심히 일하는 가정들이 부를 창출했고, 정부는 기회가 보다 폭넓게 공유되게 하는 데 나름의 역할을 했다. 중산층은 점점 더 많은 교육을 받고 점점 더 안정되고 부유해지면서 규모가 커졌다. 1935년부터 1980년까지 국내총생산(GDP)이 점점 더 증가하는 가운데 중산층, 노동계급, 빈곤층을 더해 미국 인구의 90퍼센트를 차지하는 사람들, 다시 말해 가장 부유한 10퍼센트를 제외한 나머지 모든 사람들이 미국 내 소득 증가액 전체의 70퍼센트를 가져갔다.[6] 부자들이 더 큰 부자가 된 것도 사실이지만, 그들 이외의 다른 모든 사람도 삶의 수준이 높아졌다. 과학과 의학 연구에 대한 투자, 전국을 잇는 고속도로망 건설, 역사상 가장 훌륭한 공립대학 체제 구축을 비롯한 수많은 결정 덕분에 미국은 점점 더 부유한 나라가 됐다. 그리고 그런 미국이 전 세계의 역사를 다 뒤져도 유례를 찾을 수 없는 규모의 중산층을 길러냈다.

미국이 점점 더 부유해지고 수백만 사람들이 어느 정도의 경제적 안전을 확보하기 시작하면서 미국인들은 세대를 이어가며 점점 더 많은 기회와 점점 더 많은 희망을 만들어낼 수 있다는 자신감을 점점 더 강하게 갖게 됐다. 그리고 미국인들은 미래가 실제로 그렇게 되게 하기 위해 함께 노력했다.

그런데 1970~80년대부터 우리가 딛고 선 땅이 크게 흔들리기 시작했다. 우리가 《맞벌이의 함정》에 기술했듯이 중산층의 소득 증가세가 꺾이는 동시에 그들의 지출이 늘어났다. 가정들은 최선을 다해 그러한 변화에 적응하려고 했다. 가정들은 지출을 억제했고, 저축을 중단했으며, 빚을 지기 시작했다. 가정의 재정을 안정되게 만들려는 노력의 하나로 수백만 엄마들이 일터로 쏟아져 나왔다. 노동자들은 일자리를 놓고 서로 경쟁하게 됐고, 그러다 보니 교육을 점점 더 많이 받아야 했다. 그 결과로 대학 졸업장이 중산층이 되는 데 필요한 기회의 티켓이 돼버렸다. 점점 더 많은 여성들이 남편 없이 홀로 아이를 기르며 일도 하면서 경제적 자립을 해야 했다.

한 세대 전의 예언자들은 지금과 전혀 다른 미래를 예상했을 것이다. 미국인들이 그렇게 많은 엄마들이 일터로 향하는 것을 보게 됐으니 공적인 낮 시간 돌봄 서비스 제공, 학교의 방학 기간 단축, 육아나 가족간호를 위한 휴가 보장 등을 위한 투자를 훨씬 더 많이 하라고 요구할 수도 있었다. 동일노동 동일임금이 누구도 침해할 수 없는 신성한 원칙이 될 수도 있었다. 임금 수준이 정체하게 됐으므로 최저임금을 인상하고, 노동조합을 강화하며, 사회보장을 확대하는 일이 보다 더 긴급한 일이 돼야 했을지도 모른다. 그리고 학비가 비싸지 않은 대학과 보편적인 프리스쿨 과정을 실현하기 위한 우리의 계획이 흔들리지 않았어야 했다.

그러나 새로운 경제적 현실의 도래보다 정치 지형의 변화가 훨씬 더 빨랐다. 정부가 빠른 속도로 비웃음의 대상이 되어 갔고, 심지어는 미국의 대통령조차 정부를 비웃었다. 로널드 레이건은 정부를 보다 책임성 있고 효율적인 것으로 만드는 데 자신의 명예를 거는 대신에 "듣기에 가장 끔찍한 말은 '나는 정부 사람인데 도움을 주려고 왔다'는 것"이라는 가시 돋친 말을 되풀이했다. 모두의 복지를 증진하겠다는 헌법의 약속이 여러 세대에 걸쳐 충실하게 지켜졌는데, 공교롭게도 중산층의 경제적 토대가 흔들리기 시작한 시점에 서로 힘을 북돋고 도움의 손길을 건네려는 우리의 노력이 국가적인 조롱의 대상이 되고 말았다.

우리가 함께 할 수 있는 일이 많다고 계속해서 믿은 사람들은 또 하나의 엄혹한 현실에 직면했다. 부와 권력을 거머쥔 사람들에게 정부의 상당부분을 탈취당한 것이었다. 이에 따라 공공의 이익을 돌봐야 하는 규제당국이 충성을 바칠 대상을 바꿔버렸다. 거대한 은행들이 가정에 속임수를 써서 단기적인 이익을 늘려가는 동안에 규제당국 사람들은 그런 은행들을 향해 우호적인 미소만 짓고 있었다. 거대한 기업들이 소비자에게 사기를 치는 동안에 규제당국 사람들은 딴전을 부렸다. 거대한 석유회사들이 안전과 환경에 관한 규칙을 무시하거나 어기는 동안에 규제당국 사람들은 석유회사 임원과 어울려 파티를 즐겼다. 이 책에서 우리는 그러한 이야기 가운데 하나를 기술했다. 그것은 줏대 없는 의회가 어떻게 해서 소수 신용카드회사들의 배만 불려줄 파산법 개정을 했는지에 관한 이야기다.

그러는 사이에 사람들이 주로 7대 죄악의 하나로만 알고 있었던 탐욕이 성공한 월스트리트 금융업자들이 스스로 자랑스러워하는 그들의 특징이 됐다. 부자와 상류층 사람들은 얼굴에 세련된 미소를 지으면서 "나는 내 것을 챙겼으니 너는 알아서 네 것을 챙겨라"라는 그들만의 슬로건을 입에 올렸다.

이러한 변화들은 상승작용을 하며 상황을 악화시켰다. '큰 정부'에 대한 모든 공격은 가정들로부터 정부라는 그들의 동맹자를 빼앗아가겠다는 의미였고, 그 결과로 각종의 법규가 점점 더 로비스트와 변호사를 많이 고용할 수 있는 사람들에게 유리하게 기울어졌다. 부자에 대한 세금이 경감되면서 탐욕은 좋은 것이라는 모토에 동조하는 사람들의 호주머니 속으로 더 많은 돈이 들어갔다. 그리고 그로 인해 프리스쿨 과정, 공립 대학, 장애인 생활보장과 같이 힘겹게 살아가는 중산층을 위해 삶의 안정성을 높여줄 것들에 투입되는 돈이 적어진다면 그건 그저 유감스러운 일 정도로 치부되고 말 뿐이었다.

중산층이 곤경 속으로 점점 더 깊이 빠져 들어가는 상황에서 정부는 중산층을 위해 일하기를 그만두기 시작했고, 적어도 그렇게 일하기를 열심히 하는 것은 확실하게 중단했다. 부자들은 돈을 덜 내놓고 더 많이 챙겼다. 부자들은 원하던 것을 다 얻었지만 그랬다는 말을 내놓고 하기는 삼갔다. 중산층, 노동계급, 빈곤층을 더한 미국 인구의 90퍼센트, 다시 말해 1935년부터 1980년까지 미국 내에서 증가한 소득 전체의 70퍼센트를 가져간 사람들은 어떻게 됐을까? 1980년부터 2014년까지는 그 90퍼센트가 가져간 것이 전혀 없었다. 말 그대로 제로(0)였다. 그들의 소득은 단 한 푼도 늘어나지 않은 것이다. 반대로 최상위 10퍼센트는 한 세대 동안에 미국 내에서 증가한 소득의 전부를 가져갔다. 그들이 100퍼센트를 가져간 것이다.

그렇게 되도록 방치해서는 안 되는 일이었다. 《맞벌이의 함정》은 열심히 일하며 살아가다가 뭔가가 잘못된 가정들에 관한 이야기다. 병에 걸렸거나, 실직을 했거나, 어쩌면 어떤 잘못된 결정을 했을 수도 있다. 그러나 중산층이 궁지에 몰린 것은 그런 이유 탓이 아니었다. 어느 시대에나 사람들은 병에 걸리거나, 실직을 하거나, 완벽하지 못한 결정을 하면서 살았다. 그럼에도 미국의 중산층은 여러 세대에 걸쳐 확대되면서 실질적인 경제적 안전을 확보하고 아이들에게 더 밝은 미래를 열어줄 기회를 더 많이 만들어냈다.

중산층을 강화하는 데 도움이 될 만한 방책으로는 어떤 것이 있을까? 중산층 가정이 직면한 문제들은 복잡다기하므로 해법도 역시 그럴 수밖에 없다. 간단한 하나의 묘책이 있으면 좋겠지만, 한 세대에 해당하는 기간에 중산층이 줄기찬 공격을 받은 뒤여서 그러한 묘책이 있을 수가 없다.

하지만 무엇보다 우선해야 할 하나의 아이디어는 있다. 그것은 '함께 한다면 우리가 할 수 있다'는 것이다. '나는 내 것을 챙긴다'는 사고방식을 뒷받침하는 정책이 한 세대 동안 실행됐는데, 이제는 "그런 정책은 실패했다"고 소리 높여 외쳐야 할 때가 됐다. 그런 정책은 비참하게, 완전히, 압도적으로 실패했다. 그러니 이제는 중산층 전체가 사라지고 미국이 온통 절벽 끝에 가까스로 매달린 사람들로 가득 차게 되기 전에 방향을 바꿔야 할 때다.

미국의 중산층은 교육, 사회기반시설, 연구에 대한 투자와 모두를 위한 안전망 보장에 힘입어 형성되고 성장했다. 우리는 중산층을 떠받쳐온 토대의 구성요소들을 보강할 필요가 있다. 공립 교육기관에 대한 투자를 늘려야 한다. 대학 학비를 끌어내리고 대학생의 빚 부담을 줄여야 한다. 보편적 프리스쿨 과정과 저렴한 아동보육 체계를 구축해야 한다. 대중교통, 에너지, 통신 등의 사회기반시설을 업그레이드해야 한다. 사회기반시설이 업그레이드돼야만 괜찮은 중산층 일자리를 제공할 수 있는 기업들이 미국으로 유인될 것이다. 현대의 경제는 언제든 위험해질 수 있음을 인정하고 대비책을 세워두어야 하며, 이런 측면에서도 강력한 안전망이 그 어느 때보다 필요하다. 장애인과 은퇴자를 위한 생활보장을 강화해야 하고, 유급의 병가를 더 많이 허용해야 한다. 그리고 간절히 바라건대 금융업계의 후원 아래 개정된 저 가증스러운 파산법을 재개정해야 한다. 그래야만 가정들이 뭔가가 잘못되어 곤경에 처했을 때 적어도 새로운 출발을 할 기회를 갖게 될 것이다.

우리는 《맞벌이의 함정》의 개정판을 내게 된 것을 다행이라고 생각한다. 우리가 보기에 이 책의 초판은 열심히 일하면서 규칙에 맞게 살아가는 수많은 사람들이 곤경에 처하게 된 이유를 아직은 간단하게 설명하고 넘어갈 수 있었던 시대의 마지막 순간을 담아냈다. 사람들이 곤경에 처하게 된 이유는 그들 자신의 잘못에 있는 것 같았다. 삶의 태도를 가다듬고, 허리띠를 좀 더 조여 매고, 물건 사기를 과도하게 하기를 그만두기만 한다면 그들의 삶은 괜찮아질 것이고 이 나라 전체도 괜찮아질 것으로 보였다. 그런데 그러한 신화는 이제 막을 내렸다. 이렇게 된 것이 차라리 낫다는 생각도 든다.

그러한 신화는 막을 내렸지만 우리에게는 엄정한 현실이 남아있다. 중산층이 눈에 띄게 비틀거리고, 중산층이 누릴 수 있는 기회는 말라붙고 있으며, 중산층 부모는 아이들의 삶이 자기네 삶보다 나을 것이라고 더 이상 자신 있게 예상할 수 없는 것이 현실이다. 미국의 위대한 중산층에게 남아있는 시간은 그리 많지 않다.

그렇지만 우리 모녀는 여전히 믿는다. 함께 하면 할 수 있는 일이 있음을 우리는 믿고 있다.

우리의 그런 믿음은 완전하고 열정적인 것이다. 그렇기에 아멜리아는 매일 생활비를 벌기 위해 힘들게 일하고 아이들을 기르면서도 자발적으로 시간을 내어 경제적 정의를 실현하기 위해 활동하는 비영리 조직을 운영하는 일을 돕고 있다. 그리고 엘리자베스는 학생들을 가르치는 안정적인 일자리를 버리고 대중 속으로 들어가 활동하다가 상원의원에 출마해서 당선된 데 이어 더 많은 사람들이 더 나은 미래를 위해 싸울 기회를 갖게 하기 위한 싸움에 매우 공개적으로 나서고 있다.

우리의 중산층이 어려운 상황에 처해 있는 것은 사실이다. 그러나 우리는 투사의 나라인 미국의 국민이다. 그동안 우리는 전쟁을 치르기도 했고, 홍수와 화재와도 싸웠다. 질병과 재난과도 싸웠다. 무지와 인종주의와도 싸웠다. 우리가 싸울 때마다 항상 이기기만 한 것은 아니지만 싸우기를 포기한 적은 없다. 미래에도 우리의 자손이 계속해서 간신히 먹고 살기만 하는 가운데 동료 시민 가운데 일부 소수의 사람들만 점점 더 큰 부자가 되도록 할 것인가? 우리 미국인들은 이제 그런 상황을 끝내자고 선언해야 한다고 우리는 믿는다. 미국은 컴퓨터 프로그래머와 농부가 공존하고, 간호사와 철강 노동자가 공존하고, 은퇴자와 대학생이 공존하고, 패스트푸드점 노동자와 기업 임원이 공존하고, 교사와 기계공이 공존하고, 엄마와 아빠와 할머니와 할아버지와 이모와 고모와 사촌과 친구가 공존하는 나라여야 한다. 그 모든 사람들의 거대한 모자이크인 미국이 이제는 다 함께 반격에 나서야 한다고 우리는 믿는다.

우리는 순진하게만 생각하지 않는다. 우리는 권력을 쉽게 포기할 사람은 아무도 없다는 것을 알고 있고, 기업 최고경영자와 억만장자에서부터 정치인과 이른바 권위자에 이르기까지 현재의 시스템에서 이익을 얻는 사람들이 변화를 쉽게 받아들이려고 하지 않으리라는 것도 알고 있다. 그들은 돈과 권력을 가지고 있고, 돈과 권력이 가져다주는 온갖 이점도 가지고 있다. 우리는 정부를 더 잘 작동하게 만드는 것은 해법의 일부에 불과할 뿐이라는 것도 알고 있다. 그러나 우리는 싸워야만 얻을 수 있는 것을 싸우지 않고 얻을 수는 없다는 것도 알고 있다. 우리는 우리의 목소리를 낼 수 있고 투표권도 가지고 있다. 그리고 이 나라는 민주주의의 나라이므로 모두가 들을 수 있도록 우리의 목소리를 크게 낸다면 더 많은 기회를 만들어낼 수 있다.

과거에 존재했던 미국의 강력한 중산층은 수심이 깊은 강이나 거대한 삼림과 같은 자연자원으로 주어진 것이 아니었다. 그것은 역사 속에서 우연히 생겨난 것도 아니었고, 어떤 관대한 왕이 하사한 선물도 아니었다. 그것은 우리가 함께 만들어낸 것이었고, 인내심 있는 투자와 사려 깊은 정책을 통해 길러낸 것이었으며, 오랜 세월에 걸쳐 영양분을 주어 점점 더 건강하게 만든 것이었다. 우리는 그런 일을 또 다시 할 수 있다. 우리가 원하는 나라는 우리의 아이들 가운데 일부만을 위해 돌아가는 나라가 아니라 우리의 아이들 모두를 위해 돌아가는 나라이며, 우리는 우리의 나라를 그런 나라로 만들 수 있다. 우리는 그렇게 할 수 있고, 그렇게 해야만 한다.

계획한 그대로 살아도

루스 앤은 엘리를 임신했던 그 여름에 대해 이야기할 때마다 미소를 짓는다. 그때는 생활이 그녀가 계획했던 그대로 돌아가던 좋은 시절이었다.

다섯 살짜리 덱스터는 수영을 배우고 있었다. 루스 앤은 늦은 오후면 덱스터를 탁아소에서 찾아서 같이 동네 수영장으로 갔다. 덱스터가 물을 헤치며 수영을 하는 동안 루스 앤은 발로 물차기를 하면서 남편 제임스가 귀갓길에 들르기를 기다렸다. 저녁식사는 늦은 시간에 대충 차려 먹었지만 상관없었다. 루스 앤의 생활은 그녀가 원했던 것이었고, 그녀가 계획했던 그대로였다.

루스 앤은 원래 계획대로 사는 사람이었다. 대학에서 그녀는 회계학을 전공했다. 회계학은 근사한 학문이고 의지할 만했으며 자신에게 맞는다고 생각했다. 졸업 후 그녀는 휴스턴이나 댈러스의 유혹을 뿌리치고 텍사스의 고향 마을 윌리로 돌아갔다. 거기서 그녀는 부모 곁에서 살면서 임금대장 작성과 소득신고 업무의 경험을 쌓고 얼마간 저축도 하면서 늘 생각해 온 자신의 '진정한 인생'이 시작되기를 기다렸다.

그 진정한 인생은 그녀가 고등학교 동기동창인 제임스 윌슨을 만나면서 시작됐다. 제임스는 윌리에 있는 카펫 및 바닥재 가게에서 일하고 있었다. 자신이 그에게 끌린 것은 유능해 보이는 그의 손, 즉 목수다운 튼튼한 그의 손 때문이었다고 그녀는 말했다. 그러나 그것 말고 또 하나의 이유가 있었다. 루스 앤은 텍사스 공대 3학년 때 약혼자였던 남자가 의지할 만한 사람이 아니라는 느낌을 떨쳐버릴 수 없어 그와 파혼한 적이 있었다. 그와 달리 제임스는 진정한 인생을 실현하기 위해 함께 열심히 일하면서 살 수 있는 사람 같았고, 그래서 결혼상대로 괜찮아 보였던 것이다.

둘은 짧은 연애기간을 거쳐 결혼했다. 1년 후인 1994년 1월에 덱스터가 태어났다. 그리고 루스 앤은 출산 6주 뒤에 복직했다.

그로부터 3년 후 루스 앤과 제임스는 함께 깊은 숨을 들이쉬고 한 단계 뛰어올랐다. 첫 자기 집을 장만했던 것이다. 그것은 그들이 꿈꾸어 온 집보다는 못했지만 그런대로 살 만한 집이었다. 그들은 그 집을 산 뒤 지붕을 교체해야 했고, 부엌도 50년 만의 수리를 해야 했다. 하지만 그 집에는 적당한 크기의 방 세 개와 넓은 마당이 있었다. 집값 8만 4000달러가 감당할 수 있는 금액이었다는 게 무엇보다 중요했다. 루스 앤은 그 행복했던 이삿날을 기억한다. 삼촌과 사촌들이 이삿짐을 나르느라 와자지껄했고, 새 집 앞마당에서는 이모가 잔칫상을 차려놓고 일꾼과 이웃에게 음식을 나눠주었다. 그날 밤 루스 앤은 이층 욕실의 오래된 큰 욕조에 몸을 담그고 온몸으로 행복감을 만끽했다.

2년 후인 1999년 9월에 축하할 일이 또 생겼다. 귀여운 여자아이 엘리가 태어난 것이었다. 9주 후에 루스 앤은 복직했고, 생활은 다시 제자리를 잡았다.

그때 일이 터졌다. 1999년의 크리스마스 시즌을 보내고 2000년에 들어선 뒤에, 그러니까 덱스터가 여섯 살, 엘리가 5개월 됐을 때에 제임스가 다니던 가게의 주인이 문을 닫아야 할 상황이라고 했다. 전국적인 체인망에 속하는 대형 상점이 몇 킬로미터 떨어진 곳에 생겼고 거기에 엄청난 규모의 바닥재 영업부가 있어 큰 타격을 받았기 때문이라는 것이었다. 가게 문을 닫기 전에 우선 비용을 줄여보기 위해서는 해고가 가장 효과적이라고 가게 주인은 판단했다. 제임스는 하루아침에 일자리를 잃었다.

제임스는 다른 직업을 열심히 찾았다. 루스 앤처럼 그도 그동안 쌓아온 삶을 깨뜨리고 싶지 않았다. 그러나 그의 종전 임금을 맞춰주는 일자리는 없었다. "일자리를 잃은 후 나는 온갖 일을 했습니다. 카펫 청소 같은 궂은일도 마다하지 않았지요. 노는 것보다는 어떤 일이라도 하는 게 낫다고 생각했습니다." 루스 앤은 직장에서 초과근무를 신청했지만, 사무 인원은 이미 꽉 차있어 그마저 쉽지 않았다.

쓰는 돈을 줄이기는 어려웠다. 무엇보다 그들은 낭비한 적이 없기 때문이었다. 소득의 대부분은 생활의 기본적인 것들, 다시 말해 모기지 대금, 자동차 할부금, 탁아비, 식비 등에 지출됐다. 제임스가 실직한 지 석 달 뒤에 모기지 대금을 지불하지 못하게 됐다. 그제야 그들은 그동안 가계예산을 참으로 빡빡하게 꾸려왔다는 사실을 깨달았다. 두 사람은 자신이 받은 청구서 대금은 반드시 지불해야 한다고 배우며 자랐고, 회계직원으로서 루스 앤은 그렇게 하지 않는 사람들이 어떤 일을 당하는지를 직접 봐왔다. 그러나 그들은 자신들의 그때 상황이 일시적인 것일 뿐이라고 굳게 믿었다.

제임스가 실직한 지 6개월이 지나자 모기지 대금 두 달 치가 밀렸다. 돈을 구하기 위해 그들은 집안의 물건을 이미 두 번이나 내다팔았다. 제임스가 손질해 놨던 골동품 식기세트도 팔았다. 루스 앤은 가족과 이웃에게 납세신고를 건당 단돈 50달러에 해주겠다고 슬그머니 제의하기도 했다.

루스 앤과 제임스가 일을 당하고 나서야 알게 된 것처럼, 재정파탄의 춤은 천천히 시작되지만 곧바로 속도가 빨라져 춤이 다 끝나기도 전에 댄서를 나가떨어지게 한다. 저축을 넉넉히 해둔 가정은 거의 없기 때문에 한두 달 정도 만에 대개 현금이 다 떨어진다. 그 다음에는 식품과 휘발유를 비롯해 카드로 살 수 있는 온갖 생활 기본품목들의 대금 청구서가 쌓이기 시작한다. 달리 변통할 방도가 없으면 정말 하기 싫은 선택 게임이 시작된다. 모기지 대금을 낼 것인가, 아니면 모기지 대금은 연체하고 그 돈으로 난방을 유지할 것인가? 자동차 보험을 취소할 것인가, 아니면 건강보험을 취소할 것인가? 그러는 동안 이자와 연체료가 계속 붙어 모든 대금이 더 비싸진다. 루스 앤과 제임스는 친지로부터 약간의 구제금을 지원받았다. 제임스의 부모가 4000달러를 주었고, 루스 앤의 오빠가 1500달러를 빌려주었다. 그러나 그렇게 일시적으로 주입된 자금은 단지 몇 달 동안의 회전결제 지불액*만 감당할 뿐이지 탈출로를 제공해주지는 못했다. 그렇게 지원받은 돈이 다떨어지기 전에 이미 루스 앤은 차를 회수†당할 것이 걱정됐다. 은행원이 자신의 스테이션 왜건을 발견할 수 없다면 회수해가지 못할 것이라고 생각한 그녀는 차를 초등학교 뒤편에 주차하고 거기서 집까지 여섯블록이나 걸어 다녔다.

루스의 침실 탁상 위에 꽂혀 있는 파일 폴더들은 신중하게 계획된그들의 생활이 얼마나 급작스레 풀어헤쳐졌는지를 말해주었다. 첫 번째 파일 폴더에는 납부기한이 지난 모기지 대금 청구서와, 세금을 납부하지 않으면 집을 법정처분‡하겠다고 위협하는 군청의 편지가 끼워져 있었다. 다른 폴더에는 모두 1만 2000달러에 달하는 여러 청구서들과 루스 앤이 친지에게 써준 약식 차용증서들이 들어 있었다. 루스앤과 제임스에게 파국은 갑자기 들이닥쳤다. 어느 날 저녁 루스 앤은거실에 들어가다가 이제 일곱 살이 된 덱스터가 전화를 걸어온 추심원에게 이렇게 말하는 것을 들었다. "우리 엄마는 그런 거 안 해요. 아저

---

* minimum monthly payment. 신용카드 사용액을 매달 또는 수개월에 나누어 다 지불해야 하는 일반적인 결제 방식과 달리 매달 일정액 또는 잔액에 대한 일정 비율의 금액만을 지불하고 채무 잔액의 유지기간을 연장할 수 있는 결제 방식을 가리킨다. 유지기간 연장 잔액에 대해서는 고금리가 부과되지만 한도액 안에서는 언제라도 지출을 할 수 있다.

† repossess. 소비자가 백화점카드 등 판매자신용으로 물건을 구매한 후 대금을 치르지 않을 경우 판매자가 해당 물건을 도로 가져가는 것을 가리킨다. 이런 회수 제도는 구매자에게 대금 납부를 강제하고, 판매자가 판매대금의 일부라도 건질 수 있게 해준다.

‡ foreclosure. 채무 불이행자의 재산에 대한 강제경매나 세금 체납자의 재산에 대한 강제공매를 가리킨다. 채무나 납세의무의 이행을 강제하는 제도다.

씨는 더 이상 우리 집에 전화하지 마세요. 우릴 내버려 두세요." 엄마가 거실에 들어오는 소리를 듣고 덱스터는 눈을 크게 뜨고 고개를 돌렸다. 그는 전화를 내동댕이치고 거실 밖으로 뛰쳐나갔다. 덱스터가 겁먹은 건지 화난 건지 분명치 않았지만, 그녀는 그런 상황이 중단돼야 함을 깨달았다.

루스 앤은 대부분의 다른 여자들보다 재무지식에 밝았다. 회계직원인 그녀는 이제 파산변호사를 찾아가야 할 때가 됐음을 알았다. 파산신청을 하면 채무를 상환하는 데 필요한 시간을 얼마간 얻을 수 있을 것이다. 그리고 은행은 그들의 집을 적어도 앞으로 몇 달 동안은 처분할 수 없게 될 것이다. 또한 덱스터는 더 이상 채권추심 전화를 받지 않아도 될 것이다. 그날 밤 루스 앤은 남편에게 자신들이 해야 할 일을 말했다. 제임스는 아무 말도 하지 않았다. 그는 밖으로 나가 자기 픽업 트럭 앞자리에 앉아 울기만 했다.

일곱 가정 중 하나가

루스 앤과 제임스는 그때까지 파산신청을 해야 할 정도로 곤경에 처한 사람은 물론이고 공과금이나 자동차 할부금을 납부할 수 없는 사람을 교회나 직장에서 본 적이 없었다. 혹은 적어도 그들은 그런 사람은 주위에 없다고 생각했다.

그러나 사실은 루스 앤과 제임스가 알고 지내던 가정들 가운데 그들과 같은 정도로 곤경에 처한 가정이 아마도 여럿 있었을 것이다. 그랬을 가능성이 높다. 지난 한 세대 동안 심각한 재정난에 몰린 미국 가정의 수는 놀라울 정도로 늘어났다. 이웃이 모두 잘 지내는 듯하고 텔레비전에 나오는 가정들을 보면 아무도 돈 걱정을 하지 않는 세계에서는 도시 근교와 소도시, 멋진 도시 지역의 가정들에 휘몰아치는 재정적 비탄의 넓이와 깊이를 알아차리기 어렵다. 루스 앤과 제임스와 같은 사람들, 다시 말해 열심히 일하고 각종 청구서 대금을 꼬박꼬박 지불하며 규칙에 맞게 살아가면서 자녀가 괜찮은 생활을 누릴 수 있도록 최선을 다하는 보통의 일반 가정은 재난이 닥치면 모든 것을 잃는다.

루스 앤과 제임스는 2001년에 북부 텍사스 법원에 파산을 신청했다. 이 때문에 그들은 하버드대학이 주관한 연구 작업인 '소비자파산 프로젝트'*의 인터뷰 대상인 2220개 가정 중 하나가 됐다. 이 책의 공동 저자 중 엘리자베스는 1976년 법학대학원을 졸업한 뒤로 재정난에 처한 가정들을 연구했다. 엘리자베스는 하버드 법학대학원에서 상법 과목을 가르치는 교수였고, 채무와 돈에 관한 법률의 전문가다. 다른 저자 아멜리아는 와튼스쿨에서 경영학석사(MBA)를 취득했고, 기업 근무자의 시각에서 경제를 바라본다. 우리 둘은 '일하는 엄마'이며, 각각의 세대에서 한 가족의 구성원이다. 그리고 우리는 서로 떼어낼 수 없는 관계를 갖고 있다. 우리는 어머니와 딸의 관계다.

이 책을 탄생시킨 생각은 내(엘리자베스)가 소비자파산 프로젝트의 초기 단계에 자료를 검토하던 1999년 봄에 생겨났다. 나는 표본 자료

---

* The 2001 Consumer Bankruptcy Project.

의 정확성을 검증하기 위해 컴퓨터 출력물 더미를 뒤적여야 했다. '양호'라고 표시된 항목들 중에서 하나가 내 눈에 확 들어왔다. 거기에는 표본에 포함된 여성의 수가 적혀 있었다. 1981년에 파산을 신청한 여성은 약 6만 9000명이었다. 그런데 출력물 속의 자료에 따르면 1999년에는 그 수가 거의 50만 명으로 급증했다. 상상조차 할 수 없었던 비약적인 증가였다. 나는 아마도 누군가가 어느 항목엔가 0을 두 개쯤 더 붙이는 식으로 데이터 입력을 잘못했거나, 아니면 좀더 안 좋은 일이겠지만 우리 연구팀이 표본에 여자들을 너무 많이 포함시켜 본의 아니게 수치를 크게 왜곡한 것이라고 생각했다. 갑갑해진 나는 그때까지 몇 달에 걸쳐 해온 일을 다시 원점으로 돌릴 수밖에 없게 됐다고 생각하면서 그 출력물을 휴지통에 던져 넣었다.

소비자파산 프로젝트가 본격화하면서 연구팀은 더 많은 자료를 찾아 현장으로 갔다. 이 프로젝트는 재정적으로 몰락한 가정들에 관해 이제까지 실행된 그 어느 연구도 능가하는 최대 규모의 연구 작업이었다. 곧 나는 무언가가 잘못됐음을 알게 됐다. 그러나 그것은 데이터 표본 추출의 잘못이 아니었다. 꼭 20년 만에 파산신청을 한 여성의 수가 실제로 662%나 증가했던 것이다. 이혼 등으로 혼자 사는 여성들만 곤경에 처한 것이 아니었다. 수십만 명의 기혼 여성들도 남편과 함께 파산을 신청했다.

우리의 연구는 결국 한 가지 놀라운 사실을 밝혀냈다. 최악의 재정난에 처한 가정들은 우리가 흔히 그러려니 하고 생각하는 그런 가정들이 아니었다. 그들은 처음 발급받은 신용카드가 주는 자유에 유혹당한 젊은이들이 아니었다. 그들은 몸이 약해지고 저축금이 줄어들어 곤궁해진 노인들이 아니었다. 그리고 그들은 자신의 지출을 스스로 통제할 자기관리 능력이 없는 사람들이 아니었다. 최악의 재정난에 빠진 사람들에게는 한 가지 놀라운 공통점이 있었다. 자녀가 있는 부모라는 점이 바로 그것이었다. 사실 자녀가 있다는 것은 이제 여성이 재정파탄을 맞을 것임을 가장 잘 알려주는 예고지표다.

몇 가지 사실들을 검토해 보자. 우리의 연구는 유자녀 기혼 부부가 무자녀 기혼 부부보다 두 배 이상 파산을 신청할 가능성이 크다는 점을 보여주었다. 아이를 키우는 이혼 여성은 자녀를 가진 적이 없는 독신 여성보다 거의 세 배나 더 파산을 신청하기 쉽다.[7]

지난 한 세대에 걸쳐서 중산층의 불행을 나타내는 징후는 좋은 시절에나 나쁜 시절에나, 불황에나 호황에나 계속 늘어났다. 만약 이 추세가 계속되면 2010년경까지 500만 가구 이상의 유자녀 가정이 파산신청을 하게 될 것이다. 이는 미국 전체로 볼 때 유자녀 가정 일곱 중 거의 하나가 완전히 파산함으로써 거대한 경제게임에서 패자로 전락할 것임을 뜻한다.[8]

파산은 이미 미국인들의 생활 속에 깊이 뿌리를 내렸다. 심장발작을 겪는 사람보다 더 많은 사람들이 파산을 맞고 있다. 그리고 암 진단을 받는 성인보다 더 많은 성인들이 파산을 신청한다. 전통주의자들이 결혼제도의 종언을 비판하는 시대이지만, 미국인들은 이혼보다 파산신청을 더 많이 한다.[9] 심장발작, 암, 대학졸업, 이혼 등은 거의 모든 미국 가정에 인생의 변곡점을 만든다. 그러나 이제 우리 주위의 친구나 동료 가운데 일생의 그 어떤 사건보다 파산을 경험한 사람들의 수가 더 많아질 것이다.

파산법원에 늘어선 사람들의 줄이 재정파탄의 상황을 알려주는 유일한 신호는 아니다. 유자녀 가정은 신용카드 지불을 연체할 가능성이 무자녀 가정보다 75%나 더 높다. 채무사의 자동차 회수 건수는 꼭 5년 만에 두 배가 됐다. 주택 법정처분 건수는 25년도 안 되는 사이에 세 배 이상이 됐고, 이제 유자녀 가정은 다른 어떤 가정보다도 집을 잃을 가능성이 크다.[10] 경제학자들의 추정에 따르면, 정식으로 파산선고를 받는 가정 수가 하나라면 재정 문제에 약간만 더 밝아도 채무 부담에서 벗어나기 위해 파산신청을 할 만한 가정 수는 일곱이 넘는다.

보지 못한 위험

그렇게 곤경에 처한 가정은 도대체 어떤 사람들의 가정인가? 그 대부분은 루스 앤과 제임스 같은 사람들이다. 그들은 자녀에게 남부럽지 않은 생활을 제공하려는 결의를 공통적으로 갖고 있는 평범한 중산층이다. 제임스와 마찬가지로 그들 가운데 많은 사람들이 직장에서 해고를 당하거나 사업에 실패해 추락했다. 그들의 납세신고서를 흘긋 본 사람이라면 그들에게 빈민이라는 딱지를 붙일지도 모르겠다. 그러나 그들 가운데 만성적으로 가난했던 사람은 거의 없다. 그들 대부분에게 빈곤은 단지 일시적인 것이었고, 확고했을 수도 있던 중산층 생활에서 역류를 맞았던 것이다. 각 가정의 입장에서 해고 통지서가 날아와도 내버릴 수 없는 지속적인 중산층 기준, 즉 대학 진학, 주택 소유, 좋은 직장 근무 경력 등과 같은 기준으로 중산층을 정의한다면 파산한 가정의 90% 이상이 중산층에 속할 것이다.[11] 우리의 연구 대상이 된 파산 가정들은 가계 대차대조표 이외의 다른 거의 모든 측정치로 볼 때 미국의 어느 중산층 가정만큼이나 확실한 중산층이다. 그리고 그들에게는 또 다른 공통점이 있다. 그것은 바로 파산한 가정들의 대부분은 부부 양쪽이 다 직장에 다니는 가정이라는 점이다.

보통의 논리대로라면 부부가 다 직장에 나가면 그 가정은 재정적으로 더 안전해야 할 것이다. 그러나 이런 추론은 맞벌이 생활의 중요한 사실 하나를 무시하고 있다. 엄마가 노동력에 합류하면 그 가정은 비록 인식하지는 못할지라도 상당한 경제적 가치를 지닌 무언가를 포기하는 것이다. 그 무언가란 위급한 시기에 가정을 구원하기 위해 등판할 수 있는, 여분의 숙련되고 헌신적인 성인을 말한다. 아이가 아프면 전업주부는 간호사를 고용할 필요 없이 직접 아이를 돌볼 수 있었다. 아빠가 해고되면 엄마는 아빠가 다른 일자리를 찾을 때까지 직장에 나가 돈을 벌어올 수 있었다. 부부가 이혼하면 가정의 바깥에 나가 일하지 않던 엄마가 취직해 새로운 소득을 벌어와 자녀를 부양할 수 있었다. 전업주부는 가정에서 재난에 대한 안전망, 다시 말해 만능 보험증서의 역할을 했다.

만약 맞벌이 가정이 두 번째 봉급을 저축했더라면 그들은 다른 종류의 안전망, 즉 많은 금액의 은행 예금을 보유하는 것과 같은 종류의 안전망을 갖췄을 것이다. 그러나 가정들은 두 번째 봉급을 저축하지 않앗다. 수백만 여성들이 일터로 진군했는데도 저축은 감소했다. 그 이유는, 우리가 뒤에 다시 설명하겠지만, 가정들이 부부가 놀기 위해, 또는 자녀의 장난감을 사기 위해 그들의 봉급을 써버린 데 있는 게 아니었다. 그렇게 하는 대신 각 가정은 그들에게 '가장 중요한 것'을 놓고 서로 격렬히 다투는 입찰전쟁에 휩쓸려 들어갔다. 가장 중요한 것이란 좋은 학군 내 주택이다. 학교 체제에 대한 신뢰가 무너지자 주택에 대한 입찰전쟁이 격화됐고, 부모들은 아이를 좋은 유치원에 보내기 위해, 또는 좋은 대학에 입학시키기 위해 주택에 대한 입찰전쟁에 나서서 그 가격을 점차 높여갔다. 안성맞춤으로 엄마들의 소득이 적시에 생겨나 입찰전쟁에서 경합을 벌일 추가적 실탄을 각 가정에 주게 되어, 그들 모두가 원하는 것의 가격을 더욱 높였다.

오늘날 평균적인 맞벌이 가정은 한 세대 전에 혼자 벌던 가정보다 훨씬 더 많은 돈을 번다. 그러나 일단 모기지 대금, 자동차 할부금, 세금, 건강보험료, 보육비를 지불하고 나면 오늘의 이중소득 가정은 한 세대 전의 단일소득 가정보다 재량적 소득*이 더 적고, 어려운 시절에 대비해 저축할 수 있는 돈도 더 적다. 이렇게 해서 맞벌이의 함정이 교묘하게 생겨났다. 이제 엄마들은 가정의 일과 직장의 일이라는 두 가지 일을 하고 있다. 그러고도 그들의 손에 남는 돈은 더 적다. 엄마의

---

* discretionary income. 총소득에서 세금, 모기지 대금, 자동차 할부금, 자녀 교육비, 각종 유틸리티(전기, 가스, 수도 등 기간서비스) 요금 등 고정성 경비를 제외한 나머지, 곧 가정이 지출의 재량권을 가진 소득을 말한다.

소득은 자녀를 중산층으로 유지하는 데 필요한 기본비용으로 곧바로 투입돼 왔다.

수백만 엄마들이 일하러 나간 바로 그때 가정들은 전보다 더 전업주부, 또는 그에 대한 고비용의 대체인력이 필요해졌다. 가정이 일상적으로 돌보아야 할 연약한 노인의 수는 급증했다. 병원은 환자가 건강해지도록 간호하는 일을 가정이 떠맡을 것을 기대하면서 환자들을 '더 빨리, 그러나 덜 회복된 상태'로 퇴원시키기 시작했다. 엄마가 직장 일을 하고 있기 때문에 부부는 꽤 비싼 간호비를 내고 간호사를 고용하느냐, 아니면 부부가 직장 근무를 덜 하느냐의 괴로운 선택에 직면했다. 동시에 이혼율은 계속 올라갔다. 공장 문을 닫는 일이 잦아지고 다반사로 근로자를 해고하는 각박한 일터 환경으로 인해 상황은 더욱 나빠졌다. 이처럼 더욱 거칠어진 세상에서 살아가면서 수백만 맞벌이 가정들은 안전망 없이 사는 것이 어떤 대가를 치르게 하는지를 알게 됐다.

필연적으로 맞벌이의 함정은 단일소득 가정에도 영향을 미쳤다. 일터로 나온 수백만 엄마들은 전업주부 엄마를 원하는 가정을 포함한 모든 가정에 적용되는 '중산층 생활의 가격'을 서서히 올렸다. 한 세대 전에는 열심히 일하고 신중하게 지출하기만 한다면 혼자 버는 가장만으로도 그 가정이 중산층의 안락한 지위를 보장받을 수 있었다. 그러나 맞벌이 가정이 가세해 입찰전쟁이 더욱 격렬해지자 단일소득 가정도 바뀐 게임의 규칙 속에서 경제적 사다리의 아래로 굴러 떨어졌다. 평균적인 가정에서 엄마가 집에 있으려면 괜찮은 공립학교와 유치원,

건강보험, 대학 학위 등을 포기해야 하고, 그럴 경우 자신과 그 자녀는 중산층의 꿈을 거의 단념해야 한다.

단일 소득으로만 가정을 꾸려나갈 수밖에 없는 편부 가정이나 편모 가정은 어떤가? 그들의 형편이 양쪽 부모가 다 있는 가정보다 더 나쁘다는 것은 놀랄 일이 아니다. 그러나 편모 가정이 안고 있는 문제의 심각성은 우리를 놀라게 한다. 만약 지금의 추세가 계속된다면 2010년경에는 편모 여섯 명당 한 명 이상이 파산할 것이다. 편모 가정들이 처한 곤경의 원인으로 흔히 거론돼 온 '자녀양육비를 지불하지 않는 무책임한 아버지'나 '직장에서의 차별'과 같은 것은 점점 더 심각해지는 편모 여성들의 곤경을 제대로 설명할 수 없다. 오늘의 중산층 편모는 한 세대 전의 편모보다 더 좋은 법적 보호, 더 높은 봉급, 더 많은 자녀양육비를 받고 있고, 직장에서도 더 많은 기회를 누리고 있다. 그러나 그들이 재정파탄을 맞을 가능성이 훨씬 더 크다. 우리는 지난 20년 동안 파산한 편모의 수가 600% 이상 증가한 것으로 추정한다.

그렇다면 이 여성들은 왜 그리도 심한 곤경에 처했는가? 우리는 부부가 이혼하기 이전에 이미 가계 대차대조표에 생긴 변화가 편모가 취약해진 원인이라는 사실을 입증해 보이고자 한다. 양친 가정은 자녀에게 중산층 생활을 제공하느라 돈을 한 푼도 남김없이 다 썼기 때문에 곤경에 처해 있다. 따라서 오늘의 새 이혼모는 이혼서류에 서명하는 날 이미 재정파탄 지경에 있다. 그녀의 예금통장은 잔고 없이 비어 있고, 가정의 고정비용은 이미 한쪽 소득을 넘어선 것은 물론이고 맞벌이 소득으로도 부담스러운 수준이었다. 그녀는 자녀를 중산층으로 기르기 위해 기본적인 요구조건으로 여겨지는 것들을 제공하려고 맞벌이 가정과 경쟁한다는 것은 꿈도 꾸지 못한다.

그렇다면 모든 엄마들이 황급히 가정으로 되돌아가는 것이 유일한 해법인가? 그것이 적절한 해결책처럼 보일지 모르지만, 그렇게 될 수는 없다. 좋든 싫든 여성들은 이제 모기지 대금과 건강보험료를 내기 위해 자신의 소득을 벌어야 한다. 그들의 소득은 다 쓰일 데가 정해져 있고, 그런 지출항목을 포기하라고 요구하는 것은 그들에게 가족의 중산층 탈락을 강요하는 것과 같다. 해법은 다른 데 있다. 그것은 입찰전쟁의 근본 원인들을 해결해서, 혼자 벌든 맞벌이를 하든 모든 가정들이 얼마간 도움을 받게 하는 것이다.

맞벌이의 함정은 뜻밖의 모순된 결과들로 가득하다. 중산층 엄마들은 가정을 경제적으로 우위에 서게 하겠다는 계획적인 노력으로 직장에 간 것이다. 그러나 이제는 많은 중산층 엄마들이 단지 가계수지의 균형을 맞출 목적으로만 일하고 있다. 기록적인 수의 여성들이 대학 학위를 받고 바깥일을 하고 있을 때 많은 가정들이 전보다 더 심한 재정난에 빠졌다. 그렇게 한 여성들이 나쁜 타이밍의 희생자였던 측면도 있다. 전반적인 경제 번영에도 불구하고 그들의 가정이 직면하는 위험은 상당히 커졌다. 그리고 그들이 낙관적 근시안을 갖게 된 탓에 스스로 희생자가 되기도 했다. 그들은 일하는 엄마들이 받을 수 있는 보수만을 보고, 그 새로 발견한 소득과 관련된 위험은 보지 못한 것이다. 그들이 서로를 희생자로 만든 측면도 있다. 수백만 여성들이 일터로 쏟아져 들어가자 혼자 벌어서는 중산층 생활을 해나가는 것이 점점 더 어렵게 됐다. 이런 여러 측면의 요인들이 결합돼 여성을 집에서 끌어내고 자녀에게서 떼어냈으며, 동시에 가정의 재정적 안정성을 저하시켰다. 오늘의 중산층 엄마는 함정에 빠져 있다. 그녀는 일을 계속할 수도 없고 그만둘 수도 없다.

엄마들의 이야기

엄마와 아빠는 같은 침몰선에 갇혀 있다. 그러나 지난 한 세대 동안 변화의 특별한 표적이 된 것은 엄마 쪽이다. 대거 집을 떠나, 여러 세대에 걸쳐 변함없던 가정경제를 뒤바꾼 것은 엄마다. 집 밖에서 전일제 직업에 종사하면서 집 안에서는 가정과 자녀를 돌보는 등 온갖 일을 다 해야 하는 것은 엄마다. 그리고 이혼 후 가정에 남은 것들을 보존하는 역할도 거의 항상 엄마가 한다.

기혼 부부의 경우에도 재정적 실패는 불균형적으로 여성의 문제가 된다. 재정파탄을 맞은 남편과 아내는 서류상으로는 거의 같아 보인다. 그들은 같은 자산을 공유하고 있고, 같은 채무를 지고 있으며, 신용보고서에 똑같이 불량자로 등록된다. 그러나 결혼이라는 커튼을 들추고 그 속을 들여다보면 중요한 차이점들이 있다.

남편과 아내가 명목상 평등한 이 시대에도 가족의 재정이라는, 삶의 가장 본질적인 부분에서는 놀랍게도 부부가 전통주의에 따라 살아간다. 평균적으로 볼 때 가정의 돈을 관리하는 데서 남편이 아내보다 세 배나 더 일차적 책임을 진다고 한다. 그러나 부부가 재정난에 빠지면

이 책임은 아내 쪽으로 옮겨가는 경향이 있다. 가정에 대금 청구서가 쌓이기 시작하면 소매를 걷어 붙이고 해야 할 일을 하는 쪽은 아내다. 법정처분 통지를 처리하는 일도, 채권자에게 좀더 시간을 달라고 간청하는 일도, 끈질기게 대출 상담을 하고 법적인 도움을 구하는 일도 아내가 한다. 그리고 마침내 루스 앤처럼 파산신청을 해야겠다고 결정하는 것도 아내다. 대출상담을 하거나 파산을 신청하는 부부가 남편과 아내 사이에 청구서 처리의 책임을 지는 비율은 재정적으로 안전한 가정과 정반대다. 파산신청을 한 부부의 4분의 3은 가정을 재정파탄으로부터 구해내는 일에서 아내가 전적으로 책임을 진다.[12]

이러한 책임의 이동은 가정 내 책임 소재의 일상적인 재편성, 예컨대 아내가 빨래를 하는 동안 남편은 잔디를 깎는다는 등 소소한 결정의 변화에 그치는 것이 아니다. 그것은 결혼생활에서 심각한 불화가 일어날 수 있다는 신호다. 재정난을 겪는 가정에서 홀로 돈 문제를 담당하는 여성은 그렇게 하는 남자보다 두 배나 더 그런 역할에 커다란 불만족을 표시하는 경향이 있다. 재정파탄에 수반되는 모든 것들로 인해 지치고 좌절한 많은 여성들이 가장 도움을 필요로 할 때 부부간 불화의 결과로 도움을 줄 남편이 곁에 없는 상태가 된다.

남자들은 그들대로 가정을 제대로 부양하지 못하는 처지가 되면 자신의 일하는 능력에 대한 자신감을 잃을 뿐만 아니라 남편으로서, 아버지로서, 그리고 남자로서 자신의 정체성까지 흔들리는 느낌을 갖게 된다. 재정적인 문제와 부부관계의 문제가 연관성이 있음이 통계적으로 입증된다 해도 놀랄 게 없다. 부부관계에 대한 연구 결과들을 보면 돈이 대다수의 부부싸움에 원인이 된다고 한다. 재정적으로 불안한 상태에 있는 부부의 경우에 특히 돈이 문제가 된다. 간신히 살아가는 가정의 경우에는 부부가 집안의 모든 구매를 일일이 따져보게 되는데, 이렇게 하는 것은 이미 상당한 스트레스를 받고 있는 부부 사이에 갈등의 불을 붙인다. 그런 부부들은 실직을 하거나 건강보험에서 배제된 데 대해 책임을 물을 다른 대상이 가까이에 없기 때문에 너무나 쉽사리 좌절감과 분노를 서로에게 퍼붓게 된다. 이런 부부는 "~해야 했다"는 끝없는 설전에 빠져들고, 오래 전에 내린 결정들을 두고 스스로에 대해, 그리고 서로에 대해 사후비판을 하게 된다. 남편은 기회가 있었을 때 야간조로 일을 더 해야 했고, 아내는 새 차를 사기보다 쓰던 차를 더 사용해야 했다는 식이다. 남편이 집을 좀더 낮은 가격에 사야 했고, 아내가 식료품에 돈을 덜 써야 했다는 말도 오간다. 어떤 사람들의 경우에는 탓하기 싸움이 심해지다가 신체적 폭력이 말을 대신하기도 한다. 우리가 인터뷰한 한 파산관재인은 곤경에 처한 가정이 파산법원을 이용해 채권자로부터 자신을 스스로 보호하도록 돕는 것이 자기의 역할이라면서 이렇게 말했다. "제가 하는 일은 학대예방업이지요. 가정이 재정적으로 회복되도록 도울 때마다 저는 누군가를 폭력으로부터 구제하는 겁니다."

그러나 오해하지 말라. 재정파탄은 여성만의 문제가 아니라 남성과 여성 모두의 문제다. 따라서 이 책에서 우리는 엄마의 이야기와 아빠의 이야기 둘 다를 들려줄 것이다. 그러나 재정파탄 현상이 전적으로 성에 중립적이라는 인상을 주려고 하는 것은 아니다. 그것은 성에 중립적인 것이 아니다. 엄마는 무자녀 주택소유자보다 35%나 더 자신의 주택을 잃기 쉽고, 무자녀 남성보다 세 배나 더 파산하기 쉬우며, 이혼 후에는 아빠보다 일곱 배나 더 가장의 역할을 하기 쉽다.[13] 그러므로 이 책에서 우리는 가정에 관한, 자녀에 관한, 그리고 특히 엄마에 관한 이야기를 들려줄 것이다.

자녀를 갖는다는 것은

이 책에서 우리는 자녀를 갖는 것이 어떻게 지급능력자와 지급무능력 자를 가르는 경계선이 되었고, 오늘의 부모가 어떻게 예전의 부모보다 더 열심히 일하고 맞벌이까지 하면서도 절망적으로 뒤처지는지를 설 명할 것이다. 이 책은 또한 이런 상태가 현대 경제의 어떤 불가피한 속 성은 아닌지, 예를 들어 여성의 노동력 편입이 낳은 필연적인 부산물 은 아닌지에 대해서도 이야기할 것이다.

우리가 이 책을 쓰는 것은 루스 앤, 그리고 그녀와 같은 다른 모든 엄마들이 정치인과 학자들, 아동 보호론자와 노동운동가들, 친가정 보 수주의자와 자유주의 페미니스트들과 더불어 미국 가정을 난타한 경 제적 요인들을 진지하게 바라보도록 하기 위해서다. 우리는 그들이 현 실을 그대로 반영하는 숫자들을 정확히 보고 이해하기를 원한다. 그러 나 무엇보다도 우리는 그들이 탈출구가 있다는 사실을 깨닫기를 바란 다. 일어날 수 있는 여러 가지 변화가 있다. 실제적이고 실용적이며 의 미 있는 변화가 일어날 수 있다. 그런 변화는 의회에서도, 지방정부에서도, 학교 운영위원회에서도, 가정에서도 만들어질 수 있다. 그것은 보통의 부모들이 주택의 법정처분이나 당좌차월이 지나치게 된 은행 계좌에 대해서가 아니라 아이에게 변기를 잘 사용하도록 훈련을 시키는 일이나 무도회에 어떤 드레스를 입고 갈지에 대해 고민하면서 밤을 보낼 수 있게 하는 변화를 말하는 것이다. 그런 변화는 미국의 위대한 중산층을 다시금 안전하게 만들 것이다.

과소비 신화

지난 한 세대 동안 막강한 신화 하나가 미국을 휩쓸었다. 다른 모든 신화와 마찬가지로 과소비 신화도 혼란스러운 세상을 설명하는 이야기를 들려 준다. 왜 그렇게 많은 사람들이 재정난에 처해 있는가? 왜 신용카드 채무는 증가하고 저축은 줄어드는가? 왜 수백만 여성들이 일자리를 갖고 초과근무를 하는가? 과소비 신화는 우리의 집단적 사고에 깊게 뿌리박고 있으면서 이런 기본적인 의문들을 제기하는 것조차 방해한다. 과소비 신화란 가정들이 필요하지도 않은 물건을 사느라 너무 많은 돈을 쓴다는 것이다. 미국인들이 '과시적 지출 욕구'라는 새로운 기질적 결함을 갖게 됐으며, 이것이 그들을 충동질해 전례 없이 돈을 쓰고 또 쓰게 했다는 것이다.

그런 모든 지출 충동이라는 것이 사실은 그 기원부터 모호하다. 존 드 그라프를 비롯한 《어플루엔자》[14]라는 책의 저자들은 "우리는 자신도 모르게 일종의 의지력 결핍증과 졸부병에 걸린 것 같다"고 주장한다. 경제학자 줄리엣 쇼어는 그들과 달리 '새로운 소비주의'를 비난했지만, 그 내용은 같다. 쇼어는 "수많은 사람들이 필요하다고 스스로 말하는 수준 이상을, 그리고 가진 것 이상을 소비한다"면서 "중산층의 대중적 과잉지출"이 문제라고 지적한다. "그들은 자신이 소비하고 있다고 자각하는 수준 이상을, 그리고 재정적으로 건실한 수준 이상을 소비한다"는 것이다.[15]

많은 병폐들이 과소비 신화만으로 손쉽게 설명되고 있다. 왜 사람들이 빚을 지게 됐나? 사회학자 로버트 프랭크는 사람들 사이에 새롭게 형성된 '사치 열기'로 인해 중산층 가정들이 주로 저축을 줄이고 빚을 내어 소비를 늘릴 자금을 마련하게 됐다고 주장한다. 왜 학교가 잘못되고 거리가 위험해졌나? 줄리엣 쇼어는 '교육, 사회 서비스, 공공안전, 레크리에이션, 문화'와 같은 공공재가 열악해진 주된 요인으로 '경쟁적 소비'를 꼽는다. 왜 사람들은 불행한가?《어플루엔자》는 "더 많은 것에 대한 완강한 집착이 사람들의 과로, 채무, 근심, 낭비의 원인"이라고 요약한다. 어느 곳을 보든 과소비가 사회의 근간을 파괴하고 있는 것 같다.

과소비 신화는 가정들이 사실은 필요하지 않은 것들에 돈을 쓴다는 전제 위에 서있다. 의료나 기본적 주거에 대해 과소비한다는 것이 아니다. 줄리엣 쇼어에 따르면 "유명상표 의류, 전자레인지, 외식, 실내 에어컨과 자동차 에어컨, 어린이와 어른들 모두가 갖고 싶어 하는 마이클 조던의 유비쿼터스 운동화"에 대해 과소비가 이루어진다. 그리고 과소비는 여분의 소득을 갖고서 몇 가지 기호품을 사는 것이 아니다. 분별 있는 사람이라면 없이도 잘 지내는 소비항목에 지출을 하느라고 빚을 지게 되는 것이 과소비다.

과소비 신화의 장점은 그것이 우리의 직관에 잘 들어맞는다는 데 있다. 우리는 고객들이 가득 들어찬 상점을 흔히 보게 된다. 엄청나게 비싼 전자제품들이 가득한 카탈로그를 받기도 한다. 과소비에 관한 이야기를 들으면 옷장 속에 걸려 있는 너무 비싼 여름옷이나 차고에서 먼지를 뒤집어쓰고 있는 전동공구가 머릿속에 떠오르기도 한다. 결론은 명확하다. '과시욕'이 사람들을 경제적 파멸로 몰아가고 있다는 것이다.

그런데 이것이 맞는 말인가? 직관과 단편적 사례가 튼실한 데이터를 대체할 수는 없다. 우리는 연방 기록보존소의 구석구석을 뒤져 지출항목별, 가구규모별로 잘 정리된 1970년대 초 이래 미국의 소비 패턴에 관한 상세한 정보를 발견했다. 가정들이 정말로 디자이너 의류와 외식에 돈을 낭비하고 있다면 오늘의 가정들이 과거 어느 때보다도 쓸데없는 품목들에 더 많은 돈을 지출하고 있다는 것이 지출통계에 나타나야 할 것이다. 그러나 우리는 실제 통계숫자들은 이와 전혀 다른 방향을 가리키고 있어 과소비론이 단지 신화일 뿐임을 보여준다는 사실을 알게 됐다.

의류를 예로 들어보자. 최근 〈뉴스위크〉는 빚더미에 올라앉은 미국인을 여러 쪽짜리 커버스토리로 다룬 바 있다. 만연한 재정파탄과 높은 파산율의 원인은 무엇인가? "경솔한 쇼핑이 문제의 일부를 이루고 있다. 많은 채무자들이 스스로 자신의 곤경이 토미, 랄프, 구치, 프라다* 탓이라

---

* Tommy, Ralph, Gucci, Prada. 모두 명품 브랜드다.

고 한다." 실로 맞는 말 같다. 실제로 바나나 리퍼블릭*은 손님들로 가
득 차 옷을 입어볼 방이 없을 정도이고, 우리가 마주치는 10대 아이들
은 모두 아디다스와 나이키를 신고 있으며, 디자이너 가게들은 속옷이
나 선글라스 등을 팔면서 돈을 쓸어 담고 있다. 꼬마 옷조차 브랜드가
달린 것이어야 하고, 유아용 티셔츠나 잠옷에도 갭이나 입센로랑 상표
가 붙어 있다.

　그렇지만 토미 스웨터와 레이밴 선글라스를 포함한 그 모든 것들을
다 합쳐도 오늘날의 평균적인 4인 가족은 1970년대 초의 비슷한 4인
가족보다 의복에 21%나 적게 지출하고 있다. 이런 일이 어떻게 가능
한가? 사람들이 과소비를 한다고 손가락질해대는 이들은 오늘날 가정
들이 더 이상 구매하지 않는 품목들을 감안하지 않는다. 나(엘리자베
스)는 두 아이가 각각 가죽신발 두 켤레(하나는 교회에 갈 때 신을 것,
다른 하나는 평일용)와 스니커 한 켤레(놀 때 신을 것)를 갖고 있으면
서 사용할 수 있도록 3개월마다 한 번씩 스트라이드 라이트† 매장으
로 달려가던 날들이 기억에 생생하다. 그러나 이제 막 아장아장 걷기
시작한 아멜리아의 아기는 월마트에서 산 5달러짜리 샌들 한 켤레를
갖고 있을 뿐이다. '회사 평상복(비즈니스 캐주얼)'이 나라 전체를 휩
쓸면서 양복, 넥타이, 팬티스타킹은 스웨터와 면바지로 바뀌었다. 새
로운 직물, 새로운 기술, 값싼 노동이 가격을 낮추었다. 타깃이나 마

---

*　Banana Republic. 미국의 20~30대 젊은층이 선호하는 패션 제품을 판매하는 체인.
†　Stride Rite. 스니커를 처음으로 만들어낸 신발회사.

셜과 같은 할인업체들이 온 나라에 생겨나 가정들에 적당한 가격대의 저가 의류를 공급하고 있다. 이런 변화들을 다 합쳐 보면 1973년에 4인 가족이 정장 숙녀복, 모직 양복, 기타 의복을 사는 데 들인 금액은 오늘날 가정들이 브랜드 운동화나 힙 티셔츠 등을 사는 데 들이는 금액보다 연간 750달러가량 더 많았다.

좋다. 사람들이 옷에 돈을 펑펑 쓰는 게 아니라면 음식을 과소비하고 있는 게 틀림없다. 슈퍼마켓의 진열대도 훨씬 더 다듬어진 유명 브랜드의 먹을거리와 최고급 아이스크림, 외국풍 주스로 채워져 있다. 우리의 조부모 세대가 보았다면 놀랐겠지만, 지금 사람들은 물도 사 먹는다. 게다가 이제 누가 집에서 요리를 하는가? 엄마, 아빠가 모두 직장에 매여 있기 때문에 미국인은 과거 어느 때보다 더 많이 외식을 하거나 음식을 배달시킨다. 《어플루엔자》의 저자들은 이렇게 푸념한다. "시내 거리는 물론이고 교외 쇼핑몰도 식당들의 국제연합(유엔)을 이루고 있다. 예전에 외식은 특별한 행사였다. 지금은 집에서 음식을 요리하는 데 쓰는 돈보다 더 많은 돈을 외식에 쓴다."

그들의 말은 어느 정도로만 맞다. 평균적인 4인 가족은 과거보다 외식에 더 많은 돈을 지출한다. 그러나 그들은 식료품점에서는 적게, 그것도 훨씬 더 적게 돈을 쓴다. 오늘의 가정들은 할인점 코스트코에서 티본 스테이크는 그냥 지나치고, 시리얼을 대량포장된 것으로 사며, 유명 브랜드가 아닌 유통업체의 자체 상표가 붙은 종이수건과 야채통조림을 사면서 많은 돈을 절약하고 있다. 이렇게 절약되는 돈은 늘어난 외식비용을 감당하고도 남아, 오늘의 4인 가족은 식비(집에서의 식비와 외식비를 합한 금액)로 한 세대 전의 가족에 비해 22%나 적게 지출한다.

가재도구는 어떤가? 《어플루엔자》는 "1970년경만 해도 사치품으로 여겨졌으나 이제는 절반 이상의 미국 가정들에서 볼 수 있고 많은 미국인들이 필수품으로 간주하는" 식기세척기, 세탁물건조기, 중앙난방장치, 에어컨, 컬러 TV, 케이블 TV 등의 가전제품 소비를 문제 삼는다. 그런 편리한 제품들은 미국인의 마음 한구석을 새로이 차지하게 된 것이 틀림없지만 우리 지갑에서 나가는 돈에서 그것들에 지출되는 비중은 크지 않다. 제조비용은 하락했고, 내구성은 커졌다. 전자레인지, 식기세척기, 세탁물건조기가 냉장고, 세탁기, 난로에 더해졌어도 요즘 가정들은 한 세대 전보다 주요 가재도구에 44%나 적게 지출한다.

휴가철 주택이 또 하나의 큰 표적이다. 잡지 〈머니〉의 한 기고자는 생활이 어떻게 변했는지를 이렇게 설명한다. "한 세대 전에는 꿈의 휴가가 수수한 행사였다. 여름이 오면 온 가족이 인조목재로 만들어진 문이 달린 포드 컨트리 왜건에 우르르 몰려 타고 2주 동안 워차마사키 호수로 갔다." 이 기고자는 이제는 완전히 달라졌다고 한탄한다. "해변 언덕 위에 솟은 별장이 호숫가의 임대용 통나무집을 밀어냈다." 그러나 적어도 중산층 가정에는 그가 묘사한 세상이 존재하지 않는다. 그의 화려한 수사와 달리 여름철 주택은 부유층의 전유물이다. 1973년의 통계를 보면 단지 3.2%의 가정들만이 휴가용 별장을 갖고 있었다. 2000년에도 이 비율은 4%로 조금 올랐을 뿐이다.

그렇다고 해서 중산층 가정이 돈을 전혀 낭비하지 않는다는 말은 아니다. 한 세대 전에는 아무도 케이블 TV를 보지 않았고, 대형화면 TV는 진짜 부자들만 즐길 수 있었으며, DVD와 TiVo*는 알파벳의 의미 없는 나열일 뿐이었다. 가정들은 프리미엄 채널까지 포함해 '가정오락(홈 엔터테인먼트)'에 얼마나 많이 지출하는가? 한 세대 전보다 23% 더 지출하지만, 이것을 금액으로 계산하면 연간 170달러를 더 쓰는 것에 지나지 않는다. 컴퓨터로 인해 연간 가정예산은 추가로 300달러 늘어난다. 그러나 이 증가분도 다른 지출항목들까지 고려하면 다소 다르게 보인다. 케이블 TV, 전자제품, 컴퓨터에 추가로 지출한 금액보다 그 밖의 다른 가재도구와 가구에서 절약된 금액이 더 크다.

다른 부문에도 동일한 상쇄효과가 있었다. 오늘날 평균적인 가정은 한 세대 전보다 항공여행에 더 많은 돈을 지출하지만, 드라이클리닝에는 더 적은 돈만 쓴다. 전화료로 더 많이 쓰지만, 담배에는 더 적게 쓴다. 애완동물에는 많이 쓰지만, 카펫에는 적게 쓴다.[16] 이것들을 모두 합하면 한 범주의 지출 증가가 다른 범주의 지출 감소로 상쇄된다. 달리 말하면, 오늘날만큼이나 한 세대 전에도 자잘한 지출이 많았던 것이다.

그러나 과소비 신화는 꿈쩍도 하지 않는다. 중산층 가정이 바닷가재 요리, 구치, 바하마 여행 따위에 너무 많은 돈을 탕진하기 때문에 재정 파탄으로 곤두박질치고 있다고 한다. 미국인들이 이 신화에 그렇게 집

---

* VCR과 비슷하나 테이프 대신 하드드라이브를 사용하는 디지털 비디오 리코더.

요하게 매달리는 것은 그것이 실제 증거로 뒷받침되기 때문이 아니라, 그것이 정말로 나쁜 어떤 뉴스에 대한 변명거리가 되기 때문이다. 만약 가정들이 돈을 낭비하기 때문에 곤경에 처하는 것이라면 할인점 코스트코에서 물건을 사고 스스로 파스타 요리를 해 먹는 사람들은 염려할 게 없을 것이다. 만약 가정들이 자신의 잘못 때문에 실패한 것이라면 나머지 다른 가정들이 그렇게 곤경에 처하게 된 가정들을 도와야 할 이유가 없다. 그들의 실패요, 그들의 문제인 것이다. 그렇다면 재정적 실패에 대해 "생활을 단순화하라", 다시 말해 "페리에*와 롤렉스를 멀리하라"고 조언하는 전문가들의 합창에도 얼마든지 동참할 수 있다. 그런 분별 있는 조언을 따르면 신용카드 연체가 없어지고, 파산신청이 사라질 것이며, 저당주택의 법정처분도 소멸할 것이다.

그러나 현실은 그렇게 명쾌하지 않다. 물건을 너무 많이 사는 가정들이 물론 있긴 있다. 그러나 과소비가 '전염병'이라는 증거는 찾을 수 없다. 과소비로는 저당주택 법정처분율의 255% 상승, 파산신청의 430% 증가, 신용카드 채무의 570% 증가를 설명할 수 없다.[17] 점점 더 많은 수의 가정들이 심각한 재정적 곤경에 몰리고 있는데, 그들을 아무리 여러 번 비난한다고 하더라도 프라다와 HBO†가 그 원인인 것은 아니다.

---

* Perrier. 천연 탄산음료 제품의 이름.
† 미국의 영화 전문 케이블 TV 채널.

돈은 다 어디에 쓰였나

가정들이 유명 브랜드 생수와 DVD에 정신 못 차리고 돈을 쓰는 게 아니라면 어떻게 해서 중산층 가정들이 심각한 재정난에 처하게 된 것일까? 대답은 다름 아닌 집에서 출발한다.

우리는 집에 대해 진부한 말을 얼마든지 할 수 있지만, 주택이 평균적인 중산층 가정의 가장 중요한 구매품목이라는 데 초점을 맞추겠다. 대다수 사람들에게 주택 소유는 '멋진 인생'을 구성하는 가장 중요한 요소다. 주택은 자녀의 생활과 그들의 세계가 펼쳐질 범위를 규정한다. 그들의 학교 교실에 컴퓨터가 설치돼 있는지, 주위에 자전거길이 있는지, 앞마당이 놀기에 안전한지가 주택의 입지에 따라 결정된다. 그리고 집은 음식, 자동차, 건강보험, 탁아 서비스 등 다른 어떤 구매품목보다 가정의 소득을 더 많이 소진한다.

신문을 읽는 사람이나 집을 사본 사람이라면 알겠지만, 집을 사는 데는 종전보다 훨씬 더 많은 돈이 든다[18](중산층 부모 중 압도적인 다수가 주택소유자이기 때문에[19] 이 책에서 우리의 논의는 임대의 비용보다 소유의 비용에 집중된다). 그런데 오늘날의 주택 가격이 미국을 휩쓴 어떤 불가피한 인구학적 요인의 산물이 아니라는 점에 주목하는 사람들이 그리 많지 않다. 인구학적 예상과는 오히려 정반대다. 1980년대 말에 여러 평론가들은 주택시장의 대붕괴를 예언했다. 경제학자들은 베이비 붐 세대의 자녀들이 성장해 집을 떠나기 시작하면 주택시장에 대한 수급 압력이 갑작스럽게 역전될 것이라고 내다봤다. 이들

전문가는 주택 가격이 40년간 지속된 상승 추세를 뒤집어 1990년대와 2000년대에 걸쳐 10~47% 하락할 것이라고 했다.

물론 과소비론자들은 주택 가격이 전문가들의 예언과 반대로 오히려 치솟은 데 대한 설명도 준비해 두었다. 미국인들이 모든 게 잘 갖추어신, 너무 큰 호화주택을 사느라 자신을 파산시키고 있다는 것이다. 잡지 〈머니〉도 이런 견해를 채택하고 있다. "한 세대가량 전에는 차고를 갖춘 800평방피트(22.5평)의 8000달러짜리 집만 해도 천국이었다. 1980년대가 되자 꿈은 한층 더 높아졌다. 3에이커(3672평)의 대지 위의 6000평방피트(170평)짜리 저택이나 재개발 지구 안에 새로 단장한 타운하우스가 표준주택이 됐다."

그렇게 많은 사람들이 어디서 그런 인상을 받게 된 것일까? 그것은 아마도 새 주택의 평균적인 규모가 한 세대 동안 거의 40%가량 커졌다는 사실이 요란스레 선전됐기 때문일 것이다. 그러나 40% 커졌다고 해도 실제로 계산해보면 아직 새 주택의 평균 규모는 2200평방피트(62평)도 안 된다. 과소비론 진영이 승리를 선포하기 전에 검토해야 할 세부사항이 좀더 남아있다. 우선 대다수 중산층 가정은 그런 널찍한 새 집에 살지 않는다는 점을 지적할 수 있다. 낡은 집에 사는 가정의 비중이 한 세대 동안 거의 50%가량 커졌다. 점점 많은 수의 주택 소유자가 헐어빠진 지붕, 벗겨진 칠, 낡은 전선과 고투를 벌이고 있다. 오늘날 열 가구 중 여섯 가구는 25년도 넘은 주택을 갖고 있고, 거의 4분의 1은 50년이 넘은 집을 갖고 있다.[20]

부유층의 지위를 나타내는 상징들이 과장되고 있으나, 평균적인 중산층 가정이 소유한 주택이 넓어지고 쾌적해졌다 해도 그 개선의 정도는 크지 않다. 자기 집 거주 가정의 방 수 중앙값*은 1975년의 5.7개에서 1990년대 말에는 6.1개로 늘어났다. 20년이 넘는 동안 방이 반 개도 늘어나지 못한 것이다. 이렇게 늘어난 방 반쪽은 어디에 쓰이고 있나? 그것은 '운동실', '미디어실', 아니면 과소비론자들이 말하는 기이한 용도로 쓰이는가? 아니다. 실제 자료는 여분의 방이 대개 두 번째 화장실 또는 세 번째 침실로 사용되고 있음을 보여준다. 물론 이것도 의미 있는 개선이긴 하지만, 방 여섯 개짜리 주택에 사는 평균적인 중산층 가정이 초호화 주택 거주자의 지위로 뛰어오른 것은 아니다.

자녀를 위해

과소비를 비판하는 사람들은 또 하나의 결정적인 사실을 놓쳤다. 그것은 주택비용의 상승이 가족구성에 따라 다른 문제가 됐다는 점이다. 집값이 전반적으로 올랐지만(특히 대도시에서 많이 올랐다), 집값 상승의 예봉은 주로 유자녀 가정으로 향했다. 우리가 분석해본 결과 평균적인 무자녀 부부의 주택 가격 중앙값은 1984~2001년에 26% 상승했다. 20년도 채 안 되는 사이에 인상적인 상승을 한 셈이다. 그런데 유자녀 부부의 주택 가격은 78%, 즉 세 배나 빠르게 치솟았다. 달러로 표시하면 1984년에 평균적인 유자녀 부부가 7만 2000달러짜리 집을

---

* Median. 관측치들을 크기 순서로 일렬로 늘어놓을 때 한가운데 위치하게 되는 관측치.

갖고 있었는데 17년 후에 12만 8000달러짜리 집을 산 것이다. 주택 가격이 5만 달러 이상 높아진 셈이다. 그간의 이자율 하락에도 불구하고 월 모기지 비용도 뛰어올랐다. 이처럼 증가한 주택 관련 비용은 가계에 큰 주름살을 남겼다. 관찰대상 기간을 어떻게 잡더라도 유자녀 부부는 주택에 과거 어느 때보다도 많은 돈을 쓰고 있다.

왜 부모들이 집에 그렇게 많은 돈을 쓰려고 하는가? 이에 대해 과소비론은 그다지 통찰력을 보여주지 못한다. 자녀를 둔 가족은 '집 안 욕실 온천욕'과 '전문가급 주방'을 특별히 좋아하는 반면에 활동적인 독신자는 낡아빠진 주방과 작은 화장실이 딸린 검소한 아파트에 살아도 만족한다고는 결코 생각할 수 없다.

아니, 진짜 이유는 다른 데 있다. 많은 부모들의 경우에 그 대답은 그들이 파산 지경에까지 이르면서도 추구하는 두 가지 강력한 목표에 귀착된다. '안전'과 '교육'이 바로 그것이다. 각 가정은 이 쌍둥이 신에 대한 제물로 엄마를 일터에 보냈고, 가족의 경제적 예비자원을 소진했으며, 엄청난 채무 부담을 졌다. 이는 모두 자녀가 가능한 한 최선의 상태로 인생을 출발할 수 있도록 하기 위해서였다.

최선의 인생 출발은 좋은 학교와 더불어 시작된다. 부모들은 그러한 학교를 다투어 찾고 있다. 매사에 의견일치를 이루지 못하는 정치인들도 미국의 공립학교에 큰 문제가 있다는 데는 너도나도 동의한다. 예컨대 2000년 대통령선거 때 민주, 공화 양당 후보는 서로 딴죽을 걸면서 새로운 교육 프로그램을 위한 정책을 내놓았다. 그렇게 할 만한 충분한 이유가 있었다. 최근의 여론조사에 의하면 교육은 의료, 에이즈

연구, 환경 보호, 범죄 척결 등을 제치고 이제 연방정부 지출의 최우선 순위여야 한다고 유권자들이 생각한다는 것을 그들도 알고 있었다.

글을 읽을 줄 모르는 아동들, 학교의 조직폭력, 교과서 없는 교실, 교문 앞 마약 거래 등에 관한 뉴스를 우리는 익히 들어왔다. 대개의 경우 이런 문제들은 잘못된 교육정책 때문만이 아니다. 빈곤과 관련된 병폐이기도 하다. 빈민에 대한 지원에 관심이 없는 부시 대통령조차 '망가진 학교'를 돕는 데는 신경을 썼다. 이런 일은 실제로는 빈곤지역 내 학교들을 원조하는 것을 의미한다.

이런 것들이 도대체 중산층 자녀들의 교육과 무슨 관계가 있는가? 중산층 자녀들은 공립학교 체제가 지닌 최악의 결함들을 충분히 피할 수 있지 않은가? 대답은 간단하다. 돈 문제다. 망가진 학교들은 그런 학교에 다녀야 하는 아이들에게 피해를 주기도 하지만, 그런 학교에 다니지 않아도 되는 아이들에게 엄청난 비용 부담을 지우기도 한다.

아무 대도시 지역에나 가서 평균적인 중산층 부모에게 말을 걸어 보라. 그들은 자기 자녀를 수준 있는 학교에 보내기 위해 들여야 했던 시간, 돈, 노력에 대해 이야기할 것이다. 제도를 완전히 파악해 활용하는 것이 문제가 된 경우도 적지 않을 것이다. 그래서 이런 말을 듣게 될 것이다. "우리는 조슈아를 태어난 날부터 과학영재학교의 대기자 명단에 올렸답니다." 중산층 부모가 사립학교, 가톨릭학교, 홈스쿨링 등을 선택함으로써 공립학교 체제를 완전히 떠나는 경우도 늘어나고 있다. 그래서 "옛날에 내 남편과 나는 공립학교에 다녔지만 에린은 지역 중학교에 보낼 수가 없었어요"라는 이야기를 듣게 된다. 그러나 사립학교에 보내기나 전략적인 묘수 찾기만으로 충분하지 않다. 대다수 중산층 부모의 입장에서 자녀가 버젓한 교육을 받도록 하기 위해 필요한 것은 단 한 가지로 귀결된다. 그것은 바로 높은 교육의 품질과 학부모의 신뢰를 유지하면서 명성을 지켜 온 일부 소수 교육구에 있는 주택을 움켜잡는 것이다.

주택은 차 두 대분의 주차장, 직장이나 상가까지 가까운 거리, 낮은 범죄율과 같은 살기에 편리함이 있으면 그만큼 가격이 높다. 캘리포니아의 중규모 도시로 인구가 40만 명인 프레스노에서 실시된 연구에 따르면 비슷한 주택일 경우 주민의 인종 구성, 통근 거리, 범죄율, 유해한 폐기물 처리장까지의 거리 등을 제치고 학교의 질이 집값에 가장 중요한 결정요인이었다. 보스턴 근교에 대한 연구 결과는 어느 학교 배정 구역에 속하느냐가 주택 가격에 영향을 미친다는 점을 보여주었다. 서로 반 마일도 떨어져 있지 않고 거의 모든 면에서 비슷한 두 주택이 각기 다른 초등학교 배정 구역에 속한다면 매우 다른 가격이 매겨질 것이다. 지역 주민들의 특성, 학교의 지출 규모, 인종 구성, 조세 부담, 범죄율 등의 면에서 사실상 같은 주택들이라도 4학년 학생들의 수학과 읽기 과목 점수가 5% 높은 학교가 있는 교육구의 주택이 4000달러가량 더 비싸다.

예를 들어 펜실베이니아대학교를 둘러싸고 있는 서부 필라델피아의 대학도시 지역을 살펴보자. 지역사회를 개선하려는 노력의 하나로 이 대학은 새로운 초등학교 설립을 위한 기금을 내놓았다. 결과는 어떠했을까? 기금 출연이 발표된 시점에 이 지역 내 주택 가격의 중앙값은 6만 달러 미만이었다. 그런데 그로부터 5년 뒤에 이 지역 내 주택은 전면적인 보수가 필요한 것도 20만 달러에 매매됐다. 지역 여건 가운데 다른 것들에는 아무런 변화가 없었다. 통근 거리와 고속도로까지의 거리도 같았고, 주택 연수도 같았다. 그러나 불과 5년 만에 가정들은 자녀를 보다 좋은 공립 초등학교에 보낼 수 있게 됐다는 이유만으로 세 배 이상의 가격을 지불하고 이 지역의 주택을 살 생각을 하게 됐다. 부동산중개인은 주택 가격의 세 가지 중요한 결정요인으로 "첫째도 위치, 둘째도 위치, 셋째도 위치"라는 농담을 오래 전부터 해왔다. 오늘날 이 말은 "첫째도 학교, 둘째도 학교, 셋째도 학교"로 바뀌었다.

이런 현상이 새삼스러운 것은 아니다. 그러나 그 압력은 상당히 커졌다. 1970년대 초에는 대부분의 미국인들이 공립학교가 제법 잘 기능하고 있다고 믿었을 뿐 아니라, 대다수 성인들이 공립학교 교육이 자신의 어린 시절 이래로 실제로 개선됐다고 생각했다. 오늘날에는 단지 소수의 미국인들만이 이런 긍정적인 견해를 갖고 있다. 반면 이제 대다수는 학교가 상당히 나빠졌다고 믿는다. 전체 미국인의 꼭 절반이 미국의 공립학교 제도에 불만을 갖고 있으며, 열악한 공립학교는 흑인 부모와 백인 부모 모두에게 심각한 걱정거리다.[21]

과소비에 대한 비판에 앞장서고 있는 줄리엣 쇼어조차도 자녀를 가진 부모들에게 압력이 가중되고 있음을 인정한다. 그녀는 미국인들이 고급 화강암 조리대와 전자 오븐을 너무 좋아한다고 비판하면서도 다른 한편으로 부모들이 '자녀를 위한 지출의 덫'에 걸렸음을 인정한다.

상류 중산층까지 포함한 중산층 전체에서 많은 부부들이 그들 자신과 자녀를 위해 세상과 보조를 맞추라는 거의 위협적인 압력을 받고 있다. 그들은 경제의 전반적인 어려움 속에서도 자녀를 좋은 학교에 보내야 한다는 데서 깊은 고민에 빠져 있다. 자녀를 좋은 학교에 보내려면 주거비용이 상대적으로 높은 지역에 살아야 하기 때문이다.

다시 말해, 사랑하는 자녀가 좋은 교육을 받도록 하는 유일한 길은 시내에 있는 직장으로 통근하는 데 한 시간 정도 걸리는 곳에 있는 방 세 개짜리 고풍스런 주택으로 이사하는 것이다.

오늘날의 부모는 자녀가 어디서 학교에 다닐 것인가를 고려할 때 또 하나의 걱정거리에 직면할 수밖에 없다. 그것은 학교 폭력의 위협이다. 공립학교에 총기발사, 폭력단, 위험한 약물이 늘어남에 따라 많은 학부모들이 아들딸을 위한 안전한 피난처를 찾고 있다. 콜로라도주의 아름다운 교외에 위치한 컬럼바인 고등학교에서 총기난사 사건이 일어나 온 나라를 공포에 질리게 만든 것처럼 폭력사건은 어디에서나 일어날 수 있다. 그러나 통계를 보면 학교 폭력이 그렇게 아무데서나 마구잡이로 일어나는 것은 아님을 알 수 있다. 한 연구에 따르면 강도, 강간, 흉기 공격과 같은 심각한 폭력범죄가 일어날 가능성은 중산층이나 상류층 자녀들이 주로 다니는 학교보다 빈곤층 자녀들이 많이 다니는 학교가 세 배나 높다. 마찬가지로 시내 거주자의 자녀들은 교외지역 거주자의 자녀들에 비해 학교로 오가는 도중에 공격을 당할 염려를 두 배나 더 많이 한다. 이처럼 실제 숫자들은 냉엄한 현실을 그대로 보여준다. 부모가 자녀를 빈곤지역과 격리된 곳으로 옮기면 그 자녀가 안전한 학교생활을 할 가능성이 실제로 높아진다.

　외부인의 출입이 제한되는 형태로 새로 조성된 고립적인 교외지역이 도시생활을 얼룩지게 하는 '묻지 마'식 범죄로부터의 피난처가 되고 있기도 하다. 미국의 범죄율이 최근 10년간 급격히 떨어졌는데도[22] 가정들이 신변안전 여부에 그렇게 큰 주의를 기울인다는 것이 이상하게 여겨질지도 모른다. 그러나 전국적인 통계는 지역들 사이의 차이를 감춘다. 지역 간 불균형은 갈수록 커져왔다. 많은 도시들에서 도심지역은 더 위험해진 반면 외곽지역은 더 안전해져서, 교외의 피난처로 비집고 들어가야겠다는 부모들의 강박관념이 더욱 심해졌다.[23] 예컨대 볼티모어와 필라델피아를 봐도 도심지역에서는 범죄율이 올라간 반면에 외곽 교외지역에서는 범죄율이 떨어졌다. 도심과 교외 사이의 이런 불균형은 가장 두려운 폭력범죄의 경우에 가장 크다. 오늘날 어느 한 사람이 필라델피아의 도심지역에서 살해될 확률은 그 외곽의 교외지역에서 살해될 확률의 10배나 되며, 볼티모어 중심지의 경우에는 이 비율이 12배나 된다.

　골수 도시민들은 비록 많은 도시지역에서 범죄율이 상승했지만 평균적인 가정의 자녀는 도시 안에서 '묻지 마'식 폭력행위에 의해 살해될 가능성이 극히 낮다고 주장할 것이다. 이런 주장은 사실일 수는 있지만 초점에서 벗어난 것이다. 왜냐하면 그것은 부모의 심리에 기본적인 요소인 '걱정'을 무시한 주장이기 때문이다. 부모는 항시 자녀의 취약성을 마음에 두며, 아무리 많은 통계적 추론도 그런 부모의 걱정을 덜어주지는 못한다.

에밀리 청은 수백만 부모들이 공감할 이야기를 들려준다. 심리치료사로서 오랜 기간 도시에 거주해온 에밀리는 노동자 계층이 많이 사는 시내 지역의 아파트를 빌려 살았다. 그녀는 몇 년 동안은 도시생활 예찬자였다. 그러나 아이들이 커감에 따라 그녀의 견해가 바뀌기 시작했다. "우리 집은 우범지역 가까이에 있었고, 나는 아이들 때문에 겁이 났어요. 나는 아이들이 거기서 자라기를 원치 않았어요." 그곳에서 일련의 밤도둑 사건이 일어난 후 에밀리는 가족이 살 새 장소를 찾기 시작했다. "나는 주택을 사려고 했던 것이 아닙니다. 그저 내 아이들을 더 좋은 학교와 더 안전한 장소로 데려갈 수만 있다면 어떤 주택이라도 빌리고 싶었지요." 그러는 것이 생각만큼 쉽지는 않았다. 에밀리는 살고 싶은 지역에서는 자신이 빌릴 수 있는 아파트를 하나도 찾아낼 수 없었다. 부동산중개인이 그녀에게 모기지 신청 자격이 있음을 알려주자 그녀는 모기지 빚을 얻어 교외로 이사했다.

새 집에서 맞은 첫 날 밤에 나는 어둠 속을 돌아다니면서 아주 기뻐했어요. 그 집은 아주 좋고 조용했지요. 아이들은 밖에 얼마든지 나갈 수 있었고, 두려워할 것이 없었습니다. (그녀는 울기 시작했다.) 나는 아이들을 위해 그렇게 해주는 것, 아이들을 더 좋은 곳에 살게 해주는 것이 그들에게 참으로 멋진 선물을 주는 것이라고 생각했지요. 그곳이 먼저 살던 곳보다 삼천 배는 더 좋았

습니다. 넓은 앞마당과 뒷마당, 그리고 출입로가 있고, 안전했어
요. 멋졌습니다. 그 집은 내가 일생동안 꿈꿔왔던 바로 그것이었
어요.

에밀리는 그 집을 사느라 매달 소득의 거의 절반을 모기지 대금으로
내기로 하는 큰 재정적 도박을 걸었다. 그녀는 아이들을 안전하게 지
키기 위해서라면 할 수 있는 모든 일을 하기로 마음을 먹었던 것이다.
　에밀리의 가족과 같은 가정들은 이미 오래 전부터 범죄가 불행한 일
이긴 하나 삶의 일부가 됐음을 인정해 왔지만, 범죄가 자녀를 둔 부모
에게 미치는 효과는 많이 바뀌었다. 한 세대 전에는 평균적인 부모가
범죄 위험을 피하기 위해 할 수 있는 일이 많지 않았다. 경비견을 사거
나 집에 항상 불을 켜놓을 수는 있었다. 하지만 교외지역도 시내만큼
문제가 있을 수 있었고, 범죄가 도시만의 문제로 간주되지도 않았기에
이사해야겠다는 생각은 그다지 강하지 않았다. 그러나 오늘날에는 시
내와 교외가 전혀 다른 두 개의 대안인 것처럼 보인다. 자동차를 도난
당하거나 근처 거리에서 무서운 살인 사건이 일어났다는 뉴스가 대대
적으로 보도될 때면 가정들은 시내보다는 교외가 더 안전한 곳이라고
믿게 된다. 한 연구에 따르면 볼티모어 중심부에서 이미 떠난 가정의
3분의 1 이상과 떠날 것을 고려한 적이 있는 가정의 절반 이상이 범죄
에 대한 공포 때문에 그랬다고 한다.
　그렇지만 시내 학교와 외곽 교외지역 학교 사이에 의미 있는 격차가
실제로 있는지, 대도시에서 멀어질수록 길거리가 정말로 더 안전한지

는 중요한 문제가 아니었다. 정치인들이나 지역언론이 주장한 것처럼 공립학교 교육이 정말로 위기에 부닥쳤는지도 중요하지 않았다. 중요한 것은 그런 중요한 차이가 분명히 있을 뿐 아니라 그 차이가 점점 더 커지고 있다고 부모들이 믿었다는 점이다.[24] 자녀를 사랑하는 수백만 부모들에게 유일한 해결책은 비용이 얼마나 들건 간에 안전한 지역의 수준 높은 교육구로 이사하는 것이었다.

좋은 학군의 입찰전쟁

그래서 미국 전역의 중산층 가정들이 전면전에 휘말려들었다. 마약에 대한 전쟁, 창조론에 관한 전쟁, 성교육을 둘러싼 전쟁이 아니었다. 그들의 전쟁은 언론에서 다루어진 적이 거의 없었고 정치인들의 주의도 끌지 못했지만, 모든 곳에서 부모들의 생활을 전면적으로 바꾸었고 그들이 내리는 모든 경제적 의사결정을 좌우했다. 그들의 전쟁은 바로 입찰전쟁이었다. 이 전쟁의 첫 발포는 가장 평범한 상황에서 일어났다. 부모들은 그들의 부모들이 그랬던 것처럼 아이들을 키우기에 좋은 곳이라고 생각하는 주택을 각각 개별적으로 찾았다. 그런데 가정들이 시내 지역에서 살고 싶지 않다는 생각을 점점 더 강하게 갖게 됨에 따라 주택 선택의 범위가 좁혀지기 시작했고, 부모들은 망가진 학교에서 한시라도 빨리 벗어나고자 했다. 수백만 부모들이 인근에 좋은 학교가 있는 안전지대의 주택을 찾는 대열에 합류했다. 시간이 지나면서 그런 주택의 공급량은 점점 더 줄어든 반면에 그에 대한 수요는 급증했다.

이런 움직임만으로도 교외 지역에 있는 좋은 교육구의 주택에 대한 입찰전쟁을 촉발하기에 충분했을 것이다. 그런데 점점 더 많은 수의 가정들이 이 전쟁에 새로운 무기까지 들여왔으니, 그것은 바로 두 번째 소득이다. 압도적 다수의 엄마들이 직장에 나가 돈을 벌어 가계 지출 중 큰 부분을 떠받치고 있는 오늘날에는, 불과 한 세대 전만 해도 직장여성을 포함한 대부분의 중산층 엄마들이 가계의 정규적 지출에 기여한다 해도 그 비중은 크지 않았다는 사실을 사람들이 잊기 쉽다. 한 세대 전의 평균적인 취업 주부는 가족 총수입에 4분의 1 정도만 기여했다. 많은 가정들에서 엄마의 소득은 모기지 대금이나 자동차 할부금을 내는 데 쓰이는 게 아니라 잔치 비용과 같은 특별한 지출을 감당하게 해주는 '보조소득' 정도로 간주됐다. 계몽이 덜 된 남편들만이 엄마의 소득에 대해 그런 태도를 갖고 있었던 것이 아니다. 은행과 대출회사들도 엄마는 전업주부의 역할을 해야 할 필요가 있을 때는 언제라도 직장을 그만둘 수 있다는 가정에 입각해서 모기지 대출을 해줄지 말지를 결정했다. 여성의 소득은 대체로 무시됐던 것이다.

1975년에 의회는 가정의 주택 선택에 폭넓은 영향을 끼칠 중요한 법안을 통과시켰다. 이에 따라 평등신용기회법*이 제정되어, 대부자들은 가정이 모기지를 받을 자격이 있을 정도로 돈을 버는지를 판단할 때 엄마의 소득을 더 이상 무시할 수 없게 됐다. 1980년대 초에는 기혼 부부의 주택 구매 능력에 여성의 노동력 참여 여부가 중요한 영향

* Equal Credit Opportunity Act.

을 미치는 요소가 됐다. 이처럼 가정과 은행들이 모두 엄마의 소득을 월 가계예산의 필수적인 일부로 간주하기 시작했다.

이런 변화는 오늘날에는 혁명적인 것으로 보이지 않겠지만, 실제로 는 가정경제의 지각변동이라고 할 만한 것이었다. 가정은 이제 아빠의 돈 버는 능력에 의해서만 제약되지 않는다. 엄마가 더 넓은 마당을 갖 기를 원하거나 아빠가 자녀를 더 좋은 학교에 보내고 싶어 할 때면 새 로운 해답이 있다. 엄마가 일터로 나가 돈을 벌고 그 돈을 보태어 교외 의 멋진 집을 산다는 것이 그것이다.

여성운동은 여성들을 위한 새로운 취업의 가능성을 여는 동시에 엄 마들에게 인생의 목표를 재검토할 것을 요구함으로써 위와 같은 경향 을 촉진했다. 어떤 여성들에게는 직장으로 가는 결정이 개인적인 성취 를 의미했고, 흥미롭고 도전적인 직업에 참여할 기회를 열어 주었다. 직업을 갖는 데 수반되는 독립의식과 소득은 많은 여성들에게 취업의 강력한 유인으로 작용했다. 그렇지만 대다수 중산층 여성들의 입장에 서는 아침에 일찍 일어나 자녀를 탁아소에 맡겨 놓고 사무실이나 공장 으로 출근하기로 하는 결정이 적어도 부분적으로는 좀더 단순한 이유 에 따른 것이었다. 수백만 여성들이 가족이 경제적 강점을 갖도록 하 겠다는 계산된 의도에서 일터로 갔다.[25]

해마다 수십만 엄마들이 일터로 나오면서 처음에는 변화가 점진적 으로 일어났다. 그러나 그런 추세가 이삼십 년간 계속되자 변화는 혁 명에 가까운 것이 됐다. 1976년경에는 기혼 엄마가 집에서 자녀를 돌 볼 확률이 직업을 가질 확률의 두 배가 넘었다. 2000년에 이르자 이 수치는 거의 역전됐다. 이제 기혼 엄마들은 집에 있기보다 직업을 갖게 될 가능성이 거의 두 배가량 된다. 변화는 또 다른 측면에서도 감지된다. 1965년에는 직장 여성들 가운데 단지 21%만이 첫째 아이를 낳은 후 6개월 안에 직장에 복귀했다. 이 비중이 오늘날에는 70%를 넘는다. 마찬가지로 석 달 된 아기가 있는 오늘날의 엄마는 다섯 살짜리 아이가 있는 1960년대의 여성보다 더 많이 가정 밖에서 일한다. 어느 기업의 고객지원 부서에서 일하는 두 자녀의 엄마는 이렇게 말했다. "둘째 아이가 태어난 뒤에도 나는 일을 그만둘 생각을 해본 적이 없어요. 내가 아는 모든 여성들이 직업을 갖고 있답니다."

중산층 엄마들에게 일어난 변화의 크기를 보여주는 통계는 이 밖에도 많다. 1970년대 이전에는 나이든 여성, 저소득 여성, 무자녀 여성들이 많이 직장에 나갔다. 반면 중산층 엄마들은 가정에 남았고, 다른 여성들의 취업이 늘어나는 속에서도 오랫동안 전통적인 전업주부의 역할을 고수했다. 그러나 지난 한 세대 동안에 중산층 엄마들이 사무실과 상점과 공장에 쏟아져 들어갔고, 빈곤 여성이나 부유층 여성들보다 훨씬 더 많이 취업했다.[26] 사람들의 생각도 바뀌었다. 여성혁명이 한창 진행되던 1970년에는 78%의 젊은 기혼 여성들이 "여성은 가정주부가 되고 남편이 돈을 버는 것이 더 좋다"고 생각했다. 오늘날에는 38%의 여성들만이 부모 중 한쪽이 내내 집에 있는 것이 '이상적'이라고 믿으며, 거의 70%의 여성들이 집에서 아이를 돌보는 일을 남편이 하든 부인이 하든 상관없다고 생각한다.

여성의 직장 진출로 인해 재정상태에 가장 많은 영향을 받은 계층은 중산층이다. 상대적으로 더 빈곤하고 덜 교육받은 여성들의 실질임금은 지난 한 세대 동안 약간만 증가했다. 부유층 여성들의 실질임금은 상당한 증가를 보였고, 그들의 남편이 버는 소득에서도 비슷한 증가가 있었다.[27] 그렇지만 중산층에서는 지난 한 세대 동안 남편의 수입은 정체되는 가운데 여성의 소득만 증가하면서 가계소득 증가에 큰 비중으로 기여했다.[28]

보다 전통적인 전업주부의 생활양식을 지킬 수 있기를 원하는 수백만 중산층 엄마들의 꿈은 입찰전쟁으로 인해 깨졌다. 미국에서 분명한 중산층 집단으로 볼 수 있는 경찰관들의 가정이 이런 점을 잘 보여준다. 최근의 연구에 따르면 미국의 평균적인 경찰관은 경찰관 수입만으로는 전국 대도시들의 3분의 2에서 중간 가격대의 집도 장만할 수 없다. 초등학교 교사들도 마찬가지다. 이런 현상은 뉴욕이나 샌프란시스코와 같은 고비용 도시들에 국한된 것이 아니다. 일하는 배우자가 없이는 경찰관도 교사도 내슈빌, 캔자스시티, 샬럿과 같은 상대적으로 집값이 싼 도시에서도 집을 사기보다 아파트를 빌리거나 한계지역의 주택을 구입할 수밖에 없다. 이런 가정들이 만약 전업주부가 주는 모든 편익(이에 관해서는 3장에서 논의한다)을 다 누리려고 한다면 중산층의 하층으로 밀려날 게 뻔하다.

중산층으로 살고자 하는 열망을 갖고 있으나 평균보다 약간 적게 버는 가정들이나 거주비용이 비싼 도시에 사는 가정들의 경우는 어떤가? 이런 가정들은 부부가 다 일하더라도 뒤처질 수밖에 없다. 많은 중산층 부부들이 입찰전쟁에서 발을 빼고 자녀를 좋지 않은 학교에 보내기를 감수하기보다는 '꿈의 내 집'을 장만하기 위해 다른 길을 택했다. 그것은 바로 모기지 대출을 더 많이 받는 것이었다. 1980년에 모기지 대출업에 대한 규제가 대폭 완화됐다. 그 결과 평균적인 가정은 소득에 비해 큰 금액의 모기지 대출을 제공해 주겠다는 은행원을 쉽게 만날 수 있게 됐다. 입찰전쟁이 가열됨에 따라 가정들은 단지 뒤처지지 않고 현상유지만이라도 하기 위해 점점 더 큰 금액의 모기지 대출을 받았다. 그 결과 그들은 한 세대 전만 해도 상상하지 못했을 정도로 큰 채무부담을 지게 됐다.

엄마가 벌어오는 추가 소득과 은행의 추가 모기지 대출금으로 인해 많은 사람들이 살고 싶어 하는 지역의 주택에 대한 수요가 통상적인 수준을 뛰어넘어 폭증하면서 전면적 입찰전쟁으로 이어졌다. 수백만 가정들이 두 번째 소득자를 갖게 됐다고 하니 그들의 총 가계소득 중 주택에 지출되는 금액의 비율이 낮아졌을 것이라고 추측할는지 모르겠다. 그러나 실제로는 정반대 현상이 벌어졌다. 점점 더 많은 중산층 가정들이 가계소득에서 더 큰 비중의 돈을 주택에 지출했다.[29] 사람들의 마음에 드는 주택의 공급은 제한된 상태에서 수요는 계속 증가했다. 이 때문에 주택의 가격이 보통 실거래 가격의 80% 정도까지 모기지 대출을 받을 수 있는 단일소득 가정의 구매력 한계에서 멈추지 않았다. 그리고 식비, 의복, 가구 등 다른 가계지출이 불변이거나 감소한 20여 년 사이에 월 모기지 대금 지불액은 69%나 급증했다.

부모들은 함정에 빠졌다. 가격을 밀어올린 것은 중산층 거주지역 내 주택에 대한 집단적 수요였는데, 그런 주택 가운데 하나만을 원하는 개별 가정은 입찰전쟁에 합류할 수밖에 없었다. 어느 한 가정이 제시된 가격을 지불하기를 거부하면 다른 한 가정이 그 집을 낚아챘다. 어떤 가정도 혼자서는 자신이 원하는 주택을 똑같이 원하는 수백만의 다른 가정들을 이겨낼 수 없었다.

매년 너 많은 수의 전업주부가 확고한 중산층 지역으로 가족이 이주하기를 바라고 일터로 나왔다. 그러나 경기의 규칙이 소리도 없이 바뀌었다. 오늘날의 엄마들은 남보다 앞서기 위해 일하고 있지 않다. 이제 그들은 단지 뒤처지지 않고 남들과 보조를 맞추기 위해서 일하지 않을 수 없다. 모르는 사이에 어딘가에서 무서운 함정에 빠진 것이다.

주택 함정에서 구해내기

가정들이 맞벌이의 주택 함정에서 빠져나올 수 있을까? 우리는 그렇게 할 수 있는 모든 명확한 방안들을 제시할 수 있다. 가정의 기어를 저속으로 바꾸어, 스스로 부담할 수 있는 수준 이상의 모기지 채무는 지지 말아야 한다. 만약 이렇게 하는 것이 10년간 더 셋집에 살아야 하거나 좋지 않은 학교들만 있는 지역에서 계속 살아야 한다는 뜻이 된다면, 그것은 참 안된 일이다. 그러나 어쨌든 재정적인 관점에서 이런 충고는 확실히 합리적인 것이다. 문제는 가정들이 이런 충고를 그다지 설득력 있는 것으로 받아들이지 않는다는 데 있다. 전문가들은 뚜렷한 효과도 보지 못하면서도 적어도 지난 10년간 이런 처방을 계속 내려 왔다. 이 책에서 우리까지 그들에게 맞장구를 쳐줄 필요는 없을 것이다.

하나의 대안으로 흔히 제시돼온 진보적 접근법을 택해서 가격상한제와 같은, 주택시장에 대한 더 큰 정부규제를 요구할 수 있다. 그러나 우리는 문제를 해결하는 방법이 그러한 복잡한 규제에 있다고 생각하지 않는다. 그 같은 인위적인 제약과 같이 수요와 공급의 근본적 힘을 배제하려는 노력은 실제로는 새로운 주택을 건축하거나 낡은 주택을 수선하게 하는 유인을 감소시킴으로써 상황을 더욱 악화시킬 수 있다. 또한 우리는 전면적인 정부보조금 지원을 요구하지 않겠다. 정부보조금을 지원하는 정책 프로그램은 소수의 저소득 가정들이 살 만한 곳을 얻는 데는 적절한 도움이 될 것이다. 그러나 미국은 중산층 가정들이 주택을 사는 데 대해서까지 대규모로 보조금을 지급할 여력이 없다. 게다가 직접적인 보조금 지원은 이미 파멸적인 입찰전쟁에 오히려 무기를 더 대주어 결국은 주택 가격을 더 높은 수준으로 밀어올리기 십상이다.

가정들을 함정에서 구해내기 위해서는 문제의 핵심으로 직행해야 한다. 그것은 곧 공립학교 교육이다. 불량한 학교는 수백만 중산층 가정들에 간접적인, 그러나 막대한 비용 부담을 지운다. 지금 가정들은 자녀를 망가진 학교에서 구해내려는 필사적 시도로, 문자 그대로 파산 지경에 이르도록 돈을 지출하고 있다. 이런 가정들로부터 그렇게 하도록 하는 압력을 제거해줄 유일한 길은 학교를 변화시키는 것이다.

공립학교라는 개념은 매우 미국적인 것이다. 공립학교는 돈보다는 학업이 아이의 장래를 결정짓는다는 관념을 구현한 제도이고, 아마도 모든 아이들에게 사회경제적 지위를 스스로 개선할 수 있는 기회를 주는 사회의 상징으로서는 가장 가시적인 것일 게다. 그러나 지금 농담하는가? 부모들은 자녀가 어떤 학교에 다니느냐가 평생에 걸친 기회의 격차로 이어질 것이라고 점점 더 굳게 믿는다. 이 때문에 부모들은 자녀를 최고의 공립학교로 보내기 위해 그들이 할 수 있는 모든 것을 다하고 있다. 중산층 거주지역의 학교 중 공적인 자금이 지원되는 이른바 '공립' 학교라 하더라도 그 학교에 자녀를 보내는 부모는 신중하게 선택한 교육구 내의 예컨대 17만 5000달러짜리 주택을 구입함으로써 '사적'으로 수업료를 지불하고 있다.

교육의 위기가 읽기나 산수 교육의 위기이기만 한 것이 아니라 중산층 가정경제의 위기이기도 하다는 경보를 울려야 한다. 문제의 중심에는 사는 곳에 따라 어느 학교를 가게 될지가 결정된다는 오래된 규칙이 있다. 그 어떤 정책이라도 지역과 학교의 철석같은 관계를 약화시킬 수 있다면 단지 좋은 교육구에 있다는 이유만으로 치솟은 주택 가격을 부모들이 지불할 필요가 없게 할 것이다.

잘 설계된 바우처* 제도가 이 문제에 잘 들어맞는 해결책이 될 수 있다. 납세자가 낸 자금으로 교육비의 일부만이 아니라 전부가 지불되는

---

* Voucher. 원래는 상품권을 지칭하는 말이었으나 지금은 흔히 사회보장제도와 관련해 정부가 제공하는 사회보장 서비스를 그 대상자들이 이용할 수 있게끔 지급된 '사회보장 서비스 이용권'을 가리킨다. 이 책에서는 주 정부가 학부모에게 제공하는 공립학교 교육 서비스 이용권을 뜻한다. 주 정부가 학부모에게 일정 금액이 쓰인 바우처를 보내면 학부모는 자녀에게 적합한 학교를 골라 입학 신청을 하고, 학교는 입학을 허가한 뒤 학비를 학부모에게 청구하며, 학부모는 청구된 학비를 바우처로 내는 것이다. 바우처만으로 학비가 충당되지 않는 경우에는 부족한 금액을 학부모가 별도로 부담한다.

바우처 제도는 모든 자녀들에게 훨씬 넓은 기회를 열어줄 것이다. 충분한 자금으로 뒷받침된 바우처 제도가 시행된다면 어떤 소득층의 부모라도 원하는 학교에 자녀를 보내고 그에 따르는 추가 비용을 부담할 수 있을 것이다. 바우처의 형태로 주 정부의 자금을 지원받아 자녀를 학교에 보낸 중산층 부모가 따로 자신들이 원하는 지역 또는 자신의 재력에 걸맞은 지역에 거주할 수도 있다. 충분한 자금으로 뒷받침된 바우처 제도는 아이를 형편없는 학교에 그대로 맡길 것이냐, 아니면 그런 학교를 피하려고 하다가 파산 지경에 처할 것이냐 하는 끔찍한 선택의 게임에서 부모들을 구해낼 것이다.

우리는 바우처가 많은 교육 영역들에서 때 묻은 단어가 되었음을 알고 있다. 그 이유는 명백하다. 바우처를 둘러싼 현재의 논쟁이 공립 대 사립의 대결이라는 모양새를 띠고 있는 가운데, 귀중한 자금을 공립학교에서 빼내는 것이라고 바우처를 매도하는 주장까지 나오기 때문이다. 부분적인 보조 바우처를 지원받은 잘사는 학부모가 망가진 공립학교 체제에서 자녀를 빼내고 나머지 다른 가정들의 자녀만 공립학교에 남겨질까봐 사람들이 우려하고 있다.

그러나 공립 대 사립의 경쟁은 핵심 논점이 아니다. 문제는 바우처에 있다기보다는 부모의 선택에 있다. 현행 바우처 제도 아래서는 바우처를 사용하지 않는 아이들이 여전히 그들의 거주지 우편번호에 따라 공립학교에 배정된다. 이것은 대부분의 경우 부모가 아닌 관료가 자녀들의 학교를 골라준다는 것을 의미한다. 부모가 학교 선택권을 행사할 수 있는 유일한 길은 집을 사는 것인데, 이것이 바로 입찰전쟁이 시작된 경위다.

새 집을 살 능력이 없는 부모가 망가진 공립학교에서 자녀가 벗어나게 하기 위해 선택할 수 있는 길은 단 하나밖에 없다. 그것은 자녀를 사립학교에 보내는 것이다. 그러나 귀중한 세금이 공립학교에 쓰이도록 하면서 바우처 제도의 장점을 살릴 다른 내안도 있다. 그것은 거주지에 입각한 학교 배정을 그만두고, 그 대신 학부모가 거주지역의 모든 공립학교들 가운데서 자녀가 다닐 학교를 선택할 수 있게 해주는 것이다. 이런 조처는 의미 있는 개혁이 될 것이다. 이처럼 공립학교에 바우처 제도를 도입하면 관료가 아닌 부모가 직접 자기 자녀가 다닐 학교를 고를 수 있고, 자녀의 바우처를 갖다 낼 학교를 선택할 권한을 갖게 된다. 학생들은 각자가 지닌 재능과 관심사에 따라 선택하거나 추첨번호에 입각해 배정되는 공립학교에서 입학허가를 받게 될 것이다. 주소지의 우편번호는 학교 선택이나 배정과 아무런 상관도 없게 될 것이다. 지원되는 납세자의 돈은 부모의 집 주소가 아니라 자녀를 따라갈 것이고, 5만 달러짜리 집에 사는 아이와 25만 달러짜리 집에 사는 아이가 똑같은 교육의 기회를 갖게 될 것이다.

신체장애나 학습장애를 가진 아동과 같이 더 많은 자원이 지원돼야 하는 아이들에게 상대적으로 더 큰 금액의 바우처를 할당할 수도 있다. 이렇게 하면 그러한 아이들을 교육하는 보다 어렵고 비용이 더 많이 드는 과제를 기꺼이 떠맡을 학교도 나타날 것이다. 공립학교 바우처에 얼마의 금액이 기입돼야 하는가는 논란과 조정이 필요하겠지만, 결국은 모든 아이들이 지역 내 어느 학교에서도 사용할 수 있는 자금

지원 증표를 갖게 될 것이다. 학교가 이 증표를 모아들이기 위해서는 학부모가 원하는 교육을 제공해야 한다. 그리고 부모들은 새 집을 사거나 사립학교 교육에 돈을 내지 않고도 의미 있는 선택을 할 수 있게 될 것이다. 바우처 제도 아래서는 부모가 자녀의 학교에 좀더 직접적인 통제권을 행사할 수 있다. 궁극적으로 보면 전면적인 바우처 제도가 공립학교와 사립학교의 격차를 줄일 것이다.

물론 공립학교 바우처가 부모들로 하여금 더 좋은 주거지역으로 이사하도록 하는 압력을 완전히 없애지는 못할 것이다. 계속해서 더 높은 범죄율을 기록하는 지역도 있을 것이고, 더 좋은 공원을 가진 지역도 당연히 있을 것이다. 많은 부모들이 자녀가 다니는 학교에서 가까운 곳에 살고 싶어 할 수도 있다. 그러나 학교배정 정책을 근본적으로 바꾸면 각 가정의 주택선택 범위가 넓어질 것이다. 부모들은 학교에서 1~2마일 이내의 주택으로 제한하지 않고 5마일 또는 10마일 떨어진 주택도 선택할 수 있게 된다. 이 정도라면 특성이 다른 몇몇 지역 중에서 거주할 지역을 고를 수도 있고 주택 가격대의 폭도 넓을 것이다.

어느 다른 변화와도 마찬가지로 학교의 변화도 얼마간의 비용을 수반할 것이다. 버스를 타고 학교에 가야 하는 아이들이 더 많아져서 통학비가 증가할 수도 있다. 그 대신 많은 부모들이 더 이상 자녀를 위해 시내에서 멀리 떨어진 교외에 살지 않아도 되기 때문에 직장까지의 통근거리가 단축될 수도 있다. 그 모든 효과를 다 합친 순비용은 플러스가 될 수도 있고 마이너스가 될 수도 있다.

전면적인 바우처 제도의 도입은 기존의 교육제도에 충격을 주겠지만, 그러한 충격에 따른 재편이야말로 지금의 교육제도에 반드시 필요한 것이다. 단기적으로는 많은 부모들이 아마도 소수의 좋은 학교들에 관심을 집중해 제한된 수의 자리를 놓고 다툴 것이다. 그러나 시간이 흐르고 나면 '비벌리힐스 학교들'이니 '뉴튼 학교들'이니 하는 특정 지역 단위의 학교 개념은 사라지고, 지리적 범위에 관계없이 부모들이 원하는 교육 프로그램을 제공하는 다양한 학교들이 생길 것이다. 부모들은 자녀를 보낼 학교, 다시 말해 바우처를 갖다 줄 학교를 선택하는 것을 통해 학교의 세금 이용에 대해 통제력을 행사하게 될 것이다. 이렇게 되면 부모들이 학교의 사실상 주인이 된다. 행정가가 아닌 학부모들이 교육 프로그램, 학생과 교사의 비율 등을 결정하게 되고, 돈을 미술에 쓸지 체육에 쓸지를 결정하게 될 것이다. 학부모가 자녀 교육을 위해 감당할 수 없는 주택을 사느라 파산지경에 처하는 대신, 경쟁에 쏟는 그런 에너지를 자녀를 보내고자 하는 학교에 일찍 등록시키거나 특정 학교가 요구하는 입학자격을 갖추도록 준비시키는 데 투입할 수 있게 된다.

유의미한 공립학교 바우처 제도가 마련되면 미국의 주택시장은 영구적으로 변할 것이다. 그 변화로 인해 오늘날 가장 입찰경쟁이 심한 몇몇 지역에서 주택 가격이 상승세가 꺾이거나 낮아지기도 할 것이다. 그러나 주택 가격의 상승세 둔화나 하락으로 인한 손실은 다른 이득으로 상쇄될 것이다. 도심지에 있는 낡은 주택의 소유자에게는 그 주택을 사겠다는 사람들이 더 많이 생길 것이고, 도시를 탈출하려는 사람들의 욕구도 수그러들 것이다. 가정들이 직장에서 멀리 떨어져 사는 데 수반되는 비용을 재평가할 것이고, 그에 따라 도시의 평면적 확산이 주춤해질 것이다. 이 같은 변화는 한 차례 재조정을 야기할 것이다. 주택시장은 정상화되고, 주택의 수요와 공급은 좀더 균형이 잡히게 되며, 가정들은 파멸적인 모기지 채무로부터 해방될 것이다.

교육의 가격

화려한 교육구에 완벽한 주택을 갖고 있는 학부모들도 자녀 교육에 관한 한 전혀 안심할 수 없다. 납세자들이 중산층 자녀의 교육비를 부담한다는 관념 또한 옛 이야기가 되었다. 교육과정의 처음과 끝 부분의 모든 비용, 즉 아이가 유치원에 들어가기 전과 고등학교 졸업장을 받은 후에 발생하는 모든 비용은 부모가 직접 부담한다. 이제는 전형적인 중산층 아동의 학교생활 기간 중 3분의 1이나 그 이상을 차지하게 된 프리스쿨*과 대학에 다니는 데 드는 비용은 거의 전적으로 가정의 부담이다.

프리스쿨은 대다수 중산층 가정들이 항상 사적으로 그 비용을 부담해야 하는 것이었다. 달라진 것은 중산층 아동들에게 프리스쿨이 해주는 역할이다. 지난 한 세대 동안 프리스쿨의 이미지는 어린 아이가 선택적으로 잠시 들르는 곳에서 정규 초등교육을 위한 선행조건으로 바

---

* preschool. 정규 교육과정 이전 단계의 교육기관을 가리킨다. 단순히 탁아 기능만 담당하는 데이케어 센터(daycare center)와는 다르다.

꿰었다. 부모들은 아이들이 글을 읽기 전에 익혀야 할 기능 습득에서 부터 사회성 계발에 이르기까지 모든 면에서 조기교육이 중요하다고 외치는 언론 보도를 수없이 접했다. 한 조기 유아교육 전문가는 이렇게 말했다. "많은 지역사회에서 유치원은 이제 교육으로의 진입 단계가 아니다. 엄마 아빠의 입장에서 아이를 교육에 미리 준비시키는 유일한 길은 유치원 이전의 유아 프로그램을 거치는 것이다."

중산층 부모들은 전문가가 권하는 대로 했다. 오늘날 미국 3~4세 아동의 거의 3분의 2가 프리스쿨에 다닌다. 1960년대에는 단지 4%만이 그렇게 했다. 이런 변화는 더 많은 엄마들이 직장에 나가게 된 데 따른 부산물만은 아니다. 전업주부도 거의 절반이 이제는 자녀를 유치원 이전의 유아 프로그램에 보낸다. 〈뉴스위크〉가 보도한 대로 "과학이 그렇게 말한다. 프리스쿨 프로그램은 사치품이나 유행이 아니라 실제 필수품이다."

수요 열기가 더해짐에 따라 많은 가정들이 유아 프로그램의 빈자리를 찾기가 점점 어려워지고 있음을 알게 됐다. 비키 아이오빈은 남부 캘리포니아에서 자녀를 프리스쿨에 보내는 과정에서 겪은 고생을 다음과 같이 묘사했다.

아무리 낡은 프리스쿨이라도 입학 지원을 하려면 서커스단 단장 이상으로 거만한 태도와 맞닥뜨려야 한다. 만약 당신이 순진하게도 전화를 걸어 다음 학기에 자리가 있는지를 묻는다면 빈자리보다 항상 지원자가 많다는 답변을 듣게 될 것이다. 어쩌면 담당자가 당신을 비웃으면서 전화를 끊을지도 모른다.

아이오빈은 비꼬는 말을 한 것이다. 박식한 사람들은 "당신의 어린 딸이 좋은 프리스쿨에 들어가지 못한다면 나중에 좋은 의과대학에도 갈 수 없을 것"이라는 주장을 믿는 부모들을 조롱하길 좋아한다. 그러나 양질의 프로그램을 갖춘 프리스쿨이 부족한 게 현실이다. 아동의 발달에 대한 전문가들은 탁아시설을 여러 각도로 평가해 왔는데, 최근의 평가 결과는 좋은 편이 못된다. 대다수의 탁아시설은 '빈약' 또는 '이류'라는 평가를 받았다. 그러니 확고한 명성을 지닌 프리스쿨의 대기자 명단이 항상 긴 것도 당연하다.

여기서 다시 한 번 오늘의 부모들은 자신이 함정에 빠졌음을 알게 된다. 한 세대 전에 있었던 보육학교는 엄마가 잠시 쉬기 위해 아이를 맡기는 곳 정도로 간주됐다. 그리고 그 비용은 부모들이 스스로 감당할 수 있는 수준이었다. 또 일부 부모들만 아이를 프리스쿨에 보내려고 했기 때문에 프리스쿨이 학급을 다 채우려면 가격을 낮춰야 했다. 그러나 많은 전문가들이 프리스쿨이 아동의 발달에 결정적으로 중요하다고 주장하는 가운데 어느 프리스쿨의 문을 두드려 봐도 아이를 끼워 넣을 자리를 찾기 어려운 오늘날에는 부모들이 좀더 낮은 가격의 프리스쿨을 찾아 헤매야 하는 힘든 처지에 있다.

프리스쿨의 경우에는 수요와 공급의 법칙이 거꾸로 작용해서 등록금을 올려도 학생이 줄지 않는다. 그러다 보니 이제 프리스쿨은 프로그램 가격을 낮게 유지하게 하는 압력에서 벗어났다. 시카고 공립학교 교육구가 제공하는 유아 종일반의 등록금은 일리노이대학 등록금보다 많은 연간 6500달러다. 비싸다고 생각하는가? 사실 비싸다. 그렇지만 이것 때문에 부모들이 단념하지는 않는다. 한 시카고 공립학교의 프리스쿨은 정원이 20명인데 대기 중인 아동이 95명에 이르렀다. 이런 경우는 아주 흔하다. 한 연구 결과 15개 주에서 도시지역의 보육시설에 네 살짜리 아이를 보내는 데 드는 연간 비용이 대학 등록금의 두 배가 넘는 것으로 조사됐다. 오늘의 중산층 가정은 가계예산을 탈탈 털어가며 자녀에게 현대 교육의 기본단계를 제공하고 있는 것이다.

공립학교 교육에 대한 기대

해결책이 무엇인지는 명백하다. 공립학교 교육의 연령 범위를 확장하는 것이다. 교육 프로그램을 세 살 때부터 시작해야 한다고 사람들이 일반적으로 믿는다면 아이들이 다섯 살이나 여섯 살이 되도록 기다렸다가 공립학교 교육을 받기 시작하게 할 이유가 없다. 아동이 몇 살부터 학교에 다녀야 하는가에 대한 가장 최근의 결정은 한 세기도 더 전에 내려졌다. 그때는 어린 아이의 학습능력에 관한 견해가 지금과 전혀 달랐다. 아직도 공적인 자금이 지원되는 프리스쿨이 없다는 것은 시대착오다. 이 문제는 쉽게 해결될 수 있다. 2000년에 민주당 대통령 후보였던 앨 고어와 리처드 게파트 의원을 포함한 많은 정치인들이 공적 자금이 지원되는 보편적인 공립 프리스쿨을 제안했다. 우리는 동의한다. 지금이 바로 그런 공립 프리스쿨 제도를 도입할 때다.

이쯤에서 독자는 우리가 납세자 부담의 탁아를 요구하는 합창에 합류하리라 예상할지도 모르겠다. 프리스쿨과 달리 대부분의 탁아 프로그램에 부여되는 일차적 임무는 아동을 교육하는 것이 아니라 부모가 일터에 가 있을 때 대리보육을 해주는 것이다. 20년이 넘는 동안 여성단체, 노동조합, 진보적 정치인들이 정부에서 보육비를 지원할 것을 요구해 왔다. 이런 무료보육 옹호자들의 주장은 보수파의 반대에 가로막혀 성공을 거두지 못했다. 하지만 그렇다고 해서 그런 주장이 수그러들지는 않았다.

이제는 신성불가침이던 문제를 냉정하게 바라봐야 할 때다. 정부의 보육보조금 지원이 실제로 얼마나 중산층 가정에 도움이 되겠는가? 가계소득이 저질의 보육에 드는 비용도 감당하기 어려운 빈곤 가정에는 물론 큰 도움이 될 것이다. 그런데 평균적인 중산층 가정의 경우에는 어떨까? 정부가 지원하는 보육은 일부 가정들에는 직접적인 비용의 압박을 경감시켜줄 것이다. 그러나 장기적으로 볼 때 그 재정적 함의는 다소 복잡하다. 정부가 공공 안전이나 교육에 지출하는 돈은 모든 아동들에게 골고루 편익을 안겨준다. 이와 달리 정부의 보육비 보조는 부모가 둘 다 집 밖에서 일하는 가정에만 이익이 된다. 정부의 보육비 보조는 전업주부 가정에는 아무런 도움도 되지 않는다. 그러한 정부의 보조는 시장에서 경쟁해야 하는 혼자 버는 가정들에 또 하나의 경쟁상 불이익이 되고, 결과적으로 그런 가정들의 재정을 더욱 어렵게 만들 것이다. 맞벌이 가정의 입장에서는 지원되는 보육비 보조금만큼 주택과 더 나은 교육을 비롯해 쟁탈 대상이 되는 모든 것에 대한 입찰전쟁에 쓸 수 있는 돈이 늘어난다. 이 때문에 혼자 버는 가정과 맞벌이 가정 사이의 격차가 더 벌어질 수 있다. 일하는 부부에게만 편익을 주는 보조금은 그게 어떤 것이라도 전업주부와 그 가정의 경제적 지위를 떨어뜨린다. 정부의 보육비 보조는 엄마들로 하여금 일하러 나오도록 하는 간접적인 압력을 강화한다.

그렇다면 보육비에 대한 공적인 지원이 나쁘다는 말인가? 반드시 그렇지는 않다. 만약 그것이 유치원부터 고등학교까지의 공교육을 개선하는 내용도 포함된 정책 패키지의 일부로 시행된다면 정부의 보육비 보조가 입찰전쟁을 격화시키는 효과는 줄어들 것이다. 더욱이 정부는 전업주부에 대한 세금공제를 병행하는 등 혼자 버는 가정들에 보육비 보조에 상응하는 지원을 동시에 할 수도 있다. 이렇게 하는 것은 혼자 버는 가정과 맞벌이 가정의 경쟁 여건을 공평하게 해줄 것이다. 또한 공적인 보육비 지원은 사회 전체로 아주 크고 실질적인 편익을 가져올 것이며, 그중 가장 큰 편익은 현재 부모들이 일터에 나가 있는 동안 제대로 보살핌을 받지 못하는 수백만 아동들에 대한 보육의 수준이 개선되는 것이다.

정말로 중요한 대학 학위

이제 교육 과정에서 프리스쿨의 반대쪽 끝인 대학을 살펴보자. 미국의 부모들은 자녀의 대학 교육을 위해서는 자녀가 전공을 선택할 때부터가 아니라 그림물감 놀이를 하기 전부터 돈을 미리 모아두기 시작하라는 조언을 흔히 듣는다.

미국인들은 토론하기를 참 좋아한다. 그들은 정치, 종교, 스포츠 팀, 영화, 비타민제, 직장근무복 양식 등 온갖 것에 대해 놀라울 정도로 다양한 의견을 제시한다. 그들은 기본적인 역사적 사실에 대해 의견을 달리하기도 한다. 최근의 한 여론조사에 따르면 미국인의 6%는 아폴로 우주선의 달 착륙이 거짓이었다고 믿고 있다. 그러나 그런 미국인들이 압도적으로 동의하는 한 가지가 있으니, 그것은 바로 대학 교육의 중요성이다. 최근의 조사 결과에 따르면 97%의 미국인이 대학 학위가 '절대적으로 필요'하거나 '도움이 된다'는 데 동의했다. 이는 대학 학위가 '그다지 중요하지 않다'고 응답한 비율이 불과 3%에 그쳤다는 점과 아주 대조적이다. 말하자면, 대학 학위가 중요하지 않다고 믿는 사람보다는 인간이 달에 간 적이 없다고 믿는 사람이 두 배나 많은 것이다. 서로 차이를 즐기는 이견의 소유자들로 가득 찬 이 다양한 문화의 나라에서 고등교육의 힘에 대한 신뢰는 마치 새로운 세속종교와 같다. 미국인들은 이제 대학 학위야말로 젊은이가 성공할 가능성에 대한 가장 중요한 단일의 결정요인이라고 생각하며, 그것이 타인과 잘 어울려 살아가거나 좋은 근로윤리를 갖는 것보다 더 중요하다고 본다.

한 세대 전만 해도 미국인들은 젊은이가 중산층으로 올라서는 데 대학 학위가 반드시 필요하다고 생각하지 않았고, 그 밖에도 많은 길이 있다고 믿었다. 나(엘리자베스)는 학교 성적이 좋았고, 그래서 부모님은 내가 언젠가는 교사가 될 것이라고 기대하고 나더러 대학에 가라고 격려해 주셨다. 그러나 나의 큰오빠는 공군에 입대했고, 둘째 오빠는 직업학교에 들어갔으며, 막내인 남동생은 비행기 조종사가 됐다. 이렇게 세 아들이 모두 대학에 가기를 포기했지만 각자의 길에 들어선 것에 대해 부모님은 내가 대학에 들어간 것에 대해서와 똑같이 기뻐하셨다. 이런 내 부모님의 견해는 한두 세대 전까지만 해도 미국인의 전형적인 태도였다. 그때에도 교육은 물론 가치가 있는 것이었지만, 우리가 살았던 동네에서 어느 누구도 그것이 "젊은이가 성공할 가능성에 대한 가장 중요한 단일의 결정요인"이라고 주장하지 않았다.

오늘날에는 "대학 교육을 받는 것이 10년 전보다 더 중요해졌다"고 말하는 성인이 77%에 이르며, 87%는 "옛날에 고등학교 졸업장이 중요했던 것처럼 지금은 대학 교육이 중요해졌다"고 믿는다. 중산층 부모는 대학 교육이 오늘날의 새로운 경제에서 필수사항이라는 지령에 복종해 또 하나의 치열한 입찰전쟁에 전투원으로 나섰다. 다시 한 번 수요와 공급의 균형이 깨졌다. 주요 공사립 대학의 입학정원은 거의 변화가 없는데, 좋은 4년제 대학에 입학하고자 하는 학생 수는 해마다 늘어나고 있다. 하버드대학이나 프린스턴대학만 그런 게 아니다. 주립대학들도 그렇다. 주립대학에서 꽤 많은 사람들에게 입학 기회를 제공했던 '개방형 특별전형'은 사실상 없어졌다. 많은 주립대학들이 이제는 뒤처지는 학생들은 말할 것도 없고 평균 수준의 학생들조차 입학시켜줄 수가 없다. 예컨대 위스콘신대학은 그 학생의 대부분이 고등학교에서 상위 10% 이내에 들었던 학생이라고 최근에 발표했다. 모든 학생이 다 상위 10% 안에 들 수는 없는 노릇이니 부모들에게는 선택의 여지가 없다. 자녀가 지역 공립대학에 들어가지 못한 점점 더 많은 수의 부모들은 자녀의 사립대학 등록금과 기숙비로 연간 2만 5000달러 이상을 내는 것 외에는 달리 방도가 없다.[30]

대학들은 입학지원처에 매년 지원서가 넘치는 상황이어서 비교적 쉽게 등록금을 올릴 수 있는 유리한 입장이다. 등록금이 인상되면 부모들이 불평하고 학생들이 항의하겠지만, 부모들의 거의 3분의 2가량이 대학 학위를 '절대 필수'로 보고 있기 때문에 대학으로서는 등록금을 아무리 비싸게 매겨도 각 가정이 그것을 지불할 방도를 찾아낼 것으로 믿어도 된다. 그리고 각 가정은 실제로 그렇게 했다. 평균적인 주립대학의 주내 거주자 등록금은 25년도 안 되는 사이에 인플레이션 효과를 빼도 거의 두 배가 되었다. 이를 달리 표현하면, 대학 교육의 가격은 평균적인 교수 봉급에 비해 두 배의 속도, 식비에 비해 세 배의 속도, 전기요금에 비해 여덟 배의 속도로 올랐다. 등록금과 기숙사비는 이제 평균적인 공립 대학교에서 연간 8600달러 이상이 든다. 이 비용을 내기 위해 미국의 평균적인 가정은 세전 총소득의 17%를 써야 한다. 사립대학은 엄두를 내지 못할 정도로 더 많은 돈이 든다. 중부 텍사스에서 교사로 일하고 있는 데니스 로빈슨은 큰딸을 지역 가톨릭 대학에서 공부시키는 데 든 비용에 대해 이렇게 말했다. "우리 가족은 부자라 할 만큼 많은 돈을 벌지는 못하지만, 그렇다고 생계보조를 받을 정도는 아닙니다. 그런데도 우리는 결국 10만 달러 이상이 모자랐습니다."

미국인 10명 중 6명은 대학의 등록금 동결이 '절대적으로 필요하다'고 생각한다. 그러나 이런 대중의 의견에도 불구하고 대학 교육의 비용은 나선식으로 계속 오른다. 대학 당국자들은 항상 등록금 인상은 비용 상승의 불가피한 결과라고 말한다. 그들은 과학 연구를 따라가는 데 드는 높은 비용, 학생과 교수에게 기자재를 제공할 필요성, 학비 지원의 증가가 등록금 인상의 원인이라고 지적한다. 물론 그 같은 것들은 모두 가치가 있는 노력이다. 경제학자인 데이비드 브레네만은 이 견해에 자기 의견을 더한다. "국민에게 생활의 경제적 사실들을 설명하는 홍보야말로 연방정부나 대학이 풀어야 할 문제다."

그러나 브레네만 박사가 말하는 것처럼 대학 운용에 드는 비용의 모든 증가가 단순히 '생활의 경제적 사실들'인 것은 아니다. 예를 들어 미국 대학교수협회는 나선식으로 증가하는 행정비용을 비난한다. 대학의 행정비용은 1980년과 1997년 사이에 60%나 증가했다. 미국 교육협의회는 다른 무엇보다도 "더 좋은 식사 제공"을 포함한 "더 높은 수준의 매우 다양한 서비스"에 대한 "학생들의 기대"를 지적한다. 이와 다른 한 연구는 권위 있는 대학들에서 학부 교수들의 강의 부담을 줄여 그들에게 연구 등에 돌릴 시간을 더 많이 준 것을 등록금 인상의 원인으로 거론했다.

그리고 스포츠도 있다. 승리하는 해에는 소수의 대형 스포츠 프로그램만으로도 관람석이 초만원이 되고 TV 중계료 수입도 커서 수지를 맞출 수 있다. 하지만 대부분의 대학들에서는 미식축구부터 수중폴로 경기까지 온갖 스포츠 팀을 운영하는 데 드는 비용이 일반 예산에서 나올 수밖에 없다. 최우수 농구팀을 가진 듀크대학이 그 단적인 사례다. 이 대학은 매년 운동부 예산을 지원하는 데 일반 예산에서 400

만~500만 달러를 들인다. 컬럼비아대학은 한술 더 떠 운동부의 재정 결손을 메우는 데 일반 예산에서 700만 달러를 배분한다. 대학들은 대부분의 스포츠 게임에서 이기려는 경쟁을 하면서 매년 더 많은 돈을 쓰고 있고, 그에 따라 스포츠 부문의 적자가 갈수록 커지고 있다. 전국대학체육협회에 따르면 압도적 다수의 대학들이 스포츠 프로그램에서 적자를 보고 있다. 가장 큰 대학들을 제외하고 보면, 이런 적자는 1990년대에 평균 50% 이상 증가했다.

우리가 스포츠 관련 지출을 거론하는 것은 멋진 미식축구 경기를 즐길 줄 모르는 구두쇠라서가 아니다. 이 책의 두 지은이 중 한 명은 오클라호마대학 미식축구팀의 열성 팬이다. 여기서 우리의 목적은 대학 비용이 불변의 자연법칙에 의해 필연적으로 상승하는 헬륨 풍선과 같다는 신화의 허구성을 폭로하려는 것이다. 우리는 대학들이 더 큰 액수의 등록금을 부과하는 이유는 그렇게 '해야 하기' 때문이 아니라 그렇게 '할 수 있기' 때문이라고 믿는다. 학부모들과 마찬가지로 고등교육기관인 대학들도 나름대로의 입찰전쟁에 뛰어들었다. 이 입찰전쟁은 학생과 가족들에게 최선의 가치를 제공하려는 전쟁이 아니라 최고의 연구 실적을 생산하고, 대부분의 농구 게임에서 승리하고, 최고의 음식을 제공하려는 전쟁이다. 〈고등교육 연보〉에 따르면 사실상 미국의 모든 대학이 상위 50위, 상위 20위, 상위 10위에 들어가기를 열망한다. 그 결과로 대학들은 '위신 추구에 의해 촉발된 지출의 군비경쟁'을 해왔다. 그리고 학부모는 어찌할 도리 없이 그 비용을 청구된 대로 지불하고 있다.

수요가 증가하지 않았다면 이런 위신의 경쟁은 가능하지도 않았을 것이다. 만약 미국인들이 대학 학위를 '좋은 직업과 중산층 생활양식 입장권'과 같은 것으로 간주하지 않았다면 대학 입학에 대한 수요는 그 강도가 훨씬 덜했을 것이다. 그랬다면 부모들은 훨씬 더 자유롭게 가격에 입각해 대학을 고르고, 가격이 너무 높은 것 같으면 아예 고등교육을 단념했을 것이다. 최고의 엘리트 대학들 외에는 모든 대학이 비용을 줄여야 한다는 압력을 훨씬 더 많이 느꼈을 것이다. 대학들이 얼마간 고통스런 예산 삭감을 해야 했을지도 모르지만 대학 등록금은 수요와 공급이 균형을 이루어 비교적 안정된 다른 합리적인 시장의 가격처럼 움직였을 것이다.

대학 등록금 동결

대학 교육의 비용 문제가 거론될 때면 보수적인 정책담당자들은 가정이 더 많은 대출을 받을 수 있도록 하는 데 초점을 둔다. 그런데 이렇게 하는 것이 정말 해법이 될 수 있는가? 2001년에 500만 명이 넘는 학생들이 연방 정부기관의 학자금 대출로 340억 달러를 빌렸다. 이것은 10년 전에 학생들이 빌렸던 금액의 세 배가 넘는 것이다. 학생에 대한 민간 대출업자의 대출은 더 빨리 증가해 6년 만에 다섯 배로 늘어났다. 대학생들만 부담을 진 게 아니다. 학부모들도 자녀 교육비 때문에 채무에 깊이 빠져들고 있다. 해마다 100만 이상의 가정들이 단지 교육비를 지불하기 위해 2차 모기지 대출을 받는다. 차입을 한다고 비용이 줄어드는 것은 아니다. 가정의 차입은 단지 그 가정이 더 많이 지불할 수 있게 됨을 의미할 뿐이다. 어느 정도가 되어야 우리는 가정이 감당할 수 있는 한도까지 채무를 졌다고 볼 것인가? 채무 부담은 지난 10년간 세 배가 됐다. 우리는 앞으로 10년간 그것을 다시 세 배로 늘리려는 것인가? 가정에 더 많은 대부를 해주는 것은 도움이 되기는커녕 물에 빠진 사람에게 돌덩이를 던져주는 것과 같다.

진보적 인사들은 늘 납세자가 좀더 많이 부담할 것을 요구한다. 그러나 납세자는 이미 더 많이 지불하고 있다. 지난 20년 동안 각 주는 주립대학에 대한 학생당 예산 할당액을 13%나 늘렸다. 납세자가 얼마나 더 지불해야 하는가? 주 정부가 고등교육에 대한 백지수표를 발행해 대학들이 멋대로 비용을 늘릴 수 있게 해야 할 것인가? 대학 행정담당자들은 공적 지원금의 13% 증가는 대학 지출의 41% 증가에 훨씬 못 미치는 것이고, 이것이 바로 등록금을 그렇게 많이 올려야 했던 이유라고 지적한다. 그들의 말이 사실일 수도 있지만, 따지고 보면 "우리는 주정부가 지급해 주는 것 이상으로 지출하고 있으며, 그래서 우리는 비용을 가정들에 떠넘긴다"는 말과 같다. 이런 대학 행정담당자들의 말은 현행 대학 체제가 검약하다는 가설을 뒷받침하지 못한다.

납세자의 돈을 대학에 더 많이 지원하는 방식의 해법은 부채를 늘리는 방식의 해법과 똑같은 문제점을 낳는다. 그런 방식은 급증하는 비용을 통제하려는 노력은 하지 않고 대학에 쓸 돈을 더 많이 주기만 한다. 지금은 가격 상승을 억제하는 동시에 대개혁을 해야 할 때다. 모든 주립대에서 다년간 등록금을 동결하면 고등교육의 우선순위와 몇 가지 어려운 선택에 관한 열띤 논의가 이루어질 것이다. 대학들이 모두 값비싼 스포츠 프로그램을 제공하기를 원할까? 어떤 대학은 과학과 공학에 집중하고, 다른 어떤 대학은 인문학에 초점을 두게 해야 할까? 대학들이 추가적인 재정지원을 받는 대가로 더 많은 학생들을 교육하도록 해야 할까? 이런 접근법은 확실히 수요공급 문제의 급소를 칠 것이다.

만약 주 정부에서 지원하는 모든 대학들이 등록금 인상을 중단한다면 그 효과는 교육체제 전체에 반향을 일으킬 것이다. 많은 공립 대학들이 지역사회에 봉사하는 방향으로 목표를 재정립할 수도 있고, 덧없는 전국적 위신을 위한 군비경쟁을 중단할 수도 있다. 사립 대학들에 그러한 선례를 따르라는 압력이 가해지고, 공사립 간 등록금 격차가 더는 벌어지지 않게 될 것이다. 등록금의 나선식 증가와 '남들이 하는 대로 따라서 올리는 것일 뿐'이라는 심리는 중대한 일격을 당할 것이다.

대학들도 다른 기관들처럼 생존과 성장을 원하고 있다. 대학의 지도자들은 연구와 학술이라는 대학의 사명을 진실로 신봉하며, 어떻게 측정되든 간에 최고가 되고 싶은 그들의 욕구는 진지하다. 그들이 증가하는 비용을 언제나 정당화하는 주장을 하고, 들어오는 수입 전부는 물론 그보다 더 많은 금액의 지출 필요성을 언제나 정당화하는 주장을 하는 것은 놀랄 일이 아니다. 더 많은 연구, 더 넓은 운동장, 더 많은 도서관 장서는 언제나 필요할 수 있다. 여기서 쟁점이 되는 문제들은 복잡하며, 어떤 대학들은 지출이 동결되면 아주 어려운 선택을 해야 할지도 모른다. 그렇지만 장기적으로 보아 공립 대학들은 지출이 동결되면 매년 1만 달러나 2만 달러를 낼 수 있는 사람들에게만이 아니라 교육받을 자격이 있는 모든 사람들에게 교육을 제공하는 본연의 임무에 다시 충실하게 될 것이다.

가족자동차

엄마가 벌어들인 추가소득 전액이 교외의 주택과 프리스쿨, 그리고 대학 교육에 들어가지는 않았다. 그 가운데 많은 금액이 가정의 또 다른 지출항목이자 과소비론자들이 즐겨 타깃으로 삼는 광택 좋고 온갖 장치가 갖추어진 커다란 괴물, 즉 가족자동차(패밀리 카)로 갔다.

처음에 우리는 가족자동차가 과소비론을 비판하는 우리의 주장을 무너뜨릴지도 모른다고 생각했다. 요즘 나오는 승용차는 한 세대 전만 해도 꿈도 못 꾸었던 온갖 자동장치를 갖추고 있다. 그리고 전보다 더 비싸다. 요즘 가정들은 평균적으로 가족자동차를 구매하거나 리스하고 그것을 유지하는 데 한 세대 전보다 매년 4000달러를 더 쓰고 있다. 《어플루엔자》에 인용된 도요타 판매직원의 말은 이렇다. "사람들의 기대치가 훨씬 더 높아졌습니다. 그들은 쾌적함을 원합니다. 파워 스티어링, 파워 브레이크는 기본이고, 최상급 오디오 시스템도 원합니다." 요컨대 자동차는 미국인들이 감당할 수 없는 사치스런 낭비벽에 빠져 있음을 보여주는 비싼 품목이라는 것이다.

그러나 너무 서둘러 결론을 내지는 말자. 요듬 가정들은 자동차에 전보다 더 많은 돈을 쓴다. 그러나 이것은 그들이 '코린트식' 가죽시트 및 내장형 시트 온열기로 차를 업그레이드하고 있기 때문은 아니다. 전형적인 유자녀 가정은 돈을 좀더 단순한 것, 즉 두 번째 차에 쓴다.[31] 두 번째 차는 한때 중산층에서는 들어본 적도 없는 것이었지만 이제는 필수품이 됐다. 엄마가 직장 일을 하게 되고 집이 도심에서 점점 더 밀어졌기[32] 때문이다. 두 번째 차는 볼일을 보고, 맞벌이를 하고, 도심에서 멀리 떨어진 교외에서 살아가는 데 없어서는 안 될 필수적인 수단이 됐다.

두 번째 차의 가격은 어떤가? 평균적인 새 차의 가격은 1970년대 말에는 1만 6000달러 이하였지만 오늘날에는 2만 2000달러에 이른다. 여기서 과소비론자들이 의기양양해져 엄지손가락을 치켜들지 모르겠지만, 그렇게 한다면 그들은 또 다른 중요한 사실을 못 본 것이다. 자동차는 과거보다 더 오래 사용된다. 1970년대 말에 도로를 달리는 평균적인 승용차는 5년 반쯤 된 것이었다. 요즘 평균적인 가정은 8년 이상 된 승용차를 몰고 있다. 오늘날의 가정은 광택 나는 새 차에 부모 세대보다 더 많은 돈을 쓰지만 그 차를 더 오래 쓴다. 사실 우리가 노동통계국의 미공표 자료를 분석해본 결과 4인 가족이 차 한 대에 평균적으로 쓰는 돈(자동차 할부금, 보험료, 유지비 등)이 한 세대 전보다 20%나 적다는 사실이 밝혀졌다. 값 비싼 스포츠 유틸리티 차량(SUV)에 대한 온갖 불평에도 불구하고 선루프와 파워윈도 때문에 가정이 빈곤해지고 있다는 증거는 별로 없다.

가죽으로 된 차량 인테리어가 파산 증가의 원인이 아닌 것은 분명하지만, 과소비론자들은 여전히 가정이 더 싼 차를 사서 절약을 할 수 있을 것이라고 주장할지도 모른다. 시디플레이어가 달린 새로운 SUV가 가정에 꼭 필요하지는 않다. 적어도 그것은 훌륭한 보육시설이나 안전한 지역 내의 주택처럼 필요하지는 않다. 그러나 여기서 잠시 멈추어, 비난을 듣고 있는 가족자동차 구매자들에게 일말의 동정을 표시하고 싶다. 자동차 업계에서 들려오는 소리는 한 세대 만에 많이 달라졌다. 어떤 가족자동차 메이커의 광고라도 한번 들여다보면 그들이 안전을 팔고 있다는 점을 알아차리게 된다. 볼보자동차의 웹사이트를 봐도 알 수 있다. "트럭 운전자가 운전대를 놓쳐서 나와 임신 5개월인 아내가 탄 차를 덮쳤습니다. …… '볼보가 우리 생명을 구했다'는 말을 많이 들었고, 나도 실제로 그랬다고 확신하고 있습니다. 아내와 아이의 생명을 구해준 볼보자동차 사람들에게 감사드립니다." 어느 가정이든 스피커 12개짜리 음향시스템은 없어도 살 수 있을 것이다. 하지만 자동브레이크 시스템, 충돌저항 강철프레임, 이중 에어백에 돈을 많이 쓴다고 해서 우리가 사람들에게 그런 것 없이 살라고 요구할 생각은 없다.

그런데 차는 왜 그렇게 커야 하는 걸까? SUV는 연료를 마구 먹어치운다. 하지만 가정이 그런 SUV를 구매하는 것은 1970년대 초에는 아예 존재하지 않았던 안전장치용 공간을 구매하는 것이라고 볼 수 있다. 나(엘리자베스)는 손녀를 차에 태우고 안전벨트를 채울 때마다 내 딸(아멜리아)이 아기였을 때 내가 어떻게 했던가가 생각난다. 그때 나는 폴크스바겐 비틀의 뒷자리에 요람을 놓고 거기에 딸을 올려놓았다. 그렇게 한 것은 좀 예외적인 방식이었는데, 그 이유는 내가 3.2킬로그램짜리 딸을 안고 하나의 안전벨트를 같이 사용하는 방법을 몰라서가 아니었다. 내가 그런 방법을 택해 딸을 무릎 위에 올려놓고 운전하다가 가벼운 접촉사고라도 일어나면 딸을 자유비행 물체로 만들 것이라고 생각했기 때문에 그렇게 한 것이었다.

그동안 안전기준이 바뀌면서 가정의 돈지갑에 실제로 영향을 미쳤다. 나(아멜리아)는 아기를 태우고 한 블록이라도 운전을 하게 되면 플라스틱 시트에 아기를 묶는다. 그 플라스틱 시트는 엄청나게 넓어서 아기가 마치 외계로 발진할 준비를 하는 우주선에 탄 우주비행사처럼 보이게 한다. 나는 그 시트에 100달러 이상의 돈을 들였지만, 진짜로 큰 지출은 차를 사는 데 들어간 돈이다. 몇 년 전에 나는 문이 두 개 달린 마쓰다를 몰았다. 당시에 나한테 그 차는 엄마(엘리자베스)의 비틀에 상응하는 것이었다. 그러나 아기가 태어나자 언젠가는 그 첫째 아이에게 데리고 놀 동생도 생길 것이라는 생각에서 마쓰다를 처분하고 카시트 두 개가 충분히 들어갈 정도로 크고 문이 네 개 달린 승용차를 샀다. 아이가 셋 이상인 가정의 경우에는 차에 아이들을 태우는 일이 더 힘들다. 대부분의 전문가들에 따르면 아이는 적어도 여덟 살이 될 때까지는 뒷좌석에 태우되 좌석벨트를 채울 게 아니라 특별히 어린이용으로 만들어진 커다란 카시트나 부스터시트*에 앉혀야 한다. 전업주부로 다섯 살 이하의 아이 세 명을 키우고 있는 제인 스튜어트는 이렇게 말했다. "우리 차는 뒷좌석에 세 개의 카시트를 장착한 그랜드 체로

---

* booster seat. 어른용 안전벨트를 아이가 사용할 수 있도록 자동차의 원래 좌석보다 아이가 앉는 위치를 높여주는 카시트.

키예요. 아기가 자라서 더 큰 사이즈의 카시트가 필요해지면 세 개가 다 들어가지 못할 겁니다. 그때는 서버번*이나 미니밴이 필요하겠죠." 한 세대 전이었다면 어느 승용차든 스튜어트 부부가 세 아이를 뒷좌석에 태우고도 공간이 남아 개까지 태울 수 있었을 것이다. 오늘날에는 무게가 1.8톤 정도 되는 자동차인 그랜드 체로키 지프도 크기가 충분하지 않다. 차에 그 모든 '장치'들이 다 필요하지는 않다는 지적은 옳지만, 그 모든 '공간'이 다 필요하지는 않다고 주장하는 사람이 있다면 우리는 그에 반대해 스튜어트 부부의 편을 들고 싶다.

대체로 가정들은 자동차에 대한 지출을 분별 있게, 적어도 한 세대 전에 그랬던 것과 같은 정도로 분별 있게 한다. 그들이 그렇게 쓰는 돈은 그 값을 하고 있다. 아동의 자동차사고 사망률은 1970년대 중엽 이후 꾸준히 하락했는데, 이렇게 되는 데는 더 안전해진 차와 더 좋은 카시트가 일부 기여했다. 자동차 제조업자와 자동차 구매자들에 대해 여러 가지 비판이 있다. 그러나 가정들이 전보다 훨씬 더 오래 가는, 더 강하고 안전한 차를 몰고 있다는 사실에 주목해야 한다.

과거의 가정과 오늘의 가정

이제 위에서 말한 모든 것을 종합할 때가 됐다. 가정들은 더 열심히 일하고 있고, 엄마의 소득 덕분에 과거 어느 때보다도 더 많은 돈을 벌고

---

* Suburban. 크기가 SUV와 밴의 중간쯤 되는 자동차.

있다. 그리고 지출도 더 많이 하고 있다. 그렇다면 전형적인 근로자 가정에서 그 결과는 어떻게 나타나고 있을까?

두 가지 예를 들겠다. 한 세대 전의 평균적인 중산층 가정을 대표하는 톰과 수잔의 이야기부터 들려주겠다. 앞에서와 마찬가지로 비교를 쉽게 하기 위해 모든 수치를 2000년 달러화 가치로 환산하는 인플레이션 조정을 했다. 톰은 전일제로 일해서 1년에 3만 8700달러를 번다. 이것은 1973년에 전일제로 고용된 남성의 중앙값 소득이다. 수잔은 가정을 지키며 자녀를 돌보는 전업주부다. 톰과 수잔은 두 자녀를 두었는데, 한 아이는 초등학생으로 학교에 다니고 세 살짜리 다른 한 아이는 수잔과 함께 늘 집에서 지낸다. 이 가족은 톰의 직장을 통해 건강보험에 들어서 1년에 1030달러를 보험료로 내는데, 이것은 민간보험에 얼마든 돈을 내는 가정들이 평균적으로 지불하는 금액이다.[33] 그들은 평균적인 주거지역의 평균적인 주택을 갖고 있는데, 모기지 대금으로 1년에 5310달러를 낸다. 쇼핑은 걸어 다닐 만한 거리 내에서 한다. 차는 한 대만 갖고 있으며, 그 차에 할부금, 수리비, 기름값 등으로 연간 5140달러를 쓴다. 그리고 다른 모든 선량한 시민들처럼 그들은 소득의 24%를 세금으로 낸다. 이 모든 세금, 모기지 대금, 그리고 다른 고정비용 등을 모두 지불한 후 톰과 수잔에게 연간 1만 7834달러가 재량적 소득으로 남는다. 이는 톰이 버는 세전 급여의 46%에 해당한다. 이 가족은 부유하지는 않지만 식료품, 의복, 유틸리티, 혹은 필요한 다른 모든 것에 쓸 돈으로 한 달에 거의 1500달러를 갖게 된다.

1973년의 이 부부를 오늘날의 평균적인 중산층 가정인 저스틴

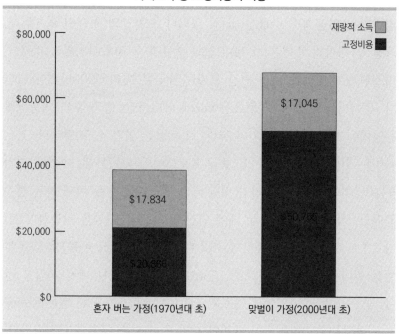

가계소득 중 고정비용의 비중

- 재량적 소득
- 고정비용

$80,000
$60,000 — $17,045
$40,000
$17,834
$20,000 — $50,766
$20,366
$0

혼자 버는 가정(1970년대 초)   맞벌이 가정(2000년대 초)

주: 고정비용은 모기지 대금, 자녀보육비, 건강보험료, 자동차 비용, 세금 등.
자료: 소비자지출조사 분석.

과 킴벌리 부부와 비교해 보자. 톰처럼 저스틴도 평균적인 소득자로 2000년에 3만 9000달러를 벌어온다. 이는 한 세대 전에 톰이 번 것보다 1%도 많지 않다. 그러나 한 가지 큰 차이가 있다. 킴벌리의 전일제 봉급이 추가된 덕분에 이 가족의 합산 가계소득은 6만 7800달러가 된다. 이것은 톰과 수잔 부부의 가계소득보다 무려 75%나 많은 금액이다. 이런 소득명세를 잠깐만 살펴보아도 오늘날의 이중소득 부부가 한 세대 전의 단일소득 부부를 어떻게 앞질렀는지를 알 수 있다.

그렇다면 그 모든 돈은 다 어디로 갔는가? 톰과 수잔처럼 저스틴과 킴벌리는 평균적인 주택을 샀다. 그러나 오늘날의 평균인 방 세 개, 욕실 두 개짜리 주택은 한 세대 전의 평균적인 주택보다 훨씬 비싸다. 저스틴과 킴벌리가 내는 연간 모기지 대금은 거의 9000달러에 달한다. 큰아이는 똑같이 공립 초등학교에 다니지만, 방과 후와 여름방학 동안에는 보육시설에도 가야 한다. 그 비용은 연간 4350달러다. 작은아이는 전일제 프리스쿨 및 보육 프로그램에 다니는데, 여기에 연간 5320달러가 든다. 킴벌리가 직장에 나가기 때문에 두 번째 차는 필수품이고, 이 때문에 차량 두 대에 연간 8000달러 이상을 지출한다. 건강보험도 또 다른 필수품이며, 저스틴의 고용주가 그 비용 중 상당 부분을 맡아주는데도 보험료로 1650달러가 든다. 정부에서 세금도 한 몫 떼어 간다. 킴벌리의 추가소득으로 인해 이 가족은 더 높은 소득군으로 분류되고, 정부는 이 가족의 수입 중 33%를 세금으로 징수한다. 그렇다면 이런 기본적인 경비들을 공제한 뒤에 저스틴과 킴벌리에게 남는 금액은 얼마인가? 연간 1만 7045달러다. 이는 한 사람만의 수입으로 살던 한 세대 전 톰과 수잔의 경우보다 대략 800달러가량 적은 금액이다.

이것은 중요하니 한 번 더 말하겠다. 오늘날 평균적인 맞벌이 가정은 두 번째 전일제 소득자가 있음에도 불구하고 주택 모기지 대금, 자동차 할부금, 보험료, 자녀보육비 등을 지불한 후에 한 세대 전보다 더 적은 돈만 남는다.[34]

저스틴과 킴벌리에게 톰과 수잔의 경우보다 더 적은 돈만 남는다면,

오늘날의 경제에서 부부 중 한 사람만의 소득으로 살아가려는 가정은 어떠할까? 그들의 지출은 저스틴과 킴벌리보다 약간 더 적을 것이다. 그들은 큰 아이의 방과 후 보육에 드는 비용을 절약할 수 있을 것이고, 세금도 더 적게 낼 것이며, 운 좋게도 상가에서 가까운 집에 살고 있다면 아마 두 번째 차 없이도 생활할 수 있을 것이다. 그러나 그들이 만약 조금 다른 식으로 살려고 한다면, 즉 보통의 주택을 사고, 어린 아이를 프리스쿨에 보내고, 건강보험에 가입하는 등 정상적인 중산층 생활을 하고자 한다면 그들에게는 그 밖의 다른 비용을 감당할 금액으로 1년에 단지 6720달러만 남을 것이다. 따라서 그들은 한 달에 600달러도 안 되는 돈으로 식료품, 의복, 유틸리티, 생명보험, 가구, 가전제품 등을 구입할 방도를 찾아야 한다. 평균적인 중산층 생활양식을 따라가려는 오늘날의 혼자 버는 가정은 한 세대 전의 혼자 벌던 가정에 비해 재량적 소득이 60% 적다.

"이기적인 엄마들이여, 집으로 돌아가라"고 요구하는 평론가들에게 우리는 이렇게 말해야 한다. "지금 농담하고 있는가? 산수 계산을 해보라." 그리고 '다운시프트'*를 주창하는 이들에게는 가정들이 얼마나 더 다운시프트해야 하는가를 묻고 싶다.

우리는 이제껏 나열한 지출이 평균적인 것이라는 점을 지적해 두고

---

* Downshift. 원래는 자동차를 운전할 때 기어를 저속으로 낮추는 것을 뜻한다. 근래에는 많이 벌어 많이 소비하는 경쟁과 속도 추구의 생활양식을 버리고 적게 벌고 적게 소비하더라도 소박하고 마음의 여유가 있는 삶을 선택하는 것을 가리킨다.

자 한다. 실제로는 가정들이 위에서 말한 금액보다 더 적거나 많은 금액을 지출하고 있다. 여기서 가정들이 수지균형을 맞추려고 찾아낸 대안들을 검토할 필요가 있다. 아동보육을 우선 살펴보자. 정부 통계에 따르면 4인 가족이 방과 후 아동 보육에 들이는 평균 금액은 우리가 앞서 인용한 4350달러보다 적다. 우리는 자녀 보육에 돈을 쓰는 가정들의 통계에서 이 수치를 계산했지만, 정부의 평균치는 아이를 무료로 돌봐주는 할머니나 손위 형제가 있는 아동까지 포함해 계산한 것이기 때문이다. 그런 운 좋은 가정은 얼마간 돈을 절약할 수 있겠지만, 유료 보육시설에 의지할 수밖에 없는 전형적인 중산층 가정과는 아무런 상관이 없는 경우다. 오늘날의 전형적인 중산층 가정에서 아동 보육에 더 적은 돈을 지출한다는 것은 아이들을 텔레비전 앞에 온종일 앉혀두는 무자격 보육자에게, 또는 아주 협소해 아이들이 돌아다니지도 못할 정도로 붐비는 열악한 보육시설에 자녀를 맡긴다는 것을 의미한다.

가정이 돈을 절약할 수 있는 또 다른 길이 있다. 가정은 건강보험료를 줄일 수도 있다. 아예 건강보험 없이 살아가면서 행운을 기원하는 수백만 중산층 가정의 모델을 따름으로써 건강보험료를 0으로 떨어뜨릴 수도 있다. 혹은 살던 집을 포기하고 집값이 싼 곳의 아파트로 이사할 수도 있다. 이러한 선택도 할 수 있다고 본다면 선택의 여지가 넓지만, 자녀가 있는 가정이 이러한 선택을 한다면 중산층 생활은 더 이상 하지 못하게 된다.

중산층 가정이 자잘한 비용들을 줄일 수 있다 해도 냉혹한 진실을 벗어날 수는 없다. 여기서 냉혹한 진실이란 모기지 대금, 자동차 할부금, 보험료, 등록금 등 우리가 언급한 모든 비싼 지출항목이 '고정비용'이라는 것이다. 그런 것들은 모두 순탄한 시기에든 어려운 시기에든, 그리고 어떤 일이 있더라도 반드시 매달 지불해야 한다. 고정비용은 의복비나 식료품비와 달라서 어느 한 달의 지출을 그 다음 달로 넘겨서 당장의 지출을 줄일 수가 없다. 집에서 나가 살 수도 없고, 딸이 프리스쿨을 그만두게 할 수도 없고, 보험 가입을 취소할 수도 없기 때문에 저스틴과 킴벌리는 꼼짝달싹하지 못한다. 그들의 소득 중 75%나 되는 금액이 매달 반복되는 경비들에 책정돼 있다.

모든 상황이 잘 돌아간다면 저스틴과 킴벌리는 그럭저럭 살아갈 수 있다. 자녀가 방과 후에 저 혼자 시간을 보낼 수 있을 만한 나이가 되면 한 5년 정도는 한숨 돌릴 수도 있을 것이다. 그러나 이런 지출의 휴식기는 큰 아이가 대학에 들어가면서 중단된다. 그 시점에 저스틴과 킴벌리 부부는 지역 주립대학의 기숙사비와 등록금으로 9000달러가 추가로 필요하게 되기 때문에 가계예산이 그 어느 때보다 심한 압박을 받을 것이다. 운이 좋다면 그 사이의 휴식기 동안에 얼마간 저축을 할 수 있고, 자녀가 대학을 마치도록 뒷받침할 방도를 찾아낼 것이다. 그리고 50대 중반이나 후반이 되었을 때 저스틴과 킴벌리는 자신들의 은퇴에 대비한 저축에 대해서도 생각하기 시작할 것이다.[35] 이것은 물론 재정설계사가 권고하는 은퇴 대비를 위한 저축 개시 시점보다 30년 정도 늦은 것이다.

위와 같은 장래 예측은 아무것도 잘못되지 않는다는 것을 전제로 한 것이다. 소득의 75%가 고정경비에 책정된 상태에서는 가정이 뭔가 잘못될 경우에 대비할 수 있는 여유가 없다. 저스틴의 근무시간이 단축되거나 킴벌리가 해고될 경우에도 경비를 줄일 여지를 찾을 수 없다. 킴벌리가 할머니를 돌보기 위해서 몇 달간 휴직할 필요가 있거나 저스틴이 등을 다쳐 일할 수 없게 되는 경우에도 예산에 여유가 없다. 오늘의 미국 가정은 안전그물 없이 높은 줄 위를 걸어가고 있다. 그들은 바람이 전혀 불지 않기를 기도한다. 모든 것이 잘되어 가면 그들은 안전하게 건너갈 것이다. 그들의 자녀는 성장해 대학을 마치고, 그들은 은퇴할 것이다. 그러나 만약 무언가가, 어떤 것이든 조금이라도 잘못되면 그때 오늘의 맞벌이 가정은 큰, 실로 큰 곤경에 처하게 된다.

무엇이 얼마나 잘못될 수 있는지는 다음 장에서 살펴본다.

엄마라는 다목적 안전망

카멘의 세 번째 임신과 출산은 순조롭지 않았다. 임신 30주가 됐을 때 그녀는 출혈을 시작했고, 산부인과 의사의 권고로 응급 제왕절개 수술을 받았다. 아이 게이브는 태어날 때 몸무게가 1킬로그램에도 못 미쳤고, 의사는 아이가 신체 및 인지 능력이 심하게 손상된 상태로 살아가야 할 것이라고 예상했다. 많은 사람들이 게이브의 운명을 비극으로 간주했다. 그러나 카멘 라미레즈는 다르게 생각했다. "게이브는 신의 선물이에요. 그는 나에게 기적 같은 아이예요. 내 언니가 갑자기 죽었을 때 그 아이가 생겼어요. 나는 내가 임신했다는 사실을 믿을 수 없었지요. 참으로 축복이라고 느꼈어요."

몇 달 뒤에도 게이브는 호흡기의 도움이 필요했다. 그는 거의 소란을 피우지 않는 조용한 아기였다. 그래도 카멘은 그를 항상 살폈다. 어느 날 저녁 게이브를 침대에 누인 뒤 카멘은 위의 두 아이에게 먹일 저녁을 준비하기 시작했다. 마카로니가 막 끓기 시작했을 때 그녀는 주방에서 황급히 뛰어나와 아기 방으로 달려갔다. "왜 그랬는지는 모르지만, 다시 한 번 살펴봐야 했어요." 그녀는 무서운 조용함과 맞닥뜨렸다. 그녀의 심장이 마구 뛰기 시작했다. "게이브가 숨을 제대로 쉬지 못하고 있었어요. 제가 심폐기능 소생술을 해주어야 했죠."

게이브는 살아났고, 그 후 3년이 지나자 상태가 다소 나아졌다. 그러나 상태가 개선되는 속도는 느렸다. "게이브는 세 살이 됐는데도 걷거나 말할 수 없었어요. 여전히 젖병을 이용해야 했고, 음식은 그제야 먹기 시작했지요. 우리는 음식이 잘게 썰렸는지 늘 확인해야 했습니다. 게이브가 질식할 수도 있었거든요." 이제는 게이브가 덜 수동적이다. 그는 화가 나면 끝없이 비명을 지르는데, 아직도 많은 치료가 그에게 필요하기에 그러는 그를 다루는 일이 특별한 난제가 되고 있다. "게이브는 그동안 주사바늘에 수없이 찔린 경험 때문에 의사나 간호사라면 진저리를 칩니다. 그들의 복장을 알아보는 거죠."

카멘은 위의 두 아이를 낳았을 때는 두 번 다 실험실 연구원으로서 직장에 복귀했다. 그러나 게이브를 낳았을 때는 그렇게 하는 게 가능하다고 그녀 자신도, 남편 마이크도 생각하지 않았다. "사람들은 까다로운 게이브를 돌보기를 꺼렸어요." 그래서 카멘과 마이크는 게이브의 보육을 남에게 맡길 수 없었다. 일가친척조차 게이브를 돌봐주기를 주저했다. "시어머니는 그 아이의 상태를 두려워해 그를 맡는 것을 꺼렸습니다. 어쩌다 시어머니가 그 아이를 봐주실 경우에도 저는 한 시간 안에는 다시 돌아와야 했죠."

게이브가 태어났을 때 카멘은 직장에서 휴가를 냈다. 그리고 휴가 기간이 끝나자 카멘은 직장을 그만두었다. 그녀는 잠시 말을 중단한 뒤 희망을 걸어 말했다. "그러나 그가 좋아질 때까지만 직장 다니기를 중단한 거예요."

우리가 이 책을 쓰기 위해 인터뷰한 많은 부부들처럼 카멘과 마이크도 결국 파산을 신청했다. 이유는? 그들의 친구들이 추측했을 이유, 즉 게이브에게 들어간 엄청난 치료비 때문이 아니었다. 물론 게이브의 치료와 간호에 소요된 비용이 비싸지 않았다는 말은 아니다. 그는 세 살이 될 때까지 네 번의 수술을 받았다. "게이브의 기저귀 가방에는 항상 많은 약이 들어 있었어요." 전문가, 각종 검사, 호흡기계, 기타 특별한 물품 등이 그에게 필요했다. 게이브는 '백만 달러 아기'가 되고 있었다.

그러나 카멘과 마이크는 운이 매우 좋았다. 게이브의 치료비가 거의 전부 마이크의 건강보험으로 메워졌다. 카멘은 회상한다. "감사하게도 우리는 보험에 들어 있었지요. 우리는 몇 번의 치료에 대해서만 돈을 냈고, 그 밖에는 건강보험의 본인부담금을 계속 냈을 뿐이에요." 게이브가 출생한 후 3년간 이 가족이 의료비로 지출한 금액은 2000달러도 안 됐다. 이런 의료비 지출액은 그들이 파산을 신청했을 때 지고 있었던 부채에 비하면 극히 적은 금액이었다.

그렇다면 어떻게 해서 카멘과 마이크가 파산을 신청해야 했을 정도로 큰 어려움에 빠지게 됐을까?

중산층 가정의 안전망

어려움이 닥쳤을 때 가정은 이용할 수 있는 안전망에 기댄다. 미래의 어느 때엔가는 안정을 회복할 수 있기를 바라면서 더 많은 의료보호, 여분의 현금, 도와줄 누군가 등 추가적으로 기댈 수 있는 자원을 찾는다.

진보적 인사들과 많은 중도파 인사들이 미국의 안전망이 해체됐음을 지적한다. 복지는 크게 위축됐고, 병원은 빈민에게 더 이상 치료를 무료로 제공하지 않으며, 공공주택은 문을 닫았고, 의료보장 지원 예산은 삭감됐다. 〈뉴욕타임스〉 등 언론은 이런 내용의 기사를 계속 내보내고 있다.

이런 이야기에는 사람들이 겪고 있는 곤경 외에 주목할 만한 것이 또 하나 들어있다. 각각의 복지 프로그램이 제공하는 안전망은 국민의 단지 일부분, 즉 빈민에게만 도움이 된다는 것이 바로 그것이다. 복지 프로그램들은 거의 전부 빈곤선 이하의 사람들만 이용할 수 있도록 지원대상자에 대한 수입 및 재산 조사를 엄격하게 실시하게 돼있다. 그것들은 적어도 일시적으로라도 기아, 질병, 궁핍에서 사회의 극빈층을 보호하기 위해 고안된 것이다.

그렇다면 중산층은 어떤가? 그들의 안전망은 무엇인가? 재난을 당했을 때 그들은 어디에 의지하는가? 고용보험은 최소한의 보호를 제공하고, 사회보장 급여는 노년의 궁핍에 대한 보호막이 돼준다. 그러나 그 이상은 없다. 대부분의 가정들이 그 이상의 정부 원조를 받으려면 그들을 중산층답게 만든 모든 것, 예를 들어 주택, 직장, 지역사회 내 지위 등을 포기해야 한다.

중산층 가정의 안전망에 관한 논의는 거의 없고, 일요일 토크 쇼에서 어느 현명한 인사도 그것에 관해 해설하지 않으며, 신문에서도 그것을 깊게 다룬 기사를 볼 수 없다. 중산층의 안전망은 납세자의 돈으로 설치된 게 아니기 때문일 것이다. 그것은 집집마다 설치된 사적 안전망이며, 따라서 미디어의 주의를 끌지 못한다. 중산층의 안전망 중 첫 번째 방어선은 사고, 질병, 사망에 대응해 적어도 약간의 재정적 보호를 해주는 보험증서다. 그 다음은 가정에 갑작스럽게 돈이 필요하게 될 때 이용할 수 있는 은행 예금이다. 자녀가 있는 가정의 경우에는 또 하나의 방어선이지만 흔히 간과돼 온 또 다른 유형의 보험이 있다. 몇 세대에 걸쳐 중산층 가정의 안전망 중 가장 중요한 것은 전업주부였다.

둘 다 직장 일을 하는 부부는 경제적으로 유족하다는 것이 오늘날의 상식이다. 물론 그런 부부는 스트레스를 받으며 살고, 자녀를 보육 시설에 맡기는 데 대해 죄책감을 느낄 수 있으며, 서로를 위한 시간을 내기가 어려울 수 있다. 그런 부부에게 한 가지 듣기 좋은 말이 들리는데, 그것은 그들이 혼자 버는 부부에 비해 재정적으로 더 튼튼하다는 것이다. 이런 견해는 우리에게 친숙하며, 반복적으로 들려온다. "제이슨이 다니는 회사가 사정이 좋지 않습니다. 그러나 그의 일자리에 문제가 생겨도 멜린다는 계속 일할 겁니다." "새 주택을 구하는 것이 좀 무리가 되겠지만, 적어도 우리 두 사람은 그것을 감당할 수 있어요." 《그녀가 일하고 그도 일한다: 맞벌이 가정은 어떻게 더 행복하고 건강하며 유복한가》[36]라는 책은 이런 견해를 다음과 같이 요약한다.

그들은 변화하는 경제가 가져다주는 무서운 고통에서 자신들을 지켜줄 두 명의 완전한 소득자를 갖고 있기에 벼랑 끝에 서 있을 때처럼 속이 뒤집히는 불안감을 느끼지 않으며, 회사가 구조조정을 하거나 재배치를 한다면 언제라도 그만둘 준비가 돼 있다. …… 둘이 버는 가정은 경제적 안정을 유지할 수 있고, 재정적 재난으로부터 보호될 수 있다.

위 인용문에 나오는 '안정'과 '보호'는 현대 가정을 달콤하게 묘사하는 개념이며, 두 번째 소득이 제공한다고 모든 사람들이 생각하는 것 바로 그것이다. 그런데 만약 실제로는 그렇지 않다면? 현대의 맞벌이 부부가 실제로는 전통적인 단일소득 가정보다 더 취약하다면 어쩌겠는가?

한 세대 전의 전형적인 단일소득 가정은 대개 아빠가 가정경제를 책임지고 엄마는 살림꾼이나 내조자의 역할을 맡는 형태였고, 오늘날에도 단일소득 가정은 그렇다. 지출에 신중을 기하는 것만이 엄마의 경제적 역할이라고 여겨졌다. 즉 아빠의 봉급을 가능한 한 오래 집안에 유지시키는 것이 엄마의 일이었다. 그래서 엄마는 해진 셔츠를 수선하고, 도시락을 싸주고, 잔돈푼도 일일이 셌다. 사실상 아내의 경제적 기여는 남편이 벌어온 것을 주의 깊게 지키는 역할에 있었다.

그러나 이런 전통적 견해는 너무 협소하다. 그것은 전업주부, 즉 영원히 집에만 머물고 가정이 재난을 당해도 재정적인 기여를 못 하거나 할 생각이 없는 전업주부의 이미지를 만들어낸다. 남편이 실직하면 그녀는 어쩔 줄 모르고 곁에서 걱정만 하거나, 몇 장의 쿠폰을 더 오려 모으거나, 수프를 더 묽게 만드는 것 외에는 아무것도 하지 못한다는 이미지가 바로 그것이다. 그러나 실제 전업주부는 그런 식의 풍자만화 속 인물이 결코 아니었다. 전업주부는 언제나 여러 가지 역할을 해왔고, 상황이 요구하는 대로 자신의 역할을 바꾸었다. 남편이 안정적으로 일할 때는 돈을 벌지 않고 집에 있으면서 아이들을 돌보고 가정을 유지하는 데 시간을 썼다. 그러나 상황이 바뀌면 그녀도 돈을 벌었다. 남편이 정직 또는 해고를 당해서 돈을 벌지 못하게 되고 가족이 경제적 벼랑에서 굴러 떨어질 때면 전업주부는 방관자로 무기력하게 앉아있지 않았다. 그녀는 잃어버린 소득을 벌충할 일자리를 찾았다. 마찬가지로 남편이 심장발작을 일으켜 한동안 집에 머물 것 같으면 그녀는 일을 찾고 새 소득원을 더해서 가정이 재정적으로 파산하지 않도록 도왔다. 전업주부는 남편의 실업이나 노동능력 상실에 대응할 수 있게 해주는 가족의 최후 보험이었다. 그 보험은 실제로 가동되지 않을 때도 가정에 실질적인 경제적 가치가 있는 것이었다.

2장에서 우리는 1970년대 이래의 전형적인 단일소득 가정으로 톰과 수잔 부부를 들었다. 연간 3만 8700달러(2000년의 달러화 가치로 환산한 금액)를 벌던 톰이 직장에서 해고되면 그는 공적 안전망에 기대어 실업급여를 받을 수 있었다. 그러나 그의 실업급여는 종전 소득의 절반 수준에 그쳤고, 따라서 가정의 기본적인 지출만으로도 가계에 큰 적자가 생겼다. 그의 소득 중 절반이 없어졌으니 가족이 즉각적으로 파국을 맞을 수도 있었다. 그러나 그때 수잔이 가족을 부양하기 위해 취업한다면 그녀는 꼭 필요한 소득을 적시에 벌어올 수 있었다. 그녀는 남편이 벌던 것만큼은 벌지 못했겠지만 평균적으로 연간 2만 2000달러는 벌었을 것이다.[37] 수잔이 일을 찾는 데 두어 달이 걸린다고 가정해도 가족은 대략 수지균형을 맞추어 나갔을 것이다. 톰이 6개월(미국의 대다수 주에서 실업급여를 받을 수 있는 최장 기간) 안에 다른 직장을 찾을 수 있다면 그의 가정은 재정적으로 어떤 심각한 손상도 입지 않고 폭풍우를 견뎌낼 수 있었다.

톰의 소득이 이전의 수준으로 돌아가지 못하면 어떻게 됐을까? 수잔의 새로운 수입이 장기적인 생존과 즉각적인 파탄 사이에 놓인 그들의 가정을 도왔을 것이다. 만약 톰이 보수를 다소 적게 받더라도 일을 하게 되거나 시간제 일자리라도 얻을 수 있다면 반 토막 난 그의 소득으로도 이 맞벌이 부부는 예전의 생활양식에, 그리고 그들의 장기적인 계획에 다시 가까이 다가갈 수 있었다. 수잔이 계속해서 직장에 다녀야 했을지도 모르고, 그들의 가정이 미래의 예상치 못한 어려움에 대응하는 데 필요한 예비자금은 갖지 못했을 수도 있다. 그러나 한 번의 심각한 경제적 타격, 즉 가장의 소득 감소는 온전히 견뎌낼 수 있었을 것이다.

물론 톰과 수잔의 이야기는 단지 예화에 불과하다. 아버지의 실직이 낳는 결과는 이보다 훨씬 더 다양하고 복잡하다.[38] 예를 들어 여러 연구 결과에 따르면 남편이 일자리를 잃은 여성은 자녀가 더 성장한 단계일수록 일터에 더 많이 나오는 경향이 있다. 이는 아마도 어린 아이의 보육에는 많은 비용이 들어가고, 그래서 젊은 엄마가 일하러 나오는 것의 대가가 너무 크기 때문일 것이다. 오랫동안 전업주부 생활을 한 여성들 가운데 일부는 취업시장에 자신의 노동력을 내놓을 만큼 자신에게 기술이 없음을 깨닫기도 한다. 일을 하고자 하지만 오직 저임금의 일자리만 얻을 수 있는 처지임을 알게 돼 실망에 빠질 수도 있다. 더욱이 남편이 해고를 당한 이유가 사는 곳의 주변 지역에서 전반적으로 일자리가 줄어들었기 때문일 경우에는 전업주부도 일자리를 구하는 데 어려움을 겪을 것이다. 이런 여러 가지 애로에도 불구하고 가정의 경제적 지위가 나빠지면 전업주부가 흔히 예견되는 대로 일자리를 찾아 나선다는 사실을 보여주는 증거가 많다. 사회학자들은 남편이 임금 삭감을 당하거나, 남편의 실직기간이 길어지거나, 남편에게 지급되는 실업급여가 얼마 안 되는 경우에 아내가 훨씬 더 많이 일터로 나오는 경향이 있음을 발견했다. 이런 발견은 상식과 부합한다. 만약 톰이 해고된 지 단 몇 주일 만에 좋은 보수의 일자리를 얻었다면 수잔이 구직에 나설 이유가 거의 없었을 것이다. 그러나 만약 톰이 일자리를 발견할 수 없었거나 그가 찾아낸 유일한 일자리의 보수가 종전 소득보다 상당히 적었다면 수잔이 얼마간이라도 추가적인 수입원을 찾아내야 할 필요성이 훨씬 더 컸을 것이다. 아내의 추가적 소득이 발휘하는 효과가 사소한 것이 아니라는 사실도 밝혀졌다. 실직한 기혼 남성이 평균적으로 실직 직전에 벌던 돈을 기준으로 볼 때 그 아내가 일터에 나가 새로 벌어오는 소득은 상실된 소득의 25% 이상이었다. 이것을 봐도 전업주부가 제공하는 다목적 보험증서는 수백만 가정에 실질적으로 도움이 돼왔다.

우리 가족은 1960년대에 오클라호마에서 바로 위 이야기대로 살았다. 내(엘리자베스)가 열세 살 때 아버지가 심장발작을 일으켰다. 추운 11월의 어느 주말에 아버지는 도로에 세워져 있던 우리 자동차를 손보던 중에 가슴에 통증을 느꼈다. 그는 그날은 그냥 보내고 다음 날 아침에 병원에 갔다가 곧장 입원해야 했다. 40년이 지났는데도 그때 엿들은 대화의 단편들이 마치 누군가가 방금 말한 것처럼 생생하게 내 기억에 남아 있다. "발작이 또 일어날 가능성은 없나요?" "다시 일할 수 있을지 모르겠다." "진료 약속은 하셨습니까?" 며칠 뒤에 아버지는 창백하고 떠는 모습으로 집에 돌아오셨다. 그는 몇 주 동안 집에 계셨다. 오빠 셋에 이어 나까지 낳으면서 30년 넘게 집에만 계셨던 어머니는 19살의 처녀 시절에 털사 라디오방송국에서 최신 히트곡을 부르는 시간제 일을 한 이후 처음으로 일자리를 찾았다. 몇 주 동안 찾은 끝에 그녀는 시어스 백화점의 통신주문과에서 일자리를 얻을 수 있었다.

마침내 아버지는 일터로 돌아갔지만, 전에 벌던 돈의 절반만 주는 일자리에 만족해야 했다. 우리는 차를 팔아야 했고, 식료품비가 얼마며 겨울 코트와 치과 치료가 얼마나 비싸졌는지에 관한 이야기를 더 많이 했다. 그러나 아무도 굶지 않았고, 살던 우리 집에서 계속 살았다. 어머니는 일을 계속했고, 우리 가족의 생활은 다시 제자리를 찾았다. 내가 고등학교 졸업반일 때 어머니는 일을 그만둘까 하고 말씀하셨지만 그대로 일을 계속하기로 했다. 그렇게 해서 어머니와 아버지는 내 대학 등록금을 댈 수 있었다. 내가 대학에 입학해 집을 떠나게 되자 그들은 집을 팔고 아파트로 이사했다. 내가 대학을 졸업한 해에야 비로소 어머니가 일을 그만두셨다.

전업주부는 바로 내 어머니처럼 예비 근로자로 기능해서 남편의 소득 상실에 대한 방패막이가 돼 왔다. 전업주부는 가정이 예기치 않은 지출을 해야 할 상황이 닥칠 때도 쓰임새가 있었다. 가족 가운데 누군가가 질병에 걸리면 전업주부는 건강보험료, 환자본인 부담금, 보험 비적용 의료비를 마련하기 위해 일하러 나갔다. 가족이 보험에 가입하지 않았다면 전업주부는 가족이 건강보험의 혜택을 받을 수 있게 하려고 전일제 일자리를 구했다. 미국에서 이런 이유로 전일제 일자리에 근무하는 여성의 수는 현재 400만~500만 명으로 추정된다.

5장에서 상세히 논의하겠지만, 이혼은 전업주부를 취업으로 이끄는 가장 흔한 요인이다. 기혼 여성 중 절반 이하만이 취업한 1970년대에도 이혼 여성 중에서는 83%가 남편과 헤어진 후 2년 이내에 취업했다. 가정은 "신시아가 예일대학에 합격했다"는 등의 좋은 일이나 "흰개미가 집 기둥을 갉아 먹었다"는 등의 나쁜 일 등 온갖 종류의 원인으로 갑자기 현금이 필요해질 수 있다. 그러나 어느 경우든 요점은 동일하다. 전업주부가 있는 가정은 얼마간의 소득을 더해줄 수 있는 예비 소득자를 가지고 있는 셈이다. 예비 소득자가 실제로 취업해 버는 소득은 건강보험을 포기하거나 두 번째 모기지 대출을 받지 않고도 자녀의 등록금을 내고 의사가 보낸 청구서대로 의료비를 지불할 수 있게 해준다.

전업주부는 예비 소득자의 역할 외에 또 하나의 결정적인 경제적 역할을 한다. 그것은 바로 예비 간호사의 역할이다. 전업주부는 아이의 기저귀를 갈아주거나 아이의 숙제를 점검해주는 일 이상의 돌봄 서비스를 제공한다. 즉 그녀는 아이건 어른이건 자신을 필요로 하는 가족이나 친척 모두를 간호해줄 수 있다. 그녀는 더는 자신을 스스로 돌볼 수 없는 나이 많은 친척을 언제라도 돌봐줄 수 있다. 부부가 서로를 돌봐주는 경우를 제외하면 현재 불구의 노인에게 간호 서비스를 제공하는 사람 넷 중 셋이 딸이나 며느리, 또는 여자 조카나 손녀 등 여성 친지다. 한 세대 전에는 이런 여성들의 다수가 집 밖에서 일하지 않고 집안에 있었다. 할아버지가 너무 약해져서 스스로 거동할 수 없게 되면 전업주부인 엄마는 노인의료보장제*가 맡아주지 않는 갖가지 궂은일을 맡아서 해낸다. 전업주부는 매일 아침 할아버지가 옷 입는 것을 돕고, 차로 그를 병원 의사에게 데려다 주며, 그의 수표책을 계산해주고, 그의 말상대가 되어줄 수 있다. 그리고 종일 집에 있는 그녀는 그런 일을 하기 위해 그만둘 직장이 없기 때문에 가족이 소득 감소를 겪지 않아도 된다.

일터로 나간 엄마는 집에 돈을 벌어오지만 그 대신 예비 소득자나 예비 간호사 역할의 경제적 가치는 더 이상 가족에게 주지 못한다. 가정에 잘못된 일이 일어나지 않는다면 이런 교환은 단지 선택할 수 있는 두 가지 대안 중 하나를 선택한 것에 지나지 않는다. 어떤 가정은

---

* medicare. 65세 이상의 노인 또는 중증장애인을 위한 연방정부 차원의 건강보험이다.

엄마가 집에 있는 것을 더 좋아해서 기꺼이 더 적은 가계소득만으로 살려고 한다. 그러나 어떤 가정은 엄마를 일터에 보내서 더 부유한 생활양식을 누린다. 그렇지만 어려운 일이 닥치면 가정은 이 두 가지 대안이 겉으로 보기처럼 똑같지 않을 수도 있다는 사실을 알게 된다. 엄마가 집에 남아있는 선택만이 가정에 안전망을 남겨두기 때문이다.

여윳돈은 없다

게이브가 태어나고 얼마 지나지 않아 카멘이 입원했다. 감염 때문이었다. 카멘은 기진맥진한 채 가족이 어떻게 게이브를 돌볼지 근심했고, 각종 청구서가 생각나 미칠 지경이었다. "나는 열이 치솟을 때도 온통 지불해야 할 청구서만 생각했어요. 결국 나는 청구서 때문에 일찍 퇴원해야 했지요."

게이브가 태어난 지 여덟 달이 되었을 때 라미레즈 가족은 유틸리티 요금을 내지 못했다. "전기를 끊겠다는 계고장이 날아왔을 때 나는 정말 두려웠습니다. 아이의 폐에 공기를 넣어주려면 전기가 필요했거든요." 2001년 이른 봄에 한 채권자가 마이크가 일하고 있는 경찰서에 나타나 가족의 미니밴을 회수하겠다고 위협했다. 마이크가 그 채권자에게 지불할 돈을 마련할 시간을 좀더 달라고 간청할 때 다른 경찰관들은 프라이버시를 보호해준다는 듯이 눈길을 돌렸고, 경찰서 사무실은 정적에 빠졌다. 다음 날 마이크와 카멘은 변호사를 만나러 갔다. 변호사 보조원과 20여 분간 상담한 뒤 그들은 파산 신청서에 서명했다.

모든 맞벌이 가정이 마이크와 카멘을 덮친 것과 같은 재정위기를 맞지는 않을 것이다. 맞벌이 가정이 위기에 처할 것인지의 여부는 주로 두 번째 소득을 어떻게 쓰느냐에 달려 있다. 혼자 버는 가정은 한 사람의 소득에 맞추어 지출계획을 세운다. 전업주부는 비상시에만 등판 요청을 받는 조건부 근로자다. 평상시에는 한 사람의 봉급으로 생활한다. 이론상으로는 맞벌이 가정도 같은 방식으로 가계재정을 운영할 수 있다. 한 사람의 봉급만 쓰고 두 번째 봉급은 예비자원으로 남겨둘 수 있는 것이다. 이렇게 하면 재난이 닥쳤을 때 어떤 충격도 흡수할 수 있는 큰 금액의 저축을 갖게 될 것이다.

맞벌이 가정이 택할 수 있는 대안이 또 하나 있다. 그것은 그들이 어떻게 한다고 과소비론자들이 비난하는 대로 똑같이 하는 것이다. 다시 말해 두 번째 봉급을 화려한 휴가, 값비싼 가재도구, 유명 상표 의류 등 반드시 필요하지는 않은 것들에 써버리는 것이다. 이 전략에 대해서 과소비론자들은 분개해서 입에 거품을 물 게 뻔하다. 그러나 실제로 이렇게 소비하는 가정은 혼자 버는 가정만큼이나 비상시 대비가 잘 돼있을 것이다. 이런 가정에서 무엇인가가 잘못되면 엄마가 전업주부로 돌아가 예비 소득자나 간호 서비스 제공자의 역할을 하는 동시에 가족의 생활수준에 중대한 손상을 입히지 않으면서도 반드시 필요하지 않은 지출을 간단히 중단시킬 수 있다. 만약 아빠가 실직하면 그가 새로운 일자리를 찾는 동안에 엄마의 소득을 가족의 생활비로 돌려쓰면 된다.

지난 25년간에 걸쳐 엄마들이 대거 취업했지만, 그녀들의 봉급은 가정에서 물건을 왕창 사들이는 데 허비되지 않았다. 그랬더라면 재난의 첫 신호가 왔을 때 그런 지출을 즉시 그만둘 수 있었을 것이다. 그렇다고 취업한 엄마들이 봉급을 은행에 넣어둔 것도 아니었다. 수백만 맞벌이 가정은 엄마가 벌어온 두 번째 소득을 자녀를 위한 더 나은 기회를 구입하는 데 사용했다. 여기서 더 나은 기회란 좋은 학교가 있는 안전한 동네의 주택, 포괄적인 건강보험, 두 대의 믿음직스러운 자동차, 프리스쿨, 대학 교육 등이다. 맞벌이 가정들은 오래 계속될 지출에 '장기 서약'을 했고, 맞벌이 소득에 의지해 수지균형을 맞추었다.

2장에서 소개한 현대의 맞벌이 가정인 저스틴과 킴벌리 부부는 이 점을 잘 보여준다. 저스틴이 3만 9000달러 연봉의 직업을 잃게 되어도 킴벌리는 하던 일을 계속할 수 있다. 그녀는 연평균 2만 8800달러를 벌 것이다. 이는 한 세대 전의 비교 대상인 수잔이 벌었을 금액보다 훨씬 많다. 저스틴의 실업급여를 더하면 이 부부의 연간소득은 4만 8300달러가 된다. 따라서 그들은 톰과 수잔의 가정에서 남편이 실직한 후의 상황보다 가계소득이 훨씬 더 많다. 그런데 한 가지 결정적인 차이가 있다. 톰과 수잔은 연간 3만 9000달러 이하로 사는 데 익숙했지만, 저스틴과 킴벌리는 이미 그들의 생활을 연간 6만 8000달러의 소득 수준에 맞추어 놓았다. 결국 저스틴과 킴벌리 쪽의 생활비 부족이 훨씬 더 심각하다.

단일소득 부부와 비교해 저스틴과 킴벌리는 소득 감소의 충격을 흡수하는 데 매우 불리한 위치에 있다. 우리가 앞에서 살펴본 대로 그들의 월 고정경비는 1973년의 톰과 수잔의 경우에 비해 인플레이션 효

남편이 실직할 경우의 가계소득 감소

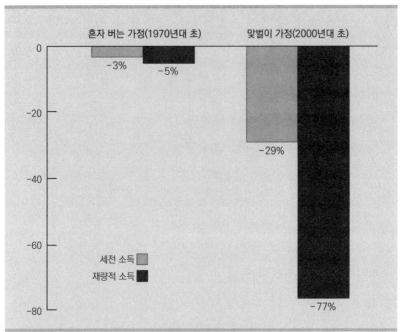

주: 전업주부가 두 달 만에 일자리를 구하고, 남편은 실업수당으로 실업 전 소득의 50%를 받는다고 가정.
자료: 소비자지출조사 분석, 재량적 소득의 계산에 관한 좀더 자세한 내용은 2장 참조.

과를 빼고 2.5배나 된다. 그래서 저스틴과 킴벌리 두 사람이 다 완전히 고용돼 있을 때에도 고정경비를 제외하고 남는 재량적 소득이 더 적었다. 저스틴의 봉급 없이는 이 현대의 부부는 가계수지를 맞출 가능성이 거의 없다.

저스틴이 몇 달 안에 직장을 얻게 되더라도 봉급이 없는 동안에 쌓인 채무를 갚는 데 쓸 여분의 소득은 없을 것이다. 이 때문에 이 가정은 계속 적자 상태에서 가계 재정을 꾸려가야 한다. 이는 톰과 수잔의 경우와는 극히 대조적이다. 종전에 전업주부였던 수잔이 일시적으로 직장에 다닌다면 그 부부는 톰이 다시 취업한 뒤 불과 몇 달 안에 가계 수지를 맞춰나갈 재정적 발판을 다시 얻었을 것이다.

과소비 신화를 제창하는 사람들은 저스틴과 킴벌리에게 1년에 실제로 6만 8000달러가 필요한 것은 아니며, 그들의 가정은 연간 4만 8000달러로 살아갈 수 있어야 한다고 응수할 것이다. 어쨌든 톰과 수잔은 한 세대 전에 3만 8700달러로도 중산층의 자리를 지키면서 잘 살지 않았느냐는 얘기다. 물론 그랬다. 그러나 지금의 저스틴과 킴벌리는 자신들을 구속하는 이런저런 계약과 장기 모기지에 서명하여 6만 8000달러의 소득 전액을 지출하기로 서약해 놓은 상태다. 그들은 자잘한 비용들은 삭감할 수 있고 실제로 십중팔구 그렇게 할 것이다. 그들은 케이블 TV 시청을 취소할 수 있고, 테이크아웃 식사도 중단할 수 있다. 그들은 더러워진 카펫을 바꾸는 것을 나중으로 미룰 수 있고, 쇼핑 목록에서 맥주나 청량음료를 뺄 수도 있다. 그러나 이런 허리띠 졸라매기의 효과는 얼마 안 된다. 그들이 적게 먹거나 새로운 스니커를 포기하는 것만으로는 가계예산에 뚫린 2만 달러에 가까운 금액의 구멍을 메울 수가 없다. 가계예산 규모를 4만 8000달러 수준으로 줄이기 위해서는 집과 차를 팔고, 아이를 프리스쿨에 그만 보내고, 큰 아들은 저비용의 방과 후 보육시설에 등록시켜야 한다. 이렇게 하는 데는 시간도 몇 달 걸릴 것이다. 게다가 그들은 이미 깊은 재정난에 빠져 그들이 한때 누리던 생활이 영원히 사라졌음을 인정하지 않을 수 없게 된 후에야 그러한 혹독한 조치들을 취할 것 같다.

과소비론자들은 저스틴과 킴벌리에게 면죄부를 주려고 하지 않을 것이다. 그러나 저스틴과 킴벌리의 지출구조가 지닌 특징 자체가 그들의 가계재정에 대한 표준적인 분석을 무너뜨린다. 저스틴과 킴벌리는 자질구레한 장신구를 과소비한 것이 아니기 때문에 재정이 취약한 것이다. 그들은 대다수 사람들이 가정에서 필요하다고 여기는 것들, 즉 주택, 교육, 건강보험에 장기 서약을 했기 때문에 취약한 재정을 갖게 된 것이다. 우리의 이런 언급은 과소비론자들의 귀에 거슬릴 것이다. 그러나 저스틴과 킴벌리가 대형화면 TV나 바하마 여행에 두 번째 봉급을 다 써버렸더라면 그들의 가계재정은 오히려 더 안전했을 것이다. 왜냐하면 그러한 구매는 재정적 장기 서약을 요구하는 게 아니기 때문이다.

저스틴과 킴벌리가 만약의 사태에 대비해 두 사람 중 한 사람의 소득은 저축해서 은행에 넣어 두어야 했을까? 그럴지도 모른다. 하지만 세상 일이 그렇게 이분법으로 단순화해서 파악할 수 있는 게 아니다. 그들에게 은행에 넣어둔 예금도 중요하겠지만 대학 학위, 적절한 의료 서비스, 좋은 교육구 내 주택도 중요하다. 킴벌리는 과소비를 비판하거나 재정계획을 조언하는 사람들에게 "아이들에게 더 나은 생활을 제공하기 위해 돈을 쓸 수 없다면 내가 무슨 목적으로 일하겠느냐"고 반문할 것이다. 그녀는 자신이 크루즈 여행을 떠나거나 자신과 남편을 위한 어떤 멋진 은퇴계획을 수립할 시간을 가지려고 아이들을 매일같이 보육시설에 보낸 게 아니었다. 저축, 노후자금, 잔치, 휴가는 나중 일이었다. 이 부부는 자녀에게 지금 당장 좋은 주택, 좋은 보육, 좋은 건강보험이 필요하다고 판단한 것이다. 많은 부모들과 재정분석가들의 생각도 그들과 같을 것이다.

의도는 좋았지만

그렇다면 가정들이 어떻게 맞벌이의 함정에 빠졌는가? 대답은 의외로 간단하다. 아무도 그 함정이 다가오는 것을 보지 못했기 때문이다.

취업에 대한 여성들의 집단적 의사결정에 배경이 된 정치적 행동은 방향이 잘못된 것이었다. 좌파에서는 여성운동을 통해 여성에게 동일한 보수와 동일한 기회를 달라고 투쟁했다. 엄마가 집에 남아있으면 가정이 더 좋아질 수도 있다는 식의 제안은 그게 어떤 것이라도 반동적 쇼비니즘으로 폄훼됐다. 우파의 보수적 논객들은 일하는 엄마들에 대해 "아동 유기"니 "자연법칙 위배"니 하면서 온갖 비난을 퍼부었다. 이런 논쟁이 너무나 전투적이었기에 맞벌이 취업의 재정적 결과를 합리적으로 평가할 분위기가 조성되지 않았다.

정치 스펙트럼의 좌파와 우파 양쪽 모두 전업주부의 재정적 가치를 평가절하했다. 이 때문에 몹시 잘못된 계산 결과가 나왔다. 여성운동 지도자인 베티 프리던은 가정주부의 경제적 역할을 비웃었다. "여성이 가정주부로서 맡는 실제로 중요한 역할은 집에 더 많은 물건을 사들이는 것이다. …… 능력 발휘를 제약하고, 욕구불만을 갖게 하며, 에너지만 소모하게 하는 가정주부의 역할에 갇혀 있는 여성은 물건을 더 많이 구매할 것이라는 생각을 어딘가에서 누군가가 했던 것이 틀림없다."

여성운동가들은 여성의 노동력 참여가 아무런 실질적 비용 없이 편익만을 가져온다고 보았다. 반면 보수파는 전업주부가 자녀에게 제공하는 정서적 편익만을 일방적으로 극구 찬양하면서 "엄마가 집을 떠나면 누가 요람을 지키겠는가?" 하고 탄식했다. 어느 쪽 세계관에도 자기 시간을 아내와 엄마의 역할에 바칠 수도 있지만 필요하면 위기에 대비해 앞뒤 안 가리고 일터에 뛰어들 수 있는 능력 있고 수완 좋은 엄마가 들어설 여지가 없었다. 아무도 전업주부를 가정의 안전망으로 보지 않았다.

더욱이 각 가정이 소득이 늘어나는 것은 즉각 알아차렸지만, 무언가가 잘못될 경우에 어떤 일이 벌어질 것인가는 쉽게 예측하지 못했다. 대부분의 가정들이 미래를 설계하고 가계예산을 작성할 때는 가장 긴급한 것들에 관심을 집중한다. 그들은 봉급이 들어오고, 모기지 대금이 나가고, 당좌계정의 잔액이 월별로 변동하는 것을 확인한다. 생명보험에 가입할 때나 친구가 실직했다는 소식을 들을 때와 같이 불안을 느끼게 되는 순간들을 제외하면, 재정의 취약성이 커지면서 이미 자신의 생활 속에 침투해 안정을 빼앗아가고 있다는 사실을 대다수는 쉽게 알아차리지 못한다.

시계를 되돌리려는 것인가

가정들이 맞벌이의 함정에서 벗어나려면 엄마들이 직장을 그만두고 가정으로 되돌아가야 하는가? 적어도 몇몇 보수논객은 이쯤에서 그런 결론을 내릴 것이다. 그러나 일하는 엄마인 우리는 그러한 요구에 대해 깊은 반감을 가질 수밖에 없음을 밝혀둔다. 우리는 여성운동의 긍정적 측면, 다시 말해 일하기를 원하는 여성은 그렇게 할 기회를 충분히 가져야 한다는 신조에 전적으로 동의한다. 그러나 우리는 이 책에서 우리의 개인적인 정치성향을 말하고자 하는 게 아니다. 여성들이 이제 방향을 바꾸어 직장에서 가정으로 대대적으로 역탈출하는 것은 말이 끄는 사륜마차를 부활시키는 것만큼이나 비현실적이다. 사회적, 정치적 요인들이 이미 여성들의 기대와 그들의 가정 내 역할을 변화시켰다. 여성의 노동력 참여가 갖는 거시경제적 의미에 관해 그 어떤 새로운 정보가 나온다 하더라도 상황이 그다지 달라질 것 같지 않다.

여성들이 집에 남으라는 말을 진지하게 경청한다고 하더라도 대다수는 실제로 그렇게 할 수 없을 것이다. 그러한 조언은 가정들이 함정에 빠져 있다는 사실을 무시한 것이다. 한 명의 소득만으로 살아가는 생활양식으로 되돌아가기로 선택하는 개별 가정은 즉각 불리해지는 반면에 부부가 모두 계속해서 직장에 남기로 하는 가정은 전략적 우위에 서게 될 것이다. 물론 가정들이 두 소득으로 사는 것이 자신들의 경제적 붕괴 위험을 증가시킨다는 점을 깨달을 수도 있다. 하지만 위험은 미래의 일인 반면에 자녀들이 필요로 하는 것은 오늘 당장 충족돼야 한다. 게다가 많은 가정들에서 엄마를 직장에서 끌어내 다시 집으로 데려오기에는 시간이 너무 늦었다. 엄마의 소득이 벌써 모기지 대금과 자동차 할부금에 할당된 수백만 가정은 그런 재검토를 해도 괜찮은 시간이 이미 오래 전에 지나갔다. 엄마가 일을 그만두면 그런 가정은 모든 것을 잃을 상황에 있다.

가정들이 맞벌이의 함정에서 빠져나올 수 있게 하는 더 좋은 길이 있다. 그것은 가정들이 약간의 숨 쉴 공간을 갖게 해주는 것이다. 안전망이 가정마다 따로 설치돼야 하는 오늘날의 사회에서는 은행 예금이 여전히 그 어떤 경제적 충돌사고에 대해서도 첫 번째 방어선이 된다. 따라서 가정의 저축을 돕는 프로그램은 모두 중산층을 안전하게 유지시키는 데 도움이 된다. 현재 연방정부는 노후 생활비, 의료비, 대학 등록금과 같은 특정 경비들을 저축하는 가정에 세금혜택을 주는 여러 가지 프로그램을 제공하고 있다. 이런 프로그램은 효과가 있을 것처럼 보이지만, 그 내용을 구체적으로 살펴보면 이 변덕스러운 세상에서 거의 불가능한 것을 하라고 가정들에 요구하고 있음을 알 수 있다. 가정에서 이런 프로그램을 활용하려면 어떤 경비가 발생할 것이며, 언제 여러분의 자금이 필요할지를 사전에 다 알아야 한다. 그것은 가정에 예측 불가능한 것을 예측하라고 요구하는 것이다.

아빠가 실직하거나 엄마가 이혼을 요구하는 등 예견하지 못한 재난이 닥치면 무슨 일이 벌어질까? 가정은 신중하게 계획해 실행해 놓은 대비책과 어긋나는 사건을 당하게 된다. 첫 번째 방어선으로 쳐놓은 것은 다목적의 은행 저축계좌인데, 이것은 세금의 측면에서 불이익을 받는 금융상품이다. 상황이 정말로 악화되면 많은 가정들이 살아남을 수 있는 유일한 길은 은퇴계정에서 돈을 미리 인출하는 것이다. 그런데 은퇴계정 계약에는 조기인출 방지를 위한 불이익*에 관한 조항이

---

* 중도해지에 따른 이자 상실, 세금공제 혜택의 취소 등을 가리킨다.

들어 있다. 따라서 위기 시에 조기인출을 하면 커다란 불이익을 당하게 되고, 그런 불이익은 가정의 고통을 배가시킨다. 그리고 그렇게 하면 가정은 안락한 은퇴생활의 가능성을 완전히 잃어버리게 되고, 정부는 이미 극단적인 재정적 압박을 받고 있는 가정이 유일하게 남겨놓은 저축에서 적지 않은 돈을 떼어간다.

현재의 표준적인 정부 정책 아래서는 가계저축에 대해 세금혜택을 받으려면 그것을 노후 연금이나 학자금 저축 등으로 나누어 두어야 한다. 이런 정책이 바뀌어야 중산층 가정이 모든 저축에 대해 세금혜택을 받을 수 있다. 은퇴나 교육을 위해 특별히 지정된 저축에 대해서만이 아니라 모든 저축에 대해서 세금을 면제해 주어야 한다. 이런 조처에 대해 진보적 인사들은 저축을 이미 많이 가지고 있는 부자들에게 부당한 혜택을 주게 될 것으로 우려해 반대한다는 입장을 취해 왔다. 그러나 그런 염려는 세금을 재산 규모에 연동시키는 방식으로 바꿈으로써 쉽게 불식될 수 있다. 다시 말해 재산이 얼마 안 되는 사람들은 비과세로 저축을 할 수 있게 해주고 부자들의 저축에 대해서는 계속 과세할 수 있을 것이다. 또는 부유층 가구에 대한 다른 세금을 늘려서 줄어든 세금 수입을 메울 수도 있다.

중산층 가정은 자신의 안전망을 반드시 설치해야 하는 상황이다. 중산층을 돕는 조처가 부자들에게까지 혜택을 주는 것 아니냐는 우려로 인해 중산층의 이러한 상황이 외면당해서는 안 된다. 미국의 개인 저축률은 지난 30년 동안 급락해 이제는 사실상 0에 가깝다. 저축을 장려한답시고 한두 가지 특정 용도에 대한 형식적인 정책 프로그램을 채택해서는 안 된다. 각 가정이 좋은 시절에는 물론이고 나쁜 시절에도 견딜 수 있도록 스스로 충분히 강력한 안전망을 설치하는 데 도움이 되는 종합적인 형태의 정부 정책이 필요하다.

지난 한 세대 동안 이어진 맞벌이의 함정으로 인해 오늘날의 가정은 뜻밖의 결과들을 맞고 있다. 오늘날의 부모는 과거 어느 때의 부모보다 더 열심히, 한 세대 전에 혼자 벌던 부모보다 훨씬 더 열심히 일하고 있다. 오늘날의 부모는 전일제 직업을 고수하면서 집에서도 모든 의무를 다하고 있다. 그런데도 역설적으로, 과거에 존재했던 전업주부라는 안전망을 더 이상 갖고 있지 않은 탓에 재정적 재난에는 더 취약해졌다. 그들은 자신의 안전망을 설치하는 데 필요한 돈을 거의 갖고 있지 않으며, 정부 정책은 그들이 스스로를 재정적으로 떠받치려고 기울이는 대부분의 노력에 과세를 한다. 그들은 함정에 빠졌다. 그들은 일할 여유도, 일을 그만둘 여유도 없다. 그리고 무엇인가가 잘못되면 살아남을 수 없다.

만약 지난 한 세대 동안 이 세상의 위험들이 커지지 않았다면, 다시 말해 해고당할 가능성, 이혼할 가능성, 할머니가 너무 허약해져서 도움 없이는 살 수 없게 될 가능성 등이 커지지 않았다면 맞벌이의 함정으로 인한 가정들의 어려움이 그리 심하지 않았을 것이다. 그러나 다음 장에서 설명하겠지만, 이 세상의 위험들은 동일한 상태로 유지되지 않았다. 그리고 가정은 전업주부가 가장 필요하게 된 때에 전업주부를 잃었다.

악덕 채무자 신화

재정적 실패에 관한 두 번째 신화가 있다. 이 신화는 가정이 돈을 어떻게 쓰느냐에 관한 것이 아니다. 사실상 그것은 돈에 관한 것이 전혀 아니다. 그것은 선과 악, 윤리와 도덕에 관련된 것이다. 그것은 악덕 채무자 신화로, 오래된 이야기를 들려준다. 그 이야기는 다음과 같다.

좋았던 옛날에는 사람들이 어떤 일이 있어도 자신의 청구서 대금을 지불했다. 오늘날의 사람들에 비해 돈이 더 많았기 때문이 아니라 명예를 더 중시했기 때문이다. 그들은 청구서 대금을 지불하는 것이 옳은 일이었기에 그렇게 했다. 그들은 채무불이행에 따르는 수치를 겪기보다 차라리 죽음을 선택했을 것이다. 그러나 오늘날에는 그런 예전의 도덕이 죽었다. 우리는 방종이 만연하고 규범이 퇴락한 시대에 살고 있다. 유타주의 공화당 상원의원인 오린 해치의 말을 인용하면, 우리의 동료 시민들 가운데 다수는 "얼마든지 지불할 능력이 있는데도 채무를 회피하기 위해서 제도를 악용한다."

악덕 채무자 신화라고 부를 수 있는 이 신화는 어떤 증거도 필요로 하지 않는다. 그것은 우리 이웃이 제도를 악용하며 세상을 속이고 있어서 나머지 우리가 그 이웃의 채무를 대신 갚는다는 호전적 주장일 뿐이다. 악덕 채무자 신화는 궤변에 가까운 말을 늘어놓는 값싼 냉소주의에 편승한다. 그러한 냉소주의에 따르면 얼간이만 다른 모든 사람들이 규칙대로 행동한다고 믿는다. 세상사에 밝은 사람들은 속임수가 만연해 있다는 것을 알고 있다. 그들은 "수백만 사람들이 청구서를 엄청나게 쌓아 놓고 있으면서 사회가 대신 지불해줄 것을 기대하기" 때문에 파산했거나 파산 일보직전에 있다는 것을 알고 있다. 그런 채무자들은 채권자가 전화를 걸어오면 교묘한 핑계를 대며 지불을 늦추고 거짓말을 하다가 조만간 파산을 선고받아 채무에서 벗어난다는 것이다.

이런 주장에 일말의 진실이라도 있는가? 명예와 품위의 시대에 살던 미국인들이 이제는 도덕적으로 비열한 상태가 됐는가? 이러한 청구서 대금 지불의 황금시대론이 지닌 문제점 중 하나는 그런 도덕적 퇴락이 실제로 언제 일어났는지에 대한 주장들이 크게 엇갈린다는 것이다. 공화당 하원의원인 헨리 하이드는 최근 "파산은 20년 전과 달리 이제는 더 이상 사회적 불명예를 수반하지 않는다. 어떤 사람들에게는 이제 파산은 최후의 수단이라기보다 첫 번째로 들르는 정류장이 됐다"고 불평했다. 하이드 의원이 이런 주장을 처음 한 사람은 아니다. 그는 1980년대 초에 도덕적 퇴락이 일어났다고 보는 입장을 갖고 있지만, 그 이전에도 타락하는 규범에 대해 불평한 사람들이 많았다. 그는 단지 그 긴 대열에 합류했을 뿐이다. 1930년대에는 당시의 미국 법무차

관 토머스 대처가 수많은 산업 근로자들이 "지불할 의사도 능력도 없이 청구서를 잔뜩 받아 놓고는 파산 신청서를 제출하고 있다"는 주장을 여러 차례 반복했다. 대처가 이런 말을 하기 전에도 비슷한 불평을 하는 사람들이 있었다. 19세기에는 공중도덕 심판관들이 있었고, 그보다 전인 18세기에도 비슷한 비판을 하는 사람들이 있었다. 그 선두에 섰던 코튼 매서 목사는 1716년에 한 설교에서 채무를 이행할 수 없었던 북미 식민지 정착민들에 대해 "그들은 신을 두려워하지 않는 자들이기 때문에 기소돼야 마땅하다"고 비난했다. 청구서 대금 지불의 황금시대는 항상 과거에 있었고, 앞의 세대는 뒤의 세대보다 항상 더 높은 수준의 규범과 더 큰 성실성을 갖고 있었던 모양이다. 공중도덕을 내세우는 사람들이 하는 말을 경청하다 보면 미국의 도덕적 정신이 지난 300년간 급속히 퇴락했다는 인상을 받게 될 것이다.

오늘날의 미국인들은 어떤가? 미국인들이 교활한 재무조작을 일삼으며 조금도 주저하지 않고 자신의 채무를 회피하려고 하는가? 상환을 하지 못하거나 파산을 신청하면서도 아무런 고통도 느끼지 않는가? 다시 숫자로 돌아가자.

파산과 수치심

사람들이 파산을 신청하더라도 옛날과 달리 더는 수치심을 느끼지 않는다는 믿음은 매우 광범위하게 퍼져 있어서 새삼스럽게 그렇다는 증거를 댈 필요가 없을 정도다. 그런데 그런 주장을 입증하려고 하는 논평가는 거의 언제나 순환논리에 빠진다. 사람들이 파산을 신청할 때 수치심을 느낀다면 파산을 신청하지 않을 것이며, 따라서 파산이 실제로 증가한다면 사람들이 파산을 신청하면서 수치심을 느끼지 않는 게 틀림없다는 것이다. 이런 주장은 반증하기가 불가능하며, 그 논리를 정말로 꼼꼼히 따지고 들지 않는다면 아주 그럴듯하게 들린다.

몇몇 경제학자들이 수치심에 관해 글을 써왔지만 그들이 내놓는 분석 결과도 똑같다. 그들은 실업률, 국내총생산(GDP), 인플레이션율 등 몇 가지 경제 측정치들에 관심의 초점을 둘 뿐 파산을 신청하는 가정이든 그렇지 않은 가정이든 구체적인 가정과는 상담한 적이 없다. 그러고도 그들은 숫자로 설명되지 않는 모든 것이 수치심 감소의 결과라고 단언한다.[39] 예를 들어 인플레이션이 약해지는 상황에서 파산이 증가한다면 다른 설명은 머리에 떠오르지 않기 때문에 그것은 수치심이 감소한 데 따른 결과인 것이 틀림없다고 하는 식이다. 이런 논리에 의하면 파산신청의 증가는 도로를 달리는 SUV의 수나 소비되는 버리토*의 수가 늘어난 탓으로도 돌릴 수 있을 것이다. 어느 경우에나 결론은 똑같다.

그 모든 불평에도 불구하고 재정난에 처한 가정들에 아직 수치심이 충분히 살아있다는 사실을 보여주는 증거가 많이 있다. 가정경제학 분야의 한 장기적 연구에 따르면, 파산하는 가정의 꼭 절반은 익명을 조건으로 한 조사에서도 파산을 신청한 사실을 시인하지 않으려고 했다.

---

* burrito. 고기나 치즈를 많이 얹어 구운 빵 요리.

경제학자들은 파산법원의 보호를 받는다면 법률자문료를 비롯한 관련 비용을 감안하더라도 재정 형편이 좋아질 가정의 수가 수백만에 이른다고 계산했다. 한 추정에 따르면 미국 전체 가구의 약 17%가 파산 신청서에 서명하기만 해도 가계 대차대조표의 뚜렷한 개선을 기대할 수 있다고 한다. 이는 곧 파산 신청으로 이익을 볼 수 있는 가구 수가 1800만이나 된다는 것이다. 그런데 실제로 파산을 신청한 가구 수는 150만이니 적어도 1650만 가구가 법규와는 관계없는 어떤 이유 때문에 채무를 상환해 보려고 애쓰고 있다는 이야기가 된다. 파산에 관해 연구하는 경제학자들에게는 파산이 단지 또 하나의 '재정계획 도구'처럼 보이겠지만, 실제로 파산을 신청하고 법정에 출두해야 하는 가정에는 전혀 그렇지 않다.

많은 논평가들이 파산을 신청하는 가정들이 충분히 뉘우치지 않는다고 우려하는 것 같다. 워싱턴주의 민주당 상원의원 패트리샤 머레이는 상원이 파산신청과 관련된 수치심을 되살리는 일을 해야 한다고 주장한다. 사람들이 파산신청에 대해 충분히 수치심을 느끼지 않는다는 말은 실제로 파산신청을 한 가정들 대다수에 충격일 것이다. 콘스탄스 킬마크는 파산의 심리에 관해 논의하면서 파산을 신청하라는 조언을 들은 사람들의 심리를 이렇게 묘사했다. "자신이 처한 상황에 대해 느끼는 번민, 수치심, 당혹스러움은 진실되며 강력하다." 우리의 연구에서는 많은 엄마들이 전화 인터뷰를 하는 동안 '파산'이라는 단어를 쓰지 않는다는 조건으로만 우리와 대화할 용의가 있다고 말했다. 혹시 자기 아이가 인터뷰하는 전화와 연결된 다른 전화를 집어 들고 그 두려운 단어를 들을지도 모른다고 우려한 탓이다. 어떤 사람들은 파산이라는 단어를 듣기만 해도 울음이 나온다고 말하면서 우리에게 파산이라는 말을 쓰지 말고 그것을 그냥 '그 일'로 불러달라고 요구했다. 우리가 인터뷰한 사람들 가운데 80% 이상은 자신이 파산했다는 사실을 가족, 친구, 이웃이 알게 된다면 '당혹스러울 것' 또는 '매우 당혹스러울 것'이라고 대답했다.

그렇다면 왜 가정들은 수치를 느끼면서도 파산신청을 하는가? 다른 선택의 길이 없다고 생각하게 됐기 때문이다. 유추를 위해 누드에 대한 부끄러움을 고찰해 보자. 나이가 세 살을 넘은 사람이라면 누구나 낯선 사람 앞에서 벌거벗게 되면 몹시 당혹스러워 할 것이다. 그러나 중병에 걸렸을 때나 이상한 종기 또는 갑작스런 고통으로 놀라게 됐을 때는 여러 명의 의료진 앞에서 기꺼이 옷을 벗는다. 누드에 대해 부끄러움을 느끼지 않기 때문에 옷을 벗는 것이 아니다. 옷을 벗는 것이 무언가 도움을 받을 수 있는 유일한 길이기 때문에 그렇게 하는 것이다.

매년 100만이 넘는 가정들의 경우도 마찬가지다. 집을 잃을 것인가, 파산을 신청할 것인가의 선택을 해야 했을 때 그들은 파산을 신청하기로 했다. 신용카드 부채를 상환하기를 거부할 것인가, 새로운 출발을 할 기회를 얻을 것인가의 선택을 해야 했을 때 그들은 새로운 출발을 할 기회를 얻기 위해 파산을 신청하기로 했다. 그것은 당혹스럽고 모욕적인 것이어서 그들은 친구와 가족에게 숨기려고 했다. 그래도 그들은 파산을 선택했다. 한 여성은 실직하고 집을 잃을 위기에 처한 뒤에 파산을 신청했다. 그녀는 파산신청으로 또 한 번의 기회를 얻었지만 그로 인한 자존심 손상으로 매우 고통스러워했다. "나는 결코 다시는 파산을 신청하지 않을 겁니다. 다시 파산을 신청하느니 차라리 그들로 하여금 내 집을 가져가게 하든지 건강보험과 식품 없이 지낼 것이며, 오히려 죽어서 예수님 앞으로 갈 겁니다. 그것은 자존과 긍지가 걸린 문제입니다."

손쉬운 탈출구론

악덕 채무자 신화에는 여러 변종이 있다. 어떤 비평가들은 가정이 더 비열해졌다고 주장한다. 연방 판사 에디스 존스는 "갈수록 파산은 재산한도 안에서 사는 사람들이 손해를 보는 '큰 게임'으로 간주되고 있고, 파산자가 오히려 더 흥미롭고 태평한 삶을 추구한다"고 단언한다. 좋았던 옛 시절에는 사람들이 빚을 갚기 위해 몸을 아끼지 않고 열심히 일했지만, 오늘날에는 "파산이 갈수록 '최후'가 아니라 '최초'로 의지할 선택안으로 간주되고 있다"는 것이다. 가정들이 청구서 대금을 지불할 능력을 갖고 있으면서도 손쉬운 탈출구를 찾는다는 주장이다.

이런 주장을 평가하기 전에 파산신청이 의미하는 바에 관한 몇 가지 기본적 사실들을 알려야겠다. 파산은 단 한 번의 면책 기회를 제공한다. 회사의 파산이든 개인의 파산이든 그 구체적인 내용은 다소 다를 수 있지만 본질적으로는 똑같다. 심각한 재정난에 처하면 파산신청을 통해 채권자들로부터 보호받을 수 있다. 파산법원 판사는 채권자가 가능한 범위까지 상환을 받았는지를 확인하기 위해 조사하겠지만, 채무자도 재난에서 벗어나 새 출발을 할 기회를 얻는다.[40] 망해가는 회사에 대해서는 법원이 회사 자산에 대한 법적 관할권을 확보하고 여러 채권자들을 동등하게 대우하는 노력을 기울인다. 이런 절차는 대개 기존 미해결 채무의 부분적인 상환만으로 이어진다.[41] 2000년대 초에 요란했던 닷컴 기업 도산 사태와 같은 경우에는 회사의 문을 닫고, 그 자산은 하나씩 매각되며, 매각대금은 채권자들에게 분배된다. K마트나 유나이티드 항공과 같은 경우에는 채무 가운데 일부가 탕감되어 더 날렵하게 '개조된' 회사가 기존의 사업을 계속하도록 허락됐다.

파산을 신청한 개인에게 적용되는 절차도 유사하다. 법원은 그의 모든 자산, 즉 은행계좌, 집, 자동차에서부터 '플러피'로 불리는 고양이, 타이어 바람이 빠진 낡은 자전거에 이르기까지 모든 것에 대한 법적 관할권을 가져간다. 판사는 가능한 한 그 자산들이 매각되어 채권자에게 상환하는 데 쓰이도록 한다. 그래서 예를 들면 은행계좌는 깨끗이 비워지고, 보유 주식은 매각된다. 판사는 또한 빚을 갚게 하기 위해 보석이나 가전제품을 경매하도록 명령할 수도 있다. 몇 가지 예외는 있다. 가정은 대개 얼마간의 옷가지와 가구 등 가재도구를 계속 보유하도록 허용된다. 주택의 가격 중 모기지 잔액을 넘는 부분인 주택지분*은 까다로운 문제를 야기한다. 플로리다와 텍사스와 같은 몇몇 주들은

---

* home equity. 주택의 가격에서 모기지 잔액을 뺀 주택의 순가치로 주택에 대한 집주인의 지분을 뜻한다.

집값이 얼마든 간에 가정이 채권자들로부터 자신의 지분을 온전히 지키는 것을 허용한다. 델라웨어와 메릴랜드와 같은 주들은 가정이 주택에 대한 지분을 그 크기와 무관하게 포기할 것을 요구한다.[42] 그러나 가정이 자산을 그대로 지키기를 원한다면 담보권을 가진 채권자, 예컨대 주택모기지 회사나 자동차할부 업체에 채무를 상환해야 하는 것은 모든 주에서 똑같다. 그리고 어떤 채무는 그것이 얼마든 결코 탕감되지 않는다. 조세, 학자금 대출, 이혼 후 부양비, 자녀양육비는 시간이 얼마나 걸리든 간에 전액 지불돼야 한다. 이런 항목들에 대해서는 파산제도도 아무런 구원이 되지 못한다. 그러나 나머지 채무, 즉 신용카드 대금, 병원비, 전기 및 가스 요금 등은 재산매각 대금에서 비례적으로 상환된다. 파산 과정이 다 진행되고 나면 가정은 기업과 마찬가지로 깨끗한 상태로 새로 출발하게 된다. 대부분의 자산이 없어졌겠지만 채무도 상당부분 없어졌을 것이다.

소비자파산 법전에는 몇 가지 중요한 단서 조항들이 있다. 회사와 달리 개인은 한 번 파산신청을 한 뒤 또 다시 파산신청을 하려면 7년째까지 기다려야 한다. 여기서 7년은 성경에서 따온 것이라고 한다.[43] 또 가정은 어떤 형태의 파산을 신청할 것인지를 선택할 수 있다. 그 중 하나로 '파산법 7장'에 규정된 파산의 형태는 채무자가 몇 달 만에 채무에서 완전히 벗어날 수 있게 한다. 이와 달리 '파산법 13장'에 규정된 파산의 형태는 채무자가 채무를 한꺼번에 다 털어내기보다는 빚을 갚을 시간을 벌도록 해준다. 파산법 13장에 따라 파산신청을 한 가정은 부채상환 계획을 작성한다. 이 계획에서 가정은 3~5년 동안 매우 제한된 예산만으로 살기로 약속하고, 수입이 생길 때마다 그 나머지를 파산관재인에게 넘겨주어 그것이 채권자들에게 분배되도록 한다. 부채상환 계획에 따른 상환이 완결된 후에만 미상환된 채무를 면제받을 수 있다.

채무에서 벗어나기 위해 가정은 모든 재정적 거래 내용을 공개해야 하고, 개인 예산을 채권자들에게 보여주어야 하며, 법원이 지명한 파산관재인의 감독을 받아야 한다. 파산의 기록은 10년 동안 신용기록에 남게 되어 자동차보험에서 모기지 대금에 이르기까지 모든 것이 더 비싸진다. 어떤 지역에서는 파산신청자들의 명단이 신문에 공표되기도 한다. 누구라도 인터넷에서 검색을 하면 그들의 파산 사실을 모니터에서 볼 수 있다. 기업은 그들을 고용하기 전에 신용 기록을 조회하면 그들의 파산 경력을 알게 된다. 오늘날에는 많은 기업들이 일상적으로 이런 신용심사를 한다. 따라서 파산을 신청한 사람이 새로운 직장에 취직하려면 당황스런 질문에 답변을 해야 하기 십상이고, 경우에 따라서는 고대했던 취직의 기회를 잃을 수도 있다. 가정은 파산 신청 후에도 채무의 상당 부분이 남아 있을 것이다. 그것은 모기지 대출금, 자동차 할부금, 세금, 학자금 대출 등이다. 그러나 파산을 신청한 가정이 스스로 곤경에서 벗어날 의지만 보여준다면 적어도 그런 채무들 가운데 일부는 아무런 질문도 받지 않은 채 탕감받을 수도 있다.

그렇다면 존스 판사의 주장대로 오늘날 가정들이 예전보다 파산법원을 더 자유롭게 이용하고 있는 게 사실인가? 현실의 데이터는 이런 주장을 뒷받침하지 않는다. 점점 더 많은 사람들이 손쉬운 탈출구를 찾고 있다면 오늘의 파산가정이 한 세대 전의 파산가정보다 상대적으로 더 좋은 재정 상태에 있어야 할 것이다. 예컨대 그들은 예전보다 소득 대비 채무 비율이 낮아야 하고, 적어도 그들 중 일부는 조금만 더 노력하면 채무를 상환할 수 있어야 한다. 그러나 실제로는 정반대다. 오늘의 파산가정은 20년 전의 파산가정보다 채무에 더 깊이 빠져 있고, 자산과 부채 전체에 걸친 가계의 재정상황도 더 나쁘다.[44] 1981년에 중간 수준의 파산신청 가정은 연간수입 총액의 80%에 해당하는 신용카드 빚을 포함한 비모기지 채무를 갖고 있었다. 이 비율은 2001년에 이르면 150%로 거의 두 배가 된다. 파산가정들에서 얼마간이라도 돈을 더 뜯어내 이익을 취하고자 하는 대출업계조차도 파산을 신청한 가정의 약 10%만이 상환이 유예되는 채무 중 일부라도 실제로 상환할 수 있을 것으로 추정한다. 독립적인 연구자들은 이 비율을 대출업계보다 훨씬 낮게 1~2%로 본다. 대출업계의 추정에 따르면 나머지 90%는 이미 돈을 다 날리고 남은 게 없는 상태여서 채권자들도 더 이상 그 가정들에 신경을 쓰지 않는다.

가정이 처음 어려움을 맞자마자 파산법원으로 허둥지둥 달려가지는 않는다는 증거도 있다. 파산을 신청한 사람들은 평균적으로 신청 전에 1년 이상 채무와 사투를 벌였던 것으로 조사됐다. 마침내 그런 노력을 포기하고 파산을 신청하기 전에 그들 중 50%는 대금 연체로 유틸리티나 전화가 끊겼고, 거의 60%는 돈을 아끼기 위해 병이 걸려도 치료를 받지 않고 살았다. 대졸 학력에 주택 소유자로서 파산을 신청한 가정의 5분의 1은 식품을 살 돈이 없어서 밥도 먹지 못하고 지낸 적이 있다고 한다. 그리고 파산법원에서 피난처를 찾은 가정들은 보통 연간 총 소득 이상의 비모기지 채무를 지고 있었다.

게다가 파산 통계만 재정 파탄의 상황을 보여주는 것이 아니다. 주택 법정처분 건수는 지난 25년간 세 배 이상이 됐고[45], 자동차 압류 건수도 5년 만에 두 배가 됐다. 존스 판사는 파산 신청이 단지 '큰 게임' 이라고 생각할지 모르나, 거처할 집을 잃어야 하는 가정으로서는 재정 실패가 흥미로운 '게임'일 리가 없다.

사기와 제도악용론

악덕 채무자 신화에는 또 하나의 변종이 있다. 그것은 오늘날 가정들이 예전보다 더 거짓말을 잘하고, 남을 속이며, 거짓으로 파산을 신청한다는 것이다. 오린 해치 상원의원에서부터 미국은행협회 관계자에 이르기까지 많은 사람들이 파산신청을 하는 가정들의 대다수가 사기를 치고 제도를 악용한다고 주장한다. 맞는 말일까?

법원이 파산신청과 관련된 사기행위를 막으려고 애를 쓰고 있지만, 사기행위가 과연 얼마나 되는지는 아무도 확실하게 알지 못한다. 파산 신청을 할 때 법원을 속이려고 하는 사람은 자신의 재산을 해외 계좌, 유령 신탁, 별도의 회사나 개인으로 이전시켜 채권자의 눈에 띄지 않게 하려는 경우가 많다. 이런 행위를 막기 위한 조처로 모든 개인파산 신청에는 자산과 부채를 상세히 밝히는 재정소명 절차가 수반된다. 소명한 내용은 위증 시에는 처벌을 받는다는 조건 아래 문서화된다. 법원이 지명한 파산관재인은 파산신청자의 재정소명 서류를 검토해야 하고, 어느 채권자나 이해관계자도 살펴볼 수 있도록 서류가 공개된다. 파산 절차에 의한 구제를 원하는 채무자는 누구나 직접 법원에 출석해 "진실을, 진실 전부를, 오직 진실만을" 말할 것이라고 서약해야 하고, 진술한 내용에 대해 파산관재인과 출석한 모든 채권자의 검사를 받아야 한다. 만약 무엇이든 의심스러운 것이 드러나면 법원에 가서 진실을 진술한다는 맹세를 다시 하고 조사를 더 받으라는 명령이 채무자에게 내려진다. 거짓으로 파산신청을 하거나 자신의 상태에 대해 사실과 다르게 진술하는 사람은 누구라도 연방법을 위반하는 것이고, 검찰에 의해 기소를 당할 수 있다. 이 경우 금고형 이상의 유죄 평결이 내려질 수 있다. 채무자가 대출신청서를 거짓으로 작성하는 등 사기행위를 저질렀다는 사실을 입증할 수 있는 채권자는 그런 사기행위와 연관된 채무가 면제되지 못하게 할 수 있다. 이 경우 채권자는 채무자를 형사 고소할 수도 있다.

보통의 파산가정이 설령 악한 마음을 품었다고 하더라도 심각한 사기행위를 저지르기는 쉽지 않다. 개인파산을 신청하는 사람들의 대다수는 스위스의 은행계좌나 유령회사를 연상케 할 정도의 금융 전문가가 아니다. 그들은 재산이라고는 집, 자동차, 당좌계정뿐인 평범한 중산층이다. 2000가구가 넘는 파산가정을 연구해 보니 그 가운데 단 한 가정만이 집 두 채를 갖고 있었고, 그나마 그 가정의 두 번째 집은 별장이 아니라 소득을 발생시키는 작은 임대용 주택이었다. 그리고 연구 대상 가정들 가운데 어느 가정도 해외 은행계좌나 자기 명의의 신탁을 갖고 있지 않았다. 또한 약간의 속임수를 쓰라고 권유해줄 변호사나 거래관계가 오래된 회계사를 고용하고 있는 가정도 전혀 없었다. 오히려 정반대. 파산신청을 한 사람들의 대다수는 모기지 회사가 법정처분 통지서를 보낼 때까지는 변호사를 만난 적이 없었다. 그들은 법정처분 통지서를 받고서야 전화번호부나 심야 텔레비전 방송에 광고를 낸 변호사들 가운데 누군가를 찾았다. 그러면 대개의 변호사는 30분이 넘지 않는 시간 동안만 직접 상담을 하고, 그 다음에는 보조원에게 일을 넘겨 파산신청에 필요한 서류를 작성시켰다.

사기행위를 저지르는 가정의 수가 지난 몇 년간에 걸쳐 다소 증가했을 수도 있지만, 그것이 확실한 증가 추세라는 주장을 입증해주는 증거는 없다. 지난 한 세대 동안 파산가정이 증가한 것이 사기 때문이라면 오늘의 파산신청 가정 중 열에 여덟은 사기죄를 범한 셈이 된다.[46] 그렇다면 지난 10년 동안 약 1000만 가정이 감옥에 갈 수도 있는 중죄를 저지르려고 했다는 이야기가 되는데, 누구도 그런 이야기를 들어본 적이 없다는 것은 말도 안 된다.

악덕 채무자 신화는 언론의 기삿거리로는 잘 들어맞는지 몰라도, 과소비 신화와 마찬가지로 냉철한 분석을 견뎌내지는 못한다. 속이는 가정이 그래도 조금은 있지 않겠는가? 물론 그럴 것이다. 그것은 과소비하는 가정이 다소 있는 것과 꼭 마찬가지다. 게다가 재정난에 빠졌다고 해서 우리 주위에 어슬렁거리는 무섭고 간악한 채권추심원이 더 이상 찾아오지 않게 되는 특별한 은총이 베풀어지지도 않는다. 5배가 된 파산신청 건수, 3배가 된 모기지 법정처분 건수, 2배가 된 자

동차 회수 건수 등 분명한 숫자들이 그렇게 쉽게 설명될 수 있는 것은
아니다.

무엇이 문제였나

파산제도가 온통 사기와 속임수로 얼룩진 게 아니라면 왜 그렇게 많은
가정들이 곤경에 처하고 있는가? 매년 150만이나 되는 가정들이 파산
을 선언하고 있다고 하니, 그런 재정적 소동에 대해 수많은 설명들이
있을 것 같다. 우리는 인터뷰 대상자들로부터 다양한 파산의 이유를
들었다. 어떤 가정은 범죄의 피해자였고, 어떤 가정은 잘못된 투자를
했고, 어떤 가정은 알코올 중독이나 도박의 문제가 있었고, 어떤 가정
은 홍수나 지진으로 집을 잃었다. 일부 응답자들은 과소비론자들이 파
산 신청자들을 비난한 내용 그대로 했다. 즉 신용카드로 너무 많은 물
건을 샀던 것이다. 어느 한 가정은 집 근처 잡화점에서 강도와 싸우다
가 총에 맞은 뒤 병원비 부담과 휴직에 따른 소득 상실로 인해 재정파
탄을 맞았다.

　그들의 사연은 각기 독특한 구체적인 사정을 갖고 있다. 하지만 통
계를 이용하면 현실을 훨씬 더 단순하게 파악할 수 있다. 거의 모든 재
정파탄에는 가정별로 특이한 점이 있지만, 그보다는 어느 가정의 재정
파탄에서도 보이는 공통점이 더 눈길을 끈다. 유자녀 파산가정의 열 중
거의 아홉은 파산의 이유로 세 가지 가운데 하나 이상을 든다. 그것은
실직, 이혼, 의료문제다.[47] 운명의 장난, 군대 징집, 개인적 방탕 등 그

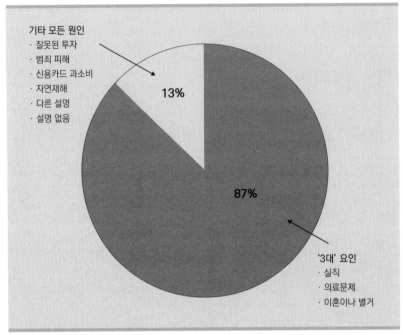

유자녀 파산가정의 파산신청 이유

기타 모든 원인
· 잘못된 투자
· 범죄 피해
· 신용카드 과소비
· 자연재해
· 다른 설명
· 설명 없음

13%

87%

'3대' 요인
· 실직
· 의료문제
· 이혼이나 별거

자료: 2001년도 소비자파산프로젝트.

밖의 다른 이유들은 다 합쳐도 파산가정의 13%만을 설명할 수 있다.

두 배가 된 위험

오늘날 미국 가정이 직면한 문제들에 사실 새롭거나 기이한 것은 없다. 최초의 원시인 남자가 최초의 원시인 여자에게 작별 키스를 하고 사냥하러 떠난 이래 일자리가 생겼다가 없어지고, 부부가 이혼하고, 질병과 사고가 일어나는 것은 삶의 다반사였다. 그러나 오늘날 맞벌이의 함정이 일상생활에 항상 있어온 그런 평범한 위험들을 크게 증폭시켰다. 엄마가 일을 하게 되어 가족의 안전망이 상실된 상태에서는 단기간의 실직이나 그리 심각하지 않은 질병도 큰 위협이 되고, 특히 여유자금이 없는 가정에는 훨씬 더 큰 위협이 된다. 이런 가정은 얼마 안 가 침몰한다. 점점 더 많은 가정이 몰락하는 데는 이런 사정이 있는 것이다.

맞벌이 가정은 안전망을 잃는 데 그치지 않는다. 두 성인이 모두 일하기 때문에 맞벌이 가정은 오히려 안전망이 필요하게 될 가능성이 더 높아진다. 맞벌이는 위험을 배가시켰다. 두 성인이 직장에 나가면 직장에서 해고당하거나 회사의 조직 축소로 인해 쫓겨나거나 여하튼 급여를 받지 못하게 될 가능성이 두 배가 된다. 아빠도 실직할 수 있고, 엄마도 실직할 수 있는 것이다.

기본적인 계산은 간단해 보이지만 그 결과는 놀랍다. 2장에서 소개한 1970년대의 혼자 버는 가정의 전형적인 예인 톰과 수잔의 가정을 다시 살펴보자. 톰은 어느 해에든 실직할 확률이 2.5%였다. 오늘날의 맞벌이 부부인 저스틴과 킴벌리가 그때 살았다면 소득이 크게 하락할 확률이 혼자 버는 가정의 거의 두 배인 4.9%였을 것이다.[48] 이 확률이 정확히 두 배인 5%가 되지 않는 것은 어떤 가정은 남편과 아내 둘 다가 해고될 수 있고, 그래서 이런 경우를 중복 계산하지 않아야 하기 때문이다. 물론 이런 경우에 해당하는 가정은 이중의 재난인 양쪽의 동시 해고로 큰 타격을 입는다. 구체적으로 어떻게 계산이 되더라도 원리는 간단하다. 일하는 사람이 둘이면 실직할 위험이 두 배다.

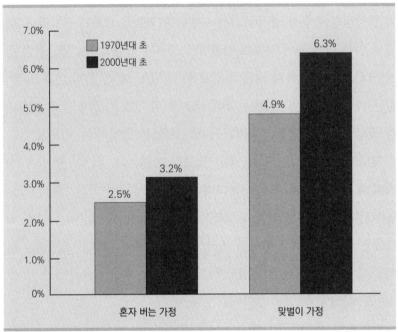

주: 결혼한 부부가 비자발적 실업을 당할 매년의 위험.
자료: Boisjoly, Duncan, and Smeeding의 분석.

직장세계가 지난 한 세대 동안 변화가 없었더라도 이와 같은 상황은 맞벌이 가정의 삶을 무척 힘겹게 했을 것이다. 그런데 저녁뉴스를 시청하거나 신문을 읽는 사람이라면 누구나 알듯이 세상은 예전 그대로가 아니다. 지난 25년간 근로자가 해고되거나 조직 축소로 인해 쫓겨나거나 구조조정으로 인해 소득을 상실할 확률이 많이 커졌다. 한 연구팀은 어느 한 근로자가 비자발적 실업을 당할 가능성이 1970년대 이후 28% 높아졌다고 계산했다.[49]

직업 불안정성의 증대는 혼자 버는 가정에 어려움을 안겨 주었다. 혼자 버는 가정은 이제 소득자가 실직할 확률이 예전보다 28%나 더 높다. 그런데 오늘의 맞벌이 가정에는 이런 확률 수치가 이중으로 무섭다. 왜냐하면 두 사람의 소득자가 다 더 높은 실직의 가능성에 직면하기 때문이다. 오늘날에는 1년에 맞벌이 가정들 가운데 약 6.3%, 다시 말해 16가구 중 한 가구가 해고 통지를 받고 있다고 우리는 추정한다.[50] 이는 오늘날 맞벌이를 하는 가정이 안고 있는 실직 가능성이 한 세대 전에 혼자 버는 가정이 안고 있었던 실직 가능성의 약 2.5배나 된다는 의미다.

해고 말고도 가정이 소득을 상실하는 방식은 여러 가지가 있다. 질병, 사고, 장애도 같은 결과를 가져온다. 이런 모든 경우에 맞벌이 가정은 단일소득 가정에 비해 위험이 두 배다. 일하는 사람이 두 명이면 심장마비, 추락, 혹은 어떤 다른 질병 때문에 가족의 소득을 상실할 가능성도 두 배가 된다.

이런 통계적 분석은 대다수 가정들이 스스로 직면한 위험을 평가하고 있는 것과 정반대다. 대부분의 가정은 맞벌이를 하는 것이 해고나 의료문제에 대비한 일종의 자가보험에 든 것과 같다고 믿는다. 그러나 맞벌이 가정은 혼자 버는 가정보다 더 파산신청을 하기 쉽다.[51] 그리고 파산을 신청한 맞벌이 가정은 여타 가정에 비해 실직이나 부상을 재정 파탄의 원인으로 더 많이 꼽는 경향이 있다.[52] 여러 가지 위험들이 복합돼 2001년에는 100만 이상의 가정이 실직, 사업 실패, 장애, 또는 어떤 다른 형태의 소득상실 후 파산을 신청한 것으로 추정된다.

여기에는 한 가지 모순된 결과가 있다. 다른 연구자들이 주장한 것처럼 "변화무쌍한 경제가 가해오는 끔찍한 고통에서 자신들을 보호하기 위해" 부부가 모두 일터로 나가는 가정은 바로 그런 결정으로 인해 자신들을 더욱 취약하게 만들었다. 그것도 두 배가량으로 더 취약하게.

좋지 않은 타이밍

가정의 분열이나 엄청난 의료비 청구서와 같은 파산의 다른 요인들은 어떤가? 첫눈에는 그러한 문제들이 맞벌이의 함정과 무관한 것처럼 보인다. 그러나 가정에서 종래의 안전망이 사라지는 시점에 그러한 위험들이 증대되어 타이밍이 좋지 않았다.

의료비 청구서를 검토해 보자. 우선 보험 비가입자 수가 급증하고 있고, 중산층에까지 보험 비가입자의 문제가 확산됐다. 2001년에 미국에서 140만 명이 건강보험에서 탈락했다. 이들 새로운 비가입자들 가운데 80만 명은 연간 7만 5000달러 이상의 소득자였다. 전문가들은 이제 건강보험에 들지 못할 가능성이 한 세대 전보다 49% 더 높다고 계산한다. 의료비용은 급증하고 있고, 정말로 놀랍게도 점점 더 많은 가정들이 파괴적인 의료비 청구 때문에 파산을 신청하고 있다. 지난 20년 사이에 중병으로 인해 파산을 신청하는 가정의 수가 2000%(20배) 이상으로 폭증했다.

인구구조의 변화도 가정을 괴롭히고 있다. 대부분 일상적인 부조를 필요로 하는 85세 이상 인구의 증가율이 65세 미만 인구의 증가율보다 6배 이상 높다. 게다가 출산율의 하락과 이혼율의 상승이 겹치면서 노인인구의 급증은 더욱 심각한 문제가 됐다. 오늘의 노인은 자신을 돌봐주는 부담을 나눠 질 자녀의 수가 예전보다 적고, 점점 더 많은 노인들이 이혼 후 혼자 살고 있다. 그 결과 이제 미성년 자녀를 둔 가정들 가운데 노인인 부모로부터 부조를 받는 가정보다는 노인인 부모에게 부조를 제공하는 가정이 거의 두 배가량으로 많다.[53]

더욱이 병원과 보험회사는 비용을 줄이기 위해 환자를 '더 빨리, 그러나 덜 회복된 상태로' 퇴원시키기로 공모한 듯하다. 오늘날 병원에서 퇴원하는 개인 세 명 중 한 명은 재택간호가 필요하다. 이는 매년 약 1200만 가정이 환자를 집에서 간호하기 위해 가족 중 누군가가 들어앉아야 함을 의미한다. 가정 내 모든 성인이 이미 직장에 매여 있다면 참으로 안된 일이다. 다시 파산 통계를 들여다보자. 오늘날 맞벌이 부부는 가정 내 질병으로 인해 일자리를 상실해서 파산신청을 하게 될 가능성이 혼자 버는 가정에 비해 거의 두 배나 된다.

이혼은 맞벌이 가정에 타격을 가하는 또 하나의 재난이다. 새로 결혼하는 부부가 이혼할 가능성이 예전보다 더 높아졌음은 누구나 잘 알고 있다. 결혼한 부부가 이혼할 확률은 흔히 알려진 50%보다는 약간 낮은 수준이다. 그런데 이런 이혼 통계의 배경에는 뉴스에 보도되지 않는 요소가 깔려 있다. 그것은 바로 맞벌이의 함정이 결혼이라는 성역을 침범하고 있다는 점이다.

많은 논평가들이 이혼의 급증은 일시적인 현상에 그칠 것이라는 의

견과 양성 평등이 실현되면서 결혼이 보다 안정적인 것이 되리라는 희망을 개진했다. 《그녀가 일하고 그도 일한다》도 이런 낙관론을 제시했다.

맞벌이 부부의 시대가 도래한 것은 가정 내 상호 친밀성을 높였으면 높였지 낮추지는 않았을 것이다. …… 결혼한 부부가 다시 산업혁명 이전의 시대와 같이 경제적 동반자 관계가 됨에 따라 이혼이 감소할 것이다. …… 번영하는 경제 덕분에 좋은 직장을 얻기가 쉬웠던 시절에 그랬듯이 쉽게 이혼하는 사람들이 앞으로는 줄어들 것이다.

이 이론은 그럴듯하게 들리며, 우리도 그렇게 낙관적일 수 있으면 좋겠다.

그러나 불행히도 실제 데이터는 다른 그림을 보여준다. 1970년대에는 혼자 버는 부부가 이혼할 확률과 맞벌이 부부가 이혼할 확률이 똑같았다. 그러나 1990년대에는 일하는 아내가 이혼할 확률이 전업주부가 이혼할 확률보다 40%나 더 높았다.[54] 사회학자들이 수많은 이론을 경쟁적으로 내놓았지만, 이런 차이가 왜 생겼는지는 정확하게는 아무도 모른다. 아마도 일하면서 자녀를 키워야 하는 부담으로 인해 가정생활의 스트레스가 높아지고, 맞벌이 부부 자신들을 위한 시간이 줄어들었기 때문일 것이다. 그게 아니라면 전업주부가 일하는 아내보다 더 전통적인 여성의 역할을 해내고, 이런 역할이 상대적으로 더 부드러운 부부관계를 만들기 때문일 수도 있다. 여성운동 계열 학자들이 내놓는 설명은 일하는 아내가 재정적인 측면에서 남편에게 덜 의존하며, 따라서 나쁜 부부관계를 좀더 자유롭게 끝낼 수 있기 때문이라는 것이다. 정확한 이유가 무엇이든 냉엄한 사실은 그대로 남는다. 오늘날의 맞벌이 가정은 한 세대 전에 혼자 벌던 가정보다 더 큰 이혼의 가능성에 직면해 있다는 것이다.

그러나 이혼 통계에서 흔히 간과되는 그룹도 있다. 아예 결혼한 적이 없는 부부들이다. 인구통계를 조금만 살펴봐도 알 수 있듯이 지난 25년 동안 결혼하지 않은 엄마에게서 태어난 자녀의 수가 400% 이상 증가했다. 이런 여성들 가운데 다수는 인구조사표의 '결혼한 적 없음'이라는 항목이 의미하는 것과 같은 의미의 독신이 아니다. 그들은 남자 파트너와 여러 해 같이 살기도 한다. 결혼은 하지 않았으나 자녀를 둔 부부의 수는 1970년대 이후 8배로 증가했다.[55] 오늘날 결혼하지 않고 동거만 하는 남녀는 자녀를 키우는 부부 전체의 6%에 달하는데, 이 비율은 한 세대 전에는 1% 미만이었다. 6%라면 낮은 비율로 보일지 모른다. 하지만 아동이 결혼하지 않은 동거 부모와 함께 살게 될 가능성은 앞으로 시간이 지남에 따라 점점 더 커질 것이다. 한 추정에 따르면 앞으로 대략 10명의 아동 중 4명은 16살이 되기 전에 결혼하지 않은 동거 가정에서 성장기 중 일정 시기를 보낼 것이라고 한다.

동거 부부와 결혼한 부부의 경우를 비교해보면 어떨까? 동거생활과 결혼생활은 재정적 특징이 여러 측면에서 비슷하다. 어느 경우나 하나의 가정을 운영하는 비용과 책임을 두 성인이 분담하기 때문이다. 따라서 동거 부부가 갈라설 경우의 결과는 결혼한 부부가 이혼한 경우와 아주 흡사하다. 둘 중 한 사람은 다른 집을 구해야 하고, 두 사람이 함께 서명한 리스나 모기지와 같은 공동의 채무가 해결돼야 한다. 만약 두 사람이 자녀의 생부모라면 어느 쪽에서 양육의 부담을 져야 하는지가 결정돼야 하고, 자녀와의 만남과 양육비 문제도 협의돼야 한다. 그러나 차이점도 있다. 갈라서는 것의 재정적 결과는 동일할 수 있지만, 갈라설 가능성은 그렇지 않다. 유자녀 동거 부부가 갈라설 가능성은 유자녀 결혼 부부에 비해 두 배 이상이다. 이는 유자녀 가정의 취약성과 관련해 주목되는 현상이다. 결혼하지 않고 동거하던 부모가 점점 더 많이 각자의 길을 가기로 함에 따라 부담을 나눠 질 두 번째 성인이 없는 가정의 수가 계속 늘어나고 있다.

엎친 데 덮친다

실직, 가정파탄, 의료문제와 같은 불행한 일들은 가혹하지만, 하나씩만 일어나거나 서로 별개로 일어나는 것처럼 보인다. 이혼율은 건강보험의 보장범위와는 그다지 관계가 없으며, 기업 구조조정은 가족의 도움이 필요한 노인의 숫자에 영향을 미치지 않는 것처럼 보이는 것이다.

가정파탄을 뉴스로 다루는 언론은 오직 한 가지 문제에만 초점을 맞추곤 한다. 〈뉴욕타임스〉는 보험 비가입자 문제에 관한 기사를 싣고 CBS TV의 뉴스프로 〈60분〉은 이혼의 추세를 다루는 식이다. 학자 등 전문가들은 이런 언론의 태도를 보강하는 역할을 한다. 그들 대다수는

위험이 얼마나 커졌나 : 1970년대 혼자 벌던 가정과 2000년대 맞벌이 가정의 비교

위험	1970년대 이후의 변화
비자발적 실업	↑150%
질병 혹은 장애로 인한 임금소득자의 근로 감소	↑100%
이혼*	↑40%
건강보험 상실	↑49%
아픈 자녀나 노인 간호를 위한 임금소득자의 근로 감소	↑1000+%

* 이혼의 경우는 자료의 한계로 역사적 비교를 할 수 없어서 오늘날의 혼자 버는 부부와 오늘날의 맞벌이 부부 각각이 직면한 이혼 위험성을 비교했다.

좁은 한 분야의 전문가여서 대개 한 가지 특정한 범주의 재난에 관해서만 글을 쓰고 토크 쇼에서 이야기한다.

그러나 가정은 깨끗하게 하나씩 구획된 상자 속의 위험을 겪는 게 아니다. 주의하든 않든 가정들은 모두 다중 위험의 그늘 아래 살고 있다. 실직할 수도 있고, 파괴적인 질병에 걸릴 수도 있고, 결혼생활에 문제가 생길 수도 있고, 허약해진 부모를 돌보게 될 수도 있다. 그리고 이 모든 일이 동시에 일어날 수도 있다. 재난은 먼젓번 재난이 해결되고 나서 새로운 재난이 닥치는 식으로 일어나지 않는다. 가정이 회복될 때까지 기다려줄 정도로 재난이 공손하라는 법은 없다.

더욱이 한 재난이 다른 재난을 촉발하는 경우도 많다. 실직으로 인해 건강보험에서 탈퇴하게 되어 과다한 의료비에 더 많이 노출될 수도 있다. 마찬가지로 실직이 이혼으로 이어질 수도 있다. 사회학자들은 재정상태가 나빠지면 부부가 더 많이 싸우고 갈라설 가능성이 높아짐

을 발견했다. 파산가정들 가운데 거의 절반은 실직, 의료문제, 가정파탄이라는 세 가지 문제 중 두 가지를 겪었다고 하고, 13가구 중 한 가구는 이 세 가지를 한꺼번에 다 겪었다고 한다. '나쁜 일은 세 가지가 한꺼번에 덮친다'는 오랜 속담을 입증하는 통계적인 증거를 댈 수는 없지만 '재난이 재난을 부른다'는 말을 뒷받침하는 실제 사례는 많다.

신의 은총이 없다면

도덕이 추락하고 있다는 증거는 거의 없고 가정을 강타하는 위험이 커지고 있다는 증거는 많은데, 악덕 채무자 신화는 왜 사라지지 않는 걸까? 왜 우리는 모두 재정파탄은 대부분의 경우 불운의 문제일 뿐이며 추락하는 도덕이 파산법원 앞의 긴 줄과 무관하다는 데 동의하지 않는가? 아마도 그 신화는 위험한 세계에서 꼭 필요한 위안을 주기 때문에 살아남는 것 같다.

가정들을 재정파탄으로 내몰기로 공모한 듯한 사건들에 뭔가 굉장하거나 신비한 것은 없다. 그것들은 아주 흔하며 평범하다. 그러나 고통스럽다. 많은 사람들이 재난에 관한 말을 들으면 혼란스럽고, 때로는 괴로우며, 아주 개인적인 기억이 떠오를 것이다. 해고돼 사무실을 떠나는 동료를 배웅한 그 당혹스러웠던 아침, 병원 응급실에서 전화가 온 그 무서웠던 순간, 미첼이 남편에게 이혼하고 싶다고 말한 그 슬펐던 날이 떠오른다. 재난의 이야기를 들으면 이미 잠을 설치게 하는 근심과 합쳐져 마음이 뒤흔들리는 사람들도 있다. 할머니의 건망증이 혹시 알츠하이머병이라면 어떻게 하나? 남편의 회사가 망하면 어떻게 하나?

바로 내 가정이 급증하는 재난의 위험에 직면할 가능성이 있다는 것은, 특히 재난이 닥칠 때 대처할 방도가 없다고 여겨질 때는 생각하기조차 고통스럽다. 악덕 채무자 신화는 재정적 기반을 상실한 가정들은 부패한 집단이고 우리와는 다른 종류의 사람들이라는 생각을 암암리에 조장한다. 심각한 재정적 곤경에 처한 사람들은 도덕적으로 문제가 있는 사람들이라고 믿을 수 있다면 일상생활의 무서운 위험에서 눈을 떼기가 보다 쉬울 것이다. 악덕 채무자 신화는 그런 사람들이 아닌 우리는 재정파탄으로부터 안전거리에 있다고 착각하게 한다. 이 신화는 재정난에 처한 누군가와 같은 처지로 나를 몰아넣을 무서운 계기를 외면하게 하고, 신의 은총이 없다면 나도 그렇게 되리라는 끔찍한 자각을 하지 않아도 되게 한다.

한 생존자의 사례

물론 모든 실직, 이혼, 질병이 파산을 낳는 건 아니다. 너무 많은 청구서와 부족한 소득의 중압 때문에 파탄을 맞는 가정도 많지만, 그렇지 않은 가정도 많다. 많은 가정들이 찢기고 난타당하지만, 그래도 그럭저럭 헤쳐 나간다.

뒤프리 일가를 보자. 자말 뒤프리는 40살인데 그 이상으로 늙어 보인다. 그의 얼굴에는 깊은 주름이 패어 있고, 커피라도 마실 양이면 잔을 잡은 손이 떨린다. 그의 곤경은 가슴의 통증과 더불어 시작됐다. 가슴이 답답한 정도의 불편함이 아니라 진짜 통증이었다. "누가 내 가슴을 움켜잡고 쥐어짜는 것 같았습니다. 나는 그렇게 아파본 적이 없습니다. 이제 죽는가보다 하고 생각했지요."

기민한 한 동료가 그를 인근 내슈빌의 병원으로 급히 옮겨준 덕분에 자말은 죽지 않았다. 심장절개 수술을 한 뒤 석 달이 지나자 자말은 다시 계단을 오를 수 있게 됐다. 그리고 다섯 달 후 그는 전기회사의 기사직에 복귀했다.

그러나 다섯 달의 휴직기간은 자말에게 너무 긴 시간이었다. 아내 트리시는 중환자실 밖에서 여러 날을 보냈고, 퇴원 후에 그를 간호하느라 몇 주를 더 보냈다. 때문에 그녀는 항공사 티켓 발매원 일을 하지 못했다. 우편으로 의료비 청구서가 날아왔을 때 뒤프리 부부는 건강보험 약관에 들어있으리라고는 전혀 생각하지 못했던 보험 비적용 및 차감 항목이 있음을 알게 됐다. "내 치료비로 한 달에 200달러 이상 들었습니다. 건강보험에 들지 않았더라면 더 어려운 상황에 몰렸을 겁니다. 그러나 건강보험이 문제를 다 해결해 주지는 못했습니다. 그들은 아주 많은 금액을 내라고 요구해 왔습니다." 자말은 복직 후 몇 주 만에 또 다시 무서운 일을 당했다. "나는 받고 있던 치료 때문에 기절을 하곤 했습니다. 샤워하던 중에 쓰러져 어깨근육을 다쳤지요. 수술이 필요했지만 비용을 감당할 수 없어 뒤로 미뤘습니다. 수술을 하면 또 거액의 청구서가 날아올 게 뻔하기 때문이었습니다."

그러나 자말과 트리시는 다른 면에서는 운이 좋았다. 자말이 항상 걱정이 많은 사람이기 때문에 고용주가 제안한 온갖 보험에 가입해 두었던 것이다. 큰 금액의 보험료를 납부하느라 그의 급여 실수령액은 대폭 줄었지만 심장발작이 일어났을 때 그 덕을 보았다. 병가기간이 끝나자 장애보험이 시작돼 종전 소득의 60%가 보험금으로 나왔던 것이다. 그는 이렇게 회상했다. "충분한 돈은 아니었지만 그 돈마저 없었다면 어떻게 됐을지 모르지요."

뒤프리 부부는 도리 없이 신용카드 대금을 연체했고, 모기지 대금도 내지 못했다. "노웨스트 모기지 회사가 여러 번 전화했습니다. 그들은 '선생님이 모기지 대금을 내시기 어렵다는 것을 압니다. 저희 사무실에 오셔서 2차 모기지를 받으시고 그 돈으로 다른 청구서 대금도 지불하십시오'라고 말했습니다." 그러나 자말은 흔들리지 않았다. 그는 세 자녀가 자라고 있는 집을 잃을 수도 있는 위험을 감수하고 싶지 않았다. 그러나 모기지 회사의 전화는 그를 두렵게 했다. 그와 아내는 긴 이야기를 나누었고, 이제부터는 어떤 일이 있어도 모기지 대금 지불을 먼저 하기로 결정했다. 요금을 못 내 가스가 두 번 끊겼고, 이 때문에 그들은 다음 급여를 받을 때까지 더운 물 없이 살았다. 전화는 거의 한 달 동안 끊겼다. 그런 가운데서도 자말은 모기지 대금만은 계속 냈다.

복직한 지 넉 달 후 자말은 편의점인 세븐일레븐에서 야간근무를 부업으로 얻었다. 트리시는 모든 초과근무를 자청했다. 장남 자레드는 주말에 피자 배달 일을 했다. 거의 매주 그는 엄마에게 20달러짜리 지폐 몇 장을 내놓았다. 누이동생이 치어리더 팀을 조직했을 때 자레드는 그녀에게 유니폼 값을 조용히 내주었다. 뒤프리 부부는 자녀의 대학 학자금으로 저축해 놓았던 돈을 빼냈고, 노후자금도 다 꺼내 썼으며, 1년 이상 외식을 하지 못했다. 그들에게는 아직 몇천 달러의 신용카드 채무가 남아있다. 자말은 또 수술해야 할 일이 생기지 않기를 기도하고 있다. 그래도 약간의 운만 따라 준다면 뒤프리 부부는 잘 해나갈 수 있을 것이다.

약간의 예방조처를

뒤프리의 이야기가 다른 많은 사람들의 이야기와 다른 것은 무엇 때문일까? 뒤프리 부부는 어떻게 해서 위기를 극복했고, 왜 그리도 많은 다른 사람들은 실패했는가? 대답의 일부는 운이다. 자말은 다행히 돌아갈 직장을 갖고 있었다. 다만 가정병가법*상 그는 일자리를 지키기에는 너무 오랜 기간 휴직했던 것이다. 다행히 트리시도 정말로 필요한 초과근무 수입을 올릴 수 있었다. 그리고 무엇보다도 그들이 취약할 때 다른 재난이 추가로 닥치지 않은 것은 행운이었다.

그러나 미리 계획을 세우고 약간의 예방조처를 취해 놓은 것도 뒤프리 가정의 생존에 도움이 됐다. 이런 뒤프리 부부의 계획과 예방조처는 모든 정책결정자들과 불안한 가정들이 배울 만한 것이다. 현명한 계획은 보험과 더불어 시작된다. 이는 모든 경제학자들이 내리는 고전적인 처방이다. 가정 또는 사업이 잠재적으로 파산위기의 가능성이 있

---

* Family and Medical Leave Act.

을 때는 언제나 보험에 가입해 두어야 한다.

뒤프리의 건강보험이 모든 부담을 떠안아 주지는 않았다. 자말은 보험료 부담이 큰 어깨근육 수술은 받을 수 없었다. 많은 가정들이 건강보험의 비적용 사항, 환자본인 부담금, 보험급여 상한선 등으로 인해 의료 치료에 예상보다 훨씬 더 많은 부담을 해야 함을 뒤늦게 알아차리곤 한다. 물리치료나 정신질환 치료와 같이 꼭 필요한 일부 의료 서비스에 대해서는 건강보험이 거의 아무런 지급도 하지 않는다. 건강보험은 가족이 큰 질병에 걸려도 재정파탄에 빠지지 않도록 보장해 주지는 않는다. 계속 의료보험에 가입해 있던 가정들 가운데 매년 약 24만 가구가 엄청난 의료비가 부분적 또는 전면적 이유가 되어 파산을 신청한다.

그러나 건강보험 증서가 없었다면 뒤프리 부부는 일말의 희망도 가질 수 없었을 것이다. 클린턴 대통령이 건강보험의 적용 대상을 모든 미국인들로 확대하기로 약속한 이래 보험 비가입자에 대한 보험적용 문제가 중요한 정치 쟁점이 돼 왔다. 그럴 만한 이유가 있었다. 건강보험의 보호를 받지 못한 탓에 파산하는 가정의 수가 해마다 15만 가구에 이른 것이었다.

질병의 타격을 받은 뒤에도 가정의 재정적 건강이 유지되도록 하는 데 더 결정적으로 중요한 또 하나의 보험은 장애에 대한 건강보험이다. 이런 지적에 대해 진보적인 정책 입안자들도 의아해 할지 모른다. 뉴딜정책 이래 미국의 가장 중요한 정책 가운데 하나가 건강보험 적용 범위의 확장이었는데 장애에 대한 보험 적용이 아직도 문제가 되느냐고 그들이 반문할 것 같다. 보험 비가입자 수를 줄이는 것은 공화, 민주 양당의 정책 우선순위에 들어 있다. 하지만 장애에 대한 보험 적용 문제는 여전히 국가적 의안이 되지 못하고 있다.

가정의 사적 안전망이 없어진 맞벌이 함정의 시대에 장애보험은 가정의 재정파탄을 방지할 수 있는 안전망이 될 수 있다. 불행히도 대다수의 근로자들은 어떠한 민간 장기 장애보험에도 들어 있지 않으며, 몇몇 주들만 주민에게 장애에 대한 보장을 제공하고 있다. 대부분의 주들에서는 근로능력이 있어야 실업보험을 신청할 수 있기 때문에 실업보험은 장애에 대해 아무런 구제가 되지 못한다. 다만 몇 가지 다행스러운 점들이 있다. 장애에 대한 보험 적용 문제를 해결하는 것은 건강보험 위기 문제를 해결하는 것보다 쉽다. 왜냐하면 장애에 대한 보험 적용 문제를 다루는 기구가 이미 존재하기 때문이다. 지금 미국의 거의 모든 근로자들이 사회보장장애보험(SSDI)* 프로그램을 통해 장기 장애보험 적용을 받는다. 남은 일은 이 SSDI 안전망에 뚫려 있는 구멍을 메우는 것인데, 그 구멍은 트럭이 빠져나갈 정도로 크다.

현행 제도 아래서는 장애로 인해 죽거나 적어도 12개월 이상 장애가 지속될 것으로 예상되는 사람들만 SSDI 장애급부금을 받을 수 있다. 게다가 항구적 질병 발생 후 5개월간의 대기기간이 있다. 자말 뒤프리와 같이 중병에 걸렸으나 1년 안에 회복될 것으로 예상되는 사람은 그 대상이 아닌 것이다. SSDI 장애급부금의 지급 대상은 중병에 걸

---

* Social Security Disability Insurance.

린 모든 사람으로 확대돼야 하고, 그 대기기간도 실업보험의 경우와 같이 몇 주 정도로 단축돼야 한다. 이렇게 하면 SSDI가 훨씬 더 많은 가정들을 재정파탄에서 구할 것이다. 장애급부금은 중병에 걸린 사람들에게만 지급될 것이지만, 그래도 모든 가정이 위기 시에 이용할 수 있는 안전망을 얻게 되기 때문이다.

더욱이 현행 SSDI의 지침에 따르면 개인이 전국의 어디에서도 아무런 일도 하지 못할 정도로 장애가 심각한 상태여야 그 혜택을 받을 수 있다. 자신이 훈련받고 평생 기능과 자격을 쌓아온 일자리에서도 그렇고, 그 밖의 다른 어떤 일자리에서도 그렇다. 다시 말해 수십 년간 전기기술자나 외과의사로 일을 해왔으나 장애가 생겨 그 직무를 다할 수 없게 된 사람이 통신판매원이나 통행료 징수원으로 일할 능력이 있다면 한 푼의 혜택도 받지 못하는 것이다. SSDI 프로그램은 많은 민간 장애보험처럼 장애의 수준에 따라 연동하는 급부금을 지급하도록 개정될 수 있고, 근로자가 재훈련을 받는 동안 급부금을 지급하는 방식으로 개정될 수도 있다.

국가가 지원하는 전반적인 장애 급부금 지원 제도가 안전망의 구멍을 메우기에 가장 이상적일 것이다. 그러나 각 가정은 그냥 앉아서 정부가 행동에 나서기를 기다릴 필요가 없다. 고용주를 통해서든 자기 스스로든 민간시장의 보험에 가입할 수 있는 것이다. 보험 대상이 확대되더라도 모든 위험으로부터 각 가정이 보호되지는 못한다. 장애보험은 가족을 간호하느라 휴직하는 사람이 아니라 자기 자신이 병에 걸린 근로자만 적용 대상으로 하기 때문에 3장에서 이야기한 카멘과 마이크를 구하지 못할 것이다. 그러나 많은 가정들이 직면하고 있는 위험은 대폭 감소시킬 수 있을 것이다. 우리는 장애보험의 전반적이고 포괄적인 적용이 매년 최대 30만의 가정이 파산을 피하는 데 기여할 것이고, 파탄 지경에 있는 그 밖의 수십만 가정에도 도움이 될 것이라고 생각한다.

부부는 자신들 또는 연로한 부모를 위해 장기 간호보험에 가입할 수도 있다. 언젠가는 장기 간호를 받아야 하게 될 위험으로부터 자신을 보호하기 위해 민간 보험에 든 노인은 전국의 모든 노인 가운데 10% 이하에 그치고 있고, 근로연령대의 성인 가운데서는 이 비율이 더 낮다. 간호보험도 발생할 수 있는 모든 사고로부터 완전한 보호를 해주지는 못하지만, 가정이 삶의 위험 중 하나를 경감시킬 수 있는 길은 될 수 있다.

우리가 제안하는 해법이 납세자들에게 추가적인 부담을 지우지 않는 것은 아니며, 민간 보험시장은 완벽하지 않다. 그러나 위 제안들은 그다지 급진적인 것이 아니어서 얼마든지 실행이 가능하다. 우리는 조세구조의 완전한 개조를 제안하지 않았고, 기업들에게 공장 문을 닫거나 근로자를 해고하지 말라고 요구하지도 않았다. 우리는 미국이 유럽 모델에 필적할 만한 준사회주의적인 안전망을 도입해야 한다고 주장하지도 않았다. 지금까지 우리가 제안한 것은 저축에 세금 혜택을 주고, 주 정부가 지원하는 장애보험의 적용 범위를 확장하고, 가정들이 불확실한 미래에 대비해 자신을 보호하는 조처를 취하도록 권장한 것뿐이다. 이런 것들은 급격한 변화나 대폭적인 조세 증가 없이도 가능하며, 공적인 부분과 사적인 부분이 혼합된 기존의 시스템 안에서 얼마든지 실행될 수 있다.

신화는 폐기돼야

"미국에서 필요한 변화는 개인이 자신의 채무에 대해 개인적으로 책임을 지게 하는 것"이라고 주장하는 오린 해치가 마음속에 품고 있는 생각이 무엇인지 궁금하다. 사람들이 실직이나 심장발작에 대해 더 큰 책임을 져야 한다는 말인가? 아니면 '책임감 있는' 가정은 모기지 대금을 연체하거나 지주에게 빚을 지는 모험을 해서는 안 되고, 따라서 해고되는 즉시 집을 팔고 거리로 나앉아야 한다는 말인가? 우리가 조사한 많은 가정들이 이미 개인적 책임을 다하는 삶을 살고 있었다. 그들은 근무시간을 줄여 연로한 부모를 돌보았고, 수천 달러의 빚을 내서 사랑하는 이에게 병원 치료를 제공했다. 그 가정들이 '개인적 책임'을 일부라도 지지 않았다면 그들의 재정 상태가 좀 덜 나빠졌겠지만, 우리는 그런 사람들을 변호하지 않을 것이다.

악덕 채무자 신화는 흉칙한 가공의 이야기에 불과하다. 그럼에도 이 신화는 가정들이 가장 지원을 필요로 하는 바로 그때에 정서적, 재정적으로 그들을 고립시키는 힘을 갖고 있다. 중산층의 안전을 강화하는 데 필요한 변화는 급진적인 것이 아니며, 큰 비용이 들지도 않는다. 그러나 변화가 필수적이라는 합의는 반드시 필요하다. 가정의 재정난은 전적으로 가정의 책임이라는 주장에 사람들이 설득되는 한 변화에 대한 요구는 나오지 않을 것이다. 가정들이 자녀를 키우기에 안전한 나라로 미국을 재건하는 어려운 일이 진척되기 위해서는 악덕 채무자 신화가 영구히 폐기돼야 한다.

맞벌이 세상 홀로 살아가기 5장

게일 프리처드는 브래드와 보낸 12년간의 결혼생활에 대해 이야기하면서 손가락으로 탁자 위를 신경질적으로 톡톡 쳤다. 그녀의 입에서는 불평이 쉽게 흘러나온다. 그녀는 전에도 같은 이야기를 여러 번 했다. 브래드는 술을 너무 많이 마셨고, 정리정돈을 할 줄 몰랐으며, 항시 가족의 생일을 잊었다고 한다. 그러나 게일은 브래드에 대해 흉을 본 뒤화가 풀려 얼굴이 부드러워졌다. "브래드는 그래도 아이들을 사랑했어요. 주말이면 그는 깊이 잠든 어린 케이틀린을 무릎 위에 놔두고 몇 시간이고 소파에 앉아 있곤 했지요. 아이가 침을 흘려도 그는 조금도 꺼리지 않았어요. 그런 사람을 어떻게 미워할 수 있겠어요?"

결혼한 지 10년이 넘어서 그들의 가정생활에 금이 가기 시작했다. "그들은 브래드가 유통부서에서 하던 일을 외주로 돌렸어요. 해직은 아니었습니다. 결코 아니었어요." 게일은 직장에서 열심히 일했고, 그래서 너무나 피곤한 나머지 브래드를 충분히 챙겨주지 못했다. 그녀는 브래드의 조울증을 '자기밖에 모르는 남자들의 태도' 정도로만 생각했다. 그러나 그때부터 브래드는 집을 떠나 며칠간 낮과 밤을 밖에서 보내곤 했다. 게일이 그때를 회상하면서 다시 화가 끓어오른다는 듯한 모습을 보였다. "보육료로 할당해둔 돈이 없어지기 시작했어요."

몇 달 후 브래드는 새로운 일자리를 찾았고 그의 어두운 기분도 걷혔지만, 상처가 남았다. 게일은 브래드가 자꾸 집에서 사라지는 이유를 알았다. 다른 여자를 만나고 있었던 것이다. 게일은 반성하며 되돌아본다. "그는 나에게 자기가 필요하지 않다고 느꼈던 것 같아요. 그는 자신감을 잃었지요. 그래서 그런 자기를 위로해줄 누군가를 찾았던 거예요." 그녀는 이제는 그게 뭐 대수냐고 말하지만, 당시에는 그가 어떤 다른 아름다운 여자를 만난다는 생각뿐이었다. "그에게서 그 여자 냄새가 났어요. 그것이 나를 미치게 했지요." 그녀는 악을 쓰면서 그의 옷가지를 마당에 내던지고 그의 야구 트로피를 부숴버렸다. 브래드는 더 이상 주저하지 않고 새로운 아파트를 얻어 나갔고, 여자친구를 그 아파트에 이사 오게 해 같이 살았다.

게일은 세 아이와 함께 자기 힘으로 살아나가야 한다는 게 걱정스러웠지만, 자신은 그렇게 하는 데 필요한 기반은 갖고 있다고 생각했다. 브래드는 그녀에게 집을 남겨주었고, 둘이 같이 소유했던 어떤 물건에 대해서도 법정에서 그녀와 다투려 하지 않았다. 그는 이혼수속 비용을 최소한으로 줄이고 싶었던 것이다. 게일은 어색한 웃음을 지으며 말했다. "'우리는 모든 것에 합의합니다' 하는 'TV 가이드'식 이혼을 한 셈이죠."

게일은 사실 가족부양자로서 훌륭한 자격을 갖추고 있었다. 커뮤니케이션 학위를 갖고 있었고, 대기업 엑손의 인사부서에서 9년간 근무한 경력도 있었다. 브래드가 이사 나갈 무렵에 그녀는 과장으로 승진했고, 회사에서 대폭적인 봉급 인상의 대상이 되어 연봉이 4만 6000달러까지 올랐다. 간단히 말해 게일은 새로 독신생활을 시작하는 현대의 중산층 엄마라면 누구라도 선망할 만한 조건을 갖추고 있었다. 그녀는 자신과 아이들은 잘해나갈 것이라고 생각했다.

그 어느 때보다 좋아졌지만

지금까지 우리는 현대 중산층 가정의 재정에 관한 거의 모든 측면을 조사하고 분석하고 살펴보고 상술했다. 그러나 우리가 중산층 가정들을 모두 다 다룬 건 아니다. 특히 재정난에 부닥친 가정에 관한 이야기 속에 가장 자주 등장하고, '재정난에 처한 부모'라고 하면 가장 먼저 머리에 떠오르는 사람들에 대해 아직 말하지 않았다. 그 사람들은 '혼자서 아이를 키우는 엄마들'이다.

편모가 빚을 지지 않고 살기란 힘들다는 게 상식이다. 물론 편부들도 존재한다. 하지만 자녀를 양육하는 편부모 중 편부보다는 편모가 압도적으로 많다. 그래서 우리는 편모인 여성들에 대해 먼저 살펴보고, 그 다음에 편부인 남성들에 대해 이야기할 것이다. 미국이 정부가 후원하는 복지 프로그램을 꿈꾸기 시작한 때보다도 여러 세대 전에는 자선단체들이 '과부와 고아'들을 지원했다. 그것은 많은 사람들이 아이가 있는 여성은 혼자 힘으로 살아가기가 어려울 것이라고 생각했기 때문이다.

이혼이 급증한 1970년대에는 과부에서 이혼한 엄마로 사회적 관심의 초점이 옮겨갔지만, 기본적인 생각은 같았다. 그 생각은 유자녀 여성은 곁에 남편이 없으면 큰 곤란을 겪는다는 것이었다. 1980년대에 사회학자 르노어 바이츠만은 이혼 후 여성의 생활수준이 이혼 전보다 73%나 하락한다는 주장을 해서 유명해졌다. 그 뒤에 여러 학자들이 이혼 여성이 겪는 생활수준 하락의 정도를 바이츠만이 과장했다는 지적도 했지만, 그녀의 기본적인 결론에 대해서는 지금도 다수가 동의하고 있다. 이혼한 엄마들의 대다수는 경제적 사다리를 몇 단계 내려가게 된다는 것이다. 이혼 후 재정적 추락은 빈곤층 여성들에게 국한된 현상이 아니다. 실제로 그런 하락은 중산층과 상류층 여성들의 경우에 가장 심하다. 왜냐하면 그들은 이혼 전에 더 높은 곳에 있었기 때문이다.

한 세대 전에 새로 떠오르는 여성운동의 힘으로 뒷받침된 여성단체들은 이혼한 엄마들이 직면하는 경제적 어려움에 대한 분명한 해법으로 여겨지는 목표를 내걸고 그 실현을 추진하기 시작했다. 그것은 바로 여성들이 더 많은 돈을 받을 수 있도록 해야 한다는 것이었다. 그들의 논리에 따르면 편모는 직장에서 돈을 더 많이 버는 경우에만, 그리고 전 남편에게서 더 많은 돈을 받아내는 경우에만 경제적 안전을 확보할 수 있게 된다. 직장에서 여성에게 더 많은 봉급을 줘야 한다는 첫째 주장은 혼인 여부와 관계없이 모든 여성의 지위를 개선해야 한다는 대의에 부합했다. 그것은 여성은 더 많은 직업훈련, 더 좋은 교육, 더 강한 직장 내 법적 보호를 받아야 한다는 주장이었는데, 한마디로 집약한다면 독신이든 기혼이든 모든 여성에게 더 많은 봉급을 주라는 것이었다. 이혼한 여성이 전 남편에게서 더 많은 돈을 받도록 해야 한다는 둘째 주장은 이혼 관련 법규에 곧바로 초점을 맞추었다. 자녀 양육을 맡은 편모에게는 그 자신의 봉급과 별도로 전 남편으로부터도 돈이 넉넉히 지원돼야 한다는 것이었고, 이런 조처가 전국의 사법당국에 의해 엄격하게 실행돼야 한다는 것이었다. 편모가 스스로 돈도 많이 벌고 전 남편으로부터 증여도 많이 받도록 하는 이중의 처방은 편모를 불안한 의존상태에서 건져내고, 그토록 간절히 필요한 재정적 안정을 편모에게 가져다줄 것으로 기대됐다.

이런 여성운동은 옳았는가? 이 문제는 우리가 추상적으로만 토론해서는 안 되는 사회적인 쟁점이다. 지난 한 세대는 여성이 취직을 하고 자녀양육비 지원을 받으면 경제적 안정을 얻을 것이라는 처방을 그대로 실행해본 거대한 실험장이었다. 이제 우리는 그 결과가 어떻게 나타났는지를 구체적으로 확인해 봐야 한다.

지난 한 세대 동안 수백만 기혼 여성들이 '스스로 자신을 보호하는 전략'을 선택했다. 이혼이 만연한 시대에 기혼 여성이 자신을 스스로 보호하기 위해 유일하게 선택할 만한 분별 있는 길은 대학을 나와 좋은 일자리에 취직하고 오래 직장에 남는 것이라는 생각이 퍼졌다. 보수적인 사회평론가 대니얼 크리텐든은 이렇게 지적했다.

나는 대다수 엄마들이 쉽게 혹은 별 생각 없이 아기를 보육시설에 맡길 수 있다고 생각하지 않는다. 그렇지 않다. 한 세대 전과 달리 오늘날 어린 아이의 엄마가 집에 남아 있을 수 없다고 느끼는 근본적인 이유는 이혼 가능성이 더 커졌다는 데 있다. 현대 여성은 자신을 스스로 부양할 수 있기를 원하는 동시에 그렇게 할 수 없게 될 수도 있는 위험성도 잘 알고 있다. 여성은 언젠가는 자신 외에 자녀를 돌보아야 한다는 두려움을 갖고 있다. 이런 두려움은 행복한 결혼생활을 하고 있는 여성들조차 직접적인 재정적 이유가 없을 때도 직장에 나가야 한다고 느끼게 하는 원인이 된다.

크리텐든이 이야기한 현대 여성의 태도는 우리의 집단적 상식을 반영한다. 여성이 직장에 나가면 경험을 쌓고 돈도 더 많이 벌 것이다. 그리고 여성이 돈을 더 많이 벌면 남편이 떠나더라도 잘 지낼 것이다. 뭐 이런 식의 이야기다.

여기서 다시 한 번 중산층 가정의 실제 상황에 초점을 맞춰보자. 저소득 편모의 곤경에 관해서는 엄청나게 많은 뉴스가 보도됐고, 그 대부분은 나쁜 뉴스였다. 교육도 적게 받고 취업 전망도 어두운 여성이 남편 없이 가난에 몰려 주, 지역사회, 아이 아빠에게서 자잘한 지원금을 긁어모아 쓰는 이야기들이었다. 만성적으로 가난한 편모는 거친 밑바닥 경제를 보여주는 생생한 상징처럼 됐다. 그러나 게일 프리처드와 같이 좋은 교육을 받고 상당한 직업 경력을 쌓았으며, 남부럽지 않은 소득을 버는데다 전 남편을 자녀양육비 지원 의무에 단단히 옭아맨 중산층 엄마들은 어떨까? 이런 여성들은 직장에 나가라는 처방을 충실히 따른 결과 지난 한 세대 동안 거의 모든 영역에 걸쳐 놀라운 이득을 얻었다. 그렇다면 그 이득은 이혼 후 가정의 재산 증가로 귀결됐어야 한다.

수백만 엄마들이 직장에 나왔을 때 어떤 일이 일어났나? 신문과 방송들은 미쓰비시라는 기업에서 여성 근로자에게 충격적인 성희롱이 가해졌다든가, 유명한 사관학교가 여성 신입생을 받아들이지 않았다든가, 멋진 골프 코스에서 여성에 대해 출입을 금지시켰다든가 하는 나쁜 소식에 초점을 두는 경향이 있다. 그런 나쁜 소식들은 머리기사로 쓰기에 좋을지 모른다. 하지만 그런 나쁜 뉴스들만 부각됨으로써 오히려 중요한 사실이 감추어져서는 안 된다. 여기서 중요한 사실이란 미국 여성들이 아주 짧은 기간에 아주 먼 거리를 왔다는 것이다.

예를 들어 여성에 대한 법적 보호 개선에 대해 생각해 보자. 직장 내 기회 균등이라는 관념이 우리의 집단의식 속에 깊이 뿌리박혔고, 이로 인해 우리는 남녀 간 경쟁이 그렇게 공평하지 않았던, 그리 멀지 않은 옛날을 잊기 쉽다. 내(엘리자베스)가 1970년에 대학을 막 졸업하고 초등학교 교사로 일하고 있을 때 공립교육청은 교사들에 대한 봉급표를 두 가지로 작성한다는 사실을 굳이 숨기려고도 하지 않았다. 그중 하나는 남자교사용이었고, 다른 하나는 여자교사용이었다. 남자교사의 봉급과 여자교사의 봉급 사이의 격차는 누구나 다 아는 것이었고, 일반 대중은 물론 교사들도 그것에 그다지 신경을 쓰지 않았다. 사실 그렇게 격차를 두는 정책은 거의 모든 '가족친화적' 직장의 일반적인 특징으로 널리 받아들여졌다. 어쨌든 남자들은 가족을 부양하기 위해 더 많은 임금을 받을 필요가 있었다. 주로 연방법 및 주법의 대범한 개혁에 따라 오늘날의 공립학교는 전국의 거의 모든 고용주와 마찬가지로 그런 구분에 입각한 보수체계를 폐지했다. 나아가 미국의 거의 모든 주요 고용주가 여성에게도 남성과 동일한 기회를 주는 정책을 공식으로 채택했다. 여성과 남성의 완전한 법적 평등을 실현하기 위한 싸움이 아직 끝나지는 않았지만, 지난 한 세대 동안 여성들은 경이적인 전진을 이루면서 직장에서 물질적 이득을 거두었다.

법의 보호에 힘입어 오늘의 여성들은 역사상 어느 다른 세대의 여성들보다 직장에 가서 일할 준비가 잘 되어 있다. 그들은 종전의 그 어느 여성 집단보다 더 많은 교육을 받았고, 어떤 측정에 따르면 이제는 여성들이 남성들보다 평균적으로 더 많은 교육을 받는다고 한다. 한 세대 전의 상황과는 정반대로 오늘의 젊은 여성들은 젊은 남성들보다 고등학교를 마치는 비율이 더 높다. 그들은 또한 더 높은 단계의 교육을 추구하는 경향이 있다. 1970년에는 대학생 10명 가운데 6명이 남자였다. 오늘날 이 수치는 정확히 역전됐다. 이제는 대학생 10명 가운데 6명이 여자다. 더 좋은 교육으로 무장한 여성들은 더 나은 직업을 갖게 됐다. 내(엘리자베스)가 직장생활을 시작할 때 나와 내 동료들은 어디로 가든 그곳에서 무언가를 최초로 달성하는 여성이었다. 1975년에 월스트리트의 명성 있는 로펌에서 인턴으로 일한 나와 내 친구

발레리는 그 회사에서 여름 인턴십을 제공받은 최초의 여성이었다. 그 여름의 인턴십 기간 내내 나는 의무적으로 입은 정장과 헐렁한 나비넥타이에도 불구하고 웨이트리스, 비서, 청소원 등으로 오인됐다. 그러나 오늘날 여성은 미국 전역의 개업 변호사 가운데 거의 3분의 1에 달하며, 어느 조직에서나 거의 남성에 견줄 만큼 관리자나 감독자의 일을 맡아 하고 있다. 여성은 또한 미국의 대학교수 가운데 41%를 차지하고 있고, 미국의 주요 기업 네 곳 중 세 곳은 한 명 이상의 여성 이사를 두고 있다.

이 모든 진보는 여성운동가들과 정치인들이 바랐던 것, 다시 말해 여성들에게 더 많은 소득을 안겨주는 것으로 이어졌다. 1960년 이후 여성의 임금은 남성의 임금보다 10배나 빨리 증가했다. 유자녀 여성도 뒤처지지 않았다. 오늘날 유자녀 여성의 임금은 무자녀 여성의 임금보다 단지 4% 적을 뿐이다. 여성의 실업 위험은 한 세대 전보다 훨씬 낮아졌고, 자기 사업을 하는 여성의 비율이 높아졌으며, 점점 더 많은 여성이 남편보다 더 많이 번다.[56] 여성이 소득에서 아직 평균적으로 남자를 따라잡지는 못했지만, 소득 증가율은 여성 쪽이 더 높다.

이처럼 이제 여성은 전보다 더 많은 돈을 벌고 있다. 그러면 자녀양육은 어떤 상태인가? 편모에 관한 거의 모든 이야기에서 '무책임한 아버지'가 등장한다. 그러한 내용의 기사에도 얼마간의 진실이 담겨 있긴 하지만, 변변치 못한 아버지를 둘러싼 모든 소동에서 또 하나의 변화를 발견할 수 있다. 그것은 여성이 전 남편에게서 돈을 받아내는 데서도 큰 진전을 이룩했다는 것이다. 한 세대 전에는 전 남편으로부터 자녀양육비를 제대로 받아내지 못하는 여성에 대한 정부의 지원이 거의 없었다. 1970년대 말에 젊은 변호사였던 나(엘리자베스)는 친구 마시가 법원의 자녀양육 명령을 이행하기 위해 전 남편의 급여를 압류하는 작업을 도왔다. 마시의 전 남편은 부유한 집안 출신의 무역업자였다. 그는 고소득 직업을 갖고 있었으면서도 집을 나간 뒤 2년 동안이나 법원이 지급하라고 명령한 양육비를 한 푼도 마시에게 주지 않았다. 그는 무책임한 아버지의 전형이었다. 그러는 동안 마시는 보조교사로서 버는 소득에 구호용 식량카드를 보태어 아기와 함께 살았다. 나는 내가 지닌 법률지식과 젊은 변호사로서의 열정에도 불구하고 군청이나 주의 관공서 어디에서도 마시를 도와줄 사람을 찾지 못했다. 마시의 혼자 힘으로는 결코 소송을 걸 수 없었고, 내가 나서서 그녀를 위해 소송 절차에 들어갔다. 그때 지방검사는 법원의 자녀양육 명령 집행 문제는 "내가 준수해야 할 직무규정 안에 들어있지 않다"고 말했다.

그런 체제는 1980년대가 되어서야 바뀌었다. 의회는 전국의 여성들에게 전 남편의 봉급을 압류할 권리를 보장해주는 일련의 법률을 통과시켰다.[57] 의회는 1984년에 자녀 양육에 관한 지침을 통일하는 법을 만들었다. 그때까지만 해도 판사는 여성들의 개인별 사례에 맞춰 판결을 내렸고, 그 과정에서 판사의 변덕이나 편견에 따라 판결 내용이 달라졌다. 양육비를 지급하지 않는 남성들에 대한 처벌도 강화됐다. 몇몇 주에서는 자녀양육비를 지급하지 않는 남자는 운전면허증이나 건설업 면허증과 같은 사업허가증을 빼앗기도록 돼 있고, 감옥에 갇힐 수도 있다. 연방정부와 주정부가 자녀양육 명령 집행을 위해 지출하는 예산은 1970년대 중엽에는 현재의 화폐 가치로 4억 달러 이하였으나 오늘날에는 30억 달러 이상이다. 법과 제도의 변경이 충분히 이뤄졌다고 할 수는 없지만, 그동안의 개선으로 수백만 여성들이 도움을 받았다. 1976년 이후 이혼한 여성 중 자녀양육비를 받는 여성의 비중은 17% 높아졌고, 결혼한 적이 없는 엄마 중 자녀양육비를 받는 비중은 300% 높아졌다.

　이런 수치들은 여성운동의 처방이 그대로 실행됐음을 보여준다. 오늘의 중산층 엄마는 역사상 어느 계층의 여성보다도 더 좋은 교육, 더 좋은 직업훈련, 더 좋은 법적 지원, 더 많은 봉급을 기반으로 해서 이혼 후 생활을 시작한다. 그들은 과거 어느 때보다 더 효과적인 동시에 국가에 의해 후원되는 자녀양육 관련 법률의 뒷받침을 받고 있다. 한 세대 만에 그들은 새로운 이득을 많이 얻었다. 그 모든 진전을 고려하면 편모들의 사정이 결혼한 부부들보다는 어렵겠지만 개선되고 있음에 틀림없다고 자신 있게 말할 수 있어야 한다. 과연 그런가?

그 어느 때보다 열악해진 편모들

그렇지 않다. 그 모든 진전에도 불구하고 오늘날의 중산층 편모는 한 세대 전의 편모보다 재정적으로 더 튼튼하지 않다. 우리가 관찰한 데이터는 직장, 학교, 법률에서 이루어진 그 놀라운 진전에도 불구하고 편모의 재정적 상황이 25년 전보다 덜 튼튼하다는 것을 보여준다.

1장에서 우리는 편모들의 파산에 관한 통계를 처음 보았을 때 느꼈던 놀라움을 이야기했다. 그것은 무언가가 잘못돼 있음을 우리에게 말해주었다. 잘못돼도 매우 잘못돼 있다. 편모들은 이제 어느 다른 인구 집단보다도, 다시 말해 노인층, 이혼한 남자, 소수인종, 빈민구역 거주자보다도 더 파산신청을 하기 쉽다. 편모는 결혼한 부부보다 50%나 더 파산하기 쉬우며, 자녀가 없는 기혼자 또는 미혼자보다 세 배나 더 파산하기 쉽다.[58]

이제 엄마 역할은 미혼이거나 이혼한 중산층 여성을 결국은 파산에 이르게 하는 원인들 가운데 첫째가는 원인이 됐다. 재정파탄에 이르는 사람들을 '편모'와 '그 밖의 사람들'이라는 두 집단으로 분류할 수 있을 정도다.

파산법원 앞에 길게 늘어선 사람들의 줄만이 재난의 현실을 보여주는 유일한 신호가 아니다. 연준 통계를 보면 편부모 11명 중 한 명이 청구서 대금 납부기한을 60일 넘게 어기고 있다. 이는 아이가 없는 결혼한 부부의 경우 이 비율이 30명 중 한 명이라는 사실과 대조된다. 편모는 집을 잃기도 더 쉽다. 주택도시개발부의 미공표 자료를 분석해보니 1980년대에 연방주택청(FHA)*이 보증한 모기지 대출로 집을 장만한 편부모 10명 중 한 명 이상이 2002년까지 법정처분으로 집을 잃

---

* Federal Housing Administration. 주택도시개발부(HUD)의 산하기관으로 1934년에 설립됐다. 모기지 대출업자에게 대출보증을 제공하는 것이 주된 업무다. 이 기관이 대출보증을 해줌으로써 주택저당증권의 유동화가 가능하고, 유동화를 통해 회수된 자금은 다시 모기지 대출 자금으로 사용된다.

었다.

편모가 직면한 어려움은 아빠 없이 자녀를 키우는 데서 오는 불가피한 결과가 아니다. 파산법원이 항상 편모들로 넘쳐나지는 않았다. 그반대였다. 1980년대 초에는 대략 한 해에 6만 9000명의 미혼 혹은 이혼 여성이 파산을 신청했다. 유감스럽게도 그녀들 가운데 자녀가 있는 비율이 얼마나 됐는지는 알 수 없다. 우리가 현재 진행 중인 연구 프로젝트는 미국 전역을 대상으로 해서 처음으로 파산신청 여성에게 자녀가 있는지 여부에 관한 정보를 수집하고 있다. 그러니 1980년대 초에도 오늘날과 같이 미혼 또는 이혼 여성들 가운데 45%에게 자녀가 있었다고 일단 가정해 보자. 당시에는 오늘날보다 혼자서 자녀를 키우는 여성의 수가 적었기 때문에 이렇게 가정하면 당시에 파산한 편모의 수가 십중팔구 실제보다 부풀려질 것이다. 그러나 어쨌든 그렇게 가정하더라도 1981년에는 기껏해야 3만 1000명의 편모가 재정파탄 위기에 처했던 것으로 계산된다. 바꿔 말하면 당시에는 1년에 편모 200명당한 명꼴로 파산신청을 했다는 이야기가 된다. 따라서 당시에는 편모가 기혼 부부나 편부보다 약간만 더 파산하기 쉬웠던 것이다(다음 페이지의 그림을 보라). 이는 대체로 한 세대 전에는 편모들이 대체로 다른 모든 사람들과 같은 재정 상태에 있었고, 거의 동일한 생존 가능성을 갖고 있었음을 의미한다.

그러나 그런 상황은 그 뒤 20년 동안 많이 바뀌었다. 오늘날에는 매년 20만 명 이상의 편모들이 파산한다. 이것은 한 해에 편모 38명 중한 명 꼴로 파산신청을 한다는 의미다. 여성이 경제, 정치, 교육, 법률

편모의 파산신청 증가 추세

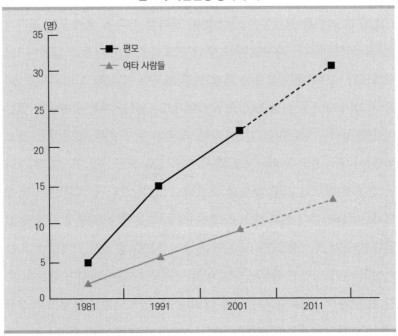

주: 세로축은 1000명당 파산신청자 수.
자료: 2001년 소비자파산프로젝트. Sullivan, Warren and Westbrook 1989 & 2000.

등 여러 전선에서 전진하고 있을 때 파산하는 편모의 수가 600% 이상 증가했고, 편모와 나머지 다른 모든 사람들 사이의 격차도 계속 확대됐다. 그동안의 추세가 지속된다면 2010년쯤에는 1년에 편모 6명 중 한 명 이상이 파산하게 될 것이다.[59]

그렇다면 이런 여성들은 여성혁명의 그늘에 남겨진 불운한 존재인가? 그들은 신문과 방송이 흔히 가난한 편모와 결부시키는 10대 엄마나 복지의존자인가? 아니다. 그래프에 표시된 여성들은 주로 중산층 여성들, 다시 말해 여성운동이 이룩한 그 모든 진보의 혜택을 누린 바로 그 여성들이다. 게일 프리처드와 마찬가지로 이 여성들도 개선된 교육기회를 잘 활용했다. 그러나 대학에 다닌 적이 있는 편모는 그보다 교육을 덜 받은 편모보다 파산할 가능성이 거의 60%나 더 크다.

그들이 더 좋은 직업을 갖고 있다는 점도 눈에 띈다. 파산법원을 찾는 편모들 가운데 의사나 변호사는 거의 없지만, 그들 대부분이 그럴듯한 직업을 갖고 있다. 그들은 다양한 직업을 골고루 갖고 있다. 하지만 자세히 살펴보면 그들 가운데 교사, 사무관리자, 행정보조원 등의 비율이 전체 인구에서 차지하는 비율보다 높다. 반면 패스트푸드점 근무자나 청소원의 비율은 전체 인구에서 차지하는 비율보다 낮다. 파산한 편모는 미국식 꿈의 달성 여부를 가르는 기준으로 흔히 언급되는 '주택 소유'를 달성한 사람일 가능성이 상대적으로 더 크다. 파산한 편모들 가운데 52%는 자기 소유의 주택이 있다. 이는 모든 편부의 36%가 자기 집 소유자인 것과 대조적이다. 그들이 어린 축에 속하는 것도 아니다. 파산한 편모들 가운데 거의 80%가 이미 30살을 넘긴 사람이다.

파산신청을 한 편모들은 멀리 떨어진 게토에 갇힌 어떤 별종 집단이 아니다. 우리가 수집할 수 있는 모든 사회지표로 보아 이 여성들은 중산층의 확고한 일부다. 그들은 이방인이 아니라 우리의 이웃이다. 그들은 이전 어느 세대의 여성들보다 더 높이 올라갔지만, 바로 그 때문에 결국은 더 많이 추락한 것이다.

갈라서기도 쉽지 않다

게일 프리처드는 남편과 헤어졌을 때 혼자 살아가는 데 필요한 거의 모든 것을 갖고 있었다. 하지만 불길한 징표가 하나 있었다. 그것은 가정의 대차대조표였다. 1999년에 프리처드 부부는 나름대로 현명한 투자라고 생각하면서 저축액 전부를 털어 '최초의 내 집'을 장만했다. 값이 10만 5000달러에 이르는, 휴스턴 교외의 방 세 개짜리 집이었다. 이로써 그들은 분명한 '유주택빈민'이 됐지만 게일은 단호했다. "나는 아이들이 '우리 집'이라는 것을 갖고, 마당에서 뛰놀고, 이웃과 사귀기를 원했어요. '우리 집'에서 자란 나는 내 아이들도 같은 경험을 해야 한다고 생각했지요."

프리처드 가족은 단순한 재정계획을 갖고 있었다. 브래드의 봉급은 가족을 부양하는 데 쓰고 게일의 봉급은 모기지 대금을 지불하는 데 쓴다는 것이었다. 그런데 브래드의 봉급이 갑자기 없어지자 게일은 곤경에 빠졌다. 그녀는 자신의 봉급으로 가족을 부양했지만, 모기지 대금을 지불할 돈은 남지 않았다. "모기지 대금이 석 달째 밀린 것은 내 소득만으로 가족을 부양해야 했기 때문이에요. 그것만으로도 정말 힘들었습니다." 법정처분 통지를 받게 되자 그녀는 파산신청을 하고 모기지 대출업자와 상환계획을 작성했다. 게일은 이렇게 회상했다. "나는 내 인생의 맨 밑바닥에 처했음을 알았습니다. 그래서 아주 많이 주저한 끝에 어쩔 수 없이 파산신청을 했죠. 나는 내 엄마처럼 다른 사람들에게 나를 구제해 달라고 계속 요청할 수가 없었던 겁니다."

그런데 파산법원이 제공한 구제도 오직 부분적인 해결책일 뿐이었다. 파산신청을 하자 주택에 대한 월 지불금이 실제로는 증가했다. 게일은 이제 대출업자가 부과한 연체료와 기한 후 이자로 1만 750달러를 추가로 내야 했는데, 그 돈은 그녀의 모기지 기간인 30년에 걸쳐서가 아니라 3년 이내에 지불돼야 하는 것이었다. 인터뷰 당시에 재산세, 모기지 대금, 유틸리티에 대한 게일의 지출은 그녀의 실수령 소득 중 거의 4분의 3에 달했다.[60] 자녀양육비 지원도 그다지 기대할 수 없었다. 전 아내에게 자녀양육비를 보낼 의무가 있는 브래드가 게일에게 매달 350달러를 보내왔는데, 그것은 주택비용의 4분의 1도 안 되는 금액이었다.

게일은 자기 집을 포기할 생각을 종종 하지만, 실제로 그렇게 하기는 꺼리고 있다. "아이들은 아빠가 집을 떠난 것만으로도 큰 불안을 이미 겪었어요. 아이들이 얼마간이라도 안정감을 느낄 수 있게 해줄 필요가 있어요. 큰 아들이 '엄마, 제가 엄마를 돕기 위해 일자리를 얻어야 한다면 그렇게 할게요. 또 이사 가고 싶지는 않아요'라고 말하더군요. 겨우 10살짜리가요." 게일은 말을 멈추고 큰 아이를 생각했다. 오줌싸개를 겨우 벗어나 아직도 밤에 무서워 취침등을 켜놓고 자는 아이가 어른이나 해야 할 심각한 걱정을 하는 것이다. 게일은 조용히 덧붙였다. "나는 할 수 있는 한 이 집을 지키는 것이 그 아이에 대한 내 의무라고 생각합니다."

게일 프리처드와 같은 편모가 직면한 경제적 어려움을 분석하는 보통의 접근법은 남편이 집을 떠난 날부터 그 뒤의 상황을 조사한다. 그리고 통상적인 일련의 질문들을 던진다. 이혼법원은 여성을 공정하게 대했는가? 판사는 충분한 자녀양육비와 생활비 지원을 명령했는가? 전 남편은 법적 의무를 다 이행했는가?

이 보통의 접근법이 지닌 문제점은 편모의 이야기 가운데 뒷부분에 지나치게 초점을 맞춘다는 것이다. 다른 많은 편모들과 마찬가지로 게일의 경우에도 재정적인 문제가 시작된 것은 그녀가 결혼했을 때, 보다 정확하게 말하면 그녀와 남편이 양쪽 수입을 모두 매월 되풀이되는 경비에 충당하기로 함으로써 맞벌이의 함정에 빠졌을 때부터였다. 이 가정에는 남편이 집을 나간 후에 추가로 직장을 구할 전업주부가 없었다. 즉 이혼 후 각종 '이혼의 비용'을 감당하기 위해 추가로 돈을 벌어 올 길이 없었던 것이다.[61]

이혼의 비용은 양쪽으로 발생하면서 점점 더 불어난다. 우선 변호사비가 있다. 이혼하려는 부부는 양쪽이 각각 변호사를 고용해야 한다. 법원도 비용을 요구한다. 우선 서류작성에 돈이 든다. 법률과 재정 관련 기록을 복사하는 데도 돈이 들어간다. 양쪽이 모든 것에 합의할 수 있더라도 비용이 상당히 많이 들어간다. 만약 양쪽이 얼른 합의하지 못하고 다툰다면 변호사들만 더 부유해진다. 법률비용은 단지 시작일 뿐이다. 둘 중 누군가는 이사를 해야 하는데 이사하는 쪽에서는 집세를 따로 내야 하고, 전화를 설치해야 하고, 당좌구좌를 새로 개설해야 하는데, 이 모든 것에 돈이 들어간다. 가구와 식기를 사는 데, 샤워 커튼을 설치하는 데 돈이 들고, 예기치 못한 비용들이 슬금슬금 지출된다. 왜냐하면 잡일을 나누어 하고 서로 도와가며 생활의 작은 긴급사항들을 처리해온 두 성인이 이제는 각각 따로 살아야 하기 때문이다. 남성은 더 자주 옷을 세탁소에 맡겨야 하고, 외식도 더 자주 해야 한다. 여성은 자동차 오일을 교환하고 배수구를 청소하는 일을 맡길 남편이 없으니 직접 해야 한다. 집에서 해야 하는 일을 나눠 해줄 남편이 없으니 아이가 아플 때 등에 결근도 더 자주 해야 할지 모른다. 남성은 이혼 후에 아이들과 함께하는 유일한 날인 토요일에는 초과근무를 포기해야 한다. 법률비용 청구서들 때문에 저축구좌에서 돈이 자꾸 빠져나가고, 지출해야 하는 각종 생활비가 늘어난다. 이럴 때 신용카드가 가계예산의 부족액을 메워줄 유일한 길인지도 모른다.

부부는 이혼한 뒤에도 삭감하기가 가장 어려운 정기적 비용을 계속 지출해야 한다. 가계예산의 최대 항목은 주택이니 주택에 들어가는 비용을 낮추는 게 살림의 규모를 줄이는 데 가장 효과적이다. 그러나 게일 프리처드와 같은 엄마들은 대차대조표에 대한 냉정한 관점을 넘어서는 행동을 한다. 그들은 가족생활이 막 해체된 바로 그 순간에 아이들을 친숙한 학교와 이웃에서 떼어내는 것에 대해 강력히 저항한다. 그리고 많은 여성들은 남편의 소득이 없어졌으니 더 싼 값의 다른 집을 사려고 할 때에도 은행에서 대출 승인을 받지 못할까봐 두려워한다. 그들은 그 귀중한 부동산을 포기하면 아이들을 위해 간직해온 중산층 삶에 대한 염원도 사라질 것이라는 공포에 시달린다.

그렇다면 어디에서 가계비용을 삭감할 수 있을까? 엄마가 매일 출근할 때 사용하는 자동차를 팔아야 하나? 어린 아이를 보육시설에 그만 보내고, 아들에게 대학을 그만두라고 말해야 하나? 건강보험을 그만둬야 하나? 이것은 더 검소하게 사는 문제가 아니다. 이런 항목들은 아빠가 더 이상 없더라도 가정이 자녀를 중산층 안에 안전하게 머물러 있게 하면서 지켜주기 위해 들이는 비용이다. 이런 것들을 포기하는 것은 재정적 실패 이상의 것을 인정하는 것이다. 그것은 부모로서 실패하는 것이다.

새로 편모가 된 여성은 어떤 상태가 되는가? 그녀는 한 세대 전의 여성보다 더 나은 교육을 받고 훨씬 더 많은 소득을 버는 삶, 즉 여성운동이 꿈꾸어온 삶을 살아왔다. 그러나 이혼 후에 비로소 자신이 얼마나 많이 추락할 수 있는지를 알게 된다.

2장에서 우리는 1970년대의 전형적인 혼자 버는 가정인 톰과 수잔 부부가 주택비용, 건강보험료, 기타 고정비용을 지불한 후에도 톰이 벌어온 소득 중 46%가 남았음을 보았다. 만약 톰과 수잔이 갈라선 뒤 수잔이 톰으로부터 자녀양육비를 받고 그녀 자신이 일자리를 얻어 취직할 경우에 수잔에게 남는 재량적 소득은 이혼 전 가구소득의 19%로 떨어진다. 이 역시 엄청난 감소다. 이 때문에 한 세대 전에도 아빠 없는 가정은 살아가기 힘들었다. 그런데 오늘날 일하는 엄마들의 경우는 사정이 더 나쁘다. 오늘날의 맞벌이 가정은 이혼하지 않아도 먹을 것, 유틸리티, 의복의 구매와 기타 재량적 구매에 소득의 25%만을 사용할 수 있다. 한 세대 전의 이혼한 여성에 비해 단지 조금 나은 상태에서 출발할 뿐이다. 오늘날 양친 가정이 짓눌려 찌그러진다고 본다면 이혼 후 여성은 더 짓눌려 으깨진다고 할 수 있다. 2000년대의 전형적인 맞벌이 가정인 저스틴과 킴벌리 부부가 이혼한다면 킴벌리의 재량적 소득은 저

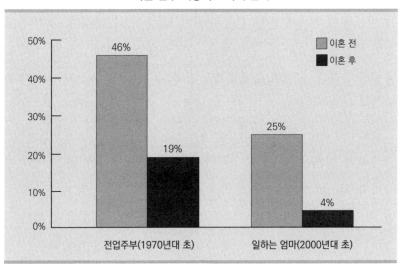

이혼 전후 재량적 소득의 변화

전업주부(1970년대 초) | 일하는 엄마(2000년대 초)

이혼 전 / 이혼 후

주: 이혼 후 세금, 모기지 대금, 보육비, 건강보험료, 차량비용 지불 후 남는 재량적 소득을 이혼 전 총가
구소득에 비교한 비율. 전업주부 엄마가 이혼 후 취업하며, 전업주부와 일하는 엄마 모두 이혼 후 자
녀양육비를 받는다고 가정했음.
자료: 소비자지출조사 분석.

스틴에게서 받는 자녀양육비를 더하더라도 이혼 전 가구소득의 겨우
4%로 추락할 것이다(그림을 보라).[62] 그녀와 남편이 한때 아이들에게
제공했던 중산층 생활은 사라져버린다.

나쁜 뉴스는 끝이 없다. 세상에 알려진 이혼의 모습을 보면, 이혼 당
사자간 최대의 싸움은 누가 무엇을 차지하는가를 놓고 벌어진다. 도널
드 트럼프와 그의 전 부인 이바나를 보라. 또는 궁금해 하는 대중에게
풍성한 위자료 꾸러미를 공개한 제너럴일렉트릭(GE)의 전 최고경영자
잭 웰치와 그의 전 부인을 보라. 그가 이랬고 그녀는 저랬고 하는 드라

마로 가득 찬, 오래 질질 끄는 전투와 지역신문에 나오는, 누가 무엇을 차지해야 하나에 관한 분쟁은 흥미 있는 이야깃거리다. 그러나 오늘의 중산층 가정은 집, 은행계좌, 자녀만을 분할하지 않는다. 채무도 분할해야 한다. 그런데 은행계좌와 달리 채무는 절반씩으로 나누지 못한다. 이혼한 부부는 공동으로 시명한 그 어떤 부채에 대해서도 각각 100%의 책임을 져야 한다.

부부가 이혼을 청구하면 자신들 사이의 계약은 파기할 수 있지만 나머지 세상에 대한 그들의 의무는 파기할 수 없다. 두 자녀의 엄마인 케네샤 브룩스는 채권채무 관련법에서 아주 비싼 교훈을 얻었다. 그녀는 전 남편이 부부의 신용카드를 가지고 사업을 해왔다는 사실을 알게 됐다. "나는 그 사업에 종사하지 않았고, 그것과 관련해 일어난 일과 아무런 관계도 없었습니다." 가정법원 판사는 케네샤의 주장을 받아들여 그녀의 전 남편에게 자녀양육비를 지불하고 부부의 채무 전액을 상환하라고 명령했다. 그러나 케네샤의 전 남편은 사업에 실패했고, 고소득 일자리도 얻을 수 없었다. 대신 최저임금만 벌 수 있는 임시직으로 흘러들어갔다. 그는 신용카드 대금과 유틸리티 요금도 지불하지 못했고, 이 때문에 이자, 벌과금, 연체료가 갈수록 쌓여갔다. 그런데 케네샤는 그런 것들이 모두 지불되고 있다고 생각했다. 결국 채무액이 전 남편 연봉의 두 배가 넘는 5만 달러 이상으로 불어났다. 그러자 채권자가 케네샤를 찾아왔다. 채무자와 채권자를 구속하는 법의 관점에서는 누가 가족사업을 경영했고 부부 사이에 어떤 합의가 있었는지는 중요하지 않다는 것을 케네샤는 그제야 뒤늦게 알았

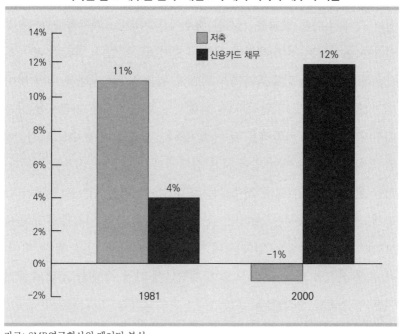

저축은 줄고 채무는 는다: 개인소득 대비 저축과 채무의 비율

자료: SMR연구회사의 데이터 분석.

다. 두 사람의 이름이 애초의 대출서류에 올라 있다면, 그리고 배우자 중 한쪽이 지불을 하지 않는다면 채권자는 다른 쪽을 찾아가 채무 상환을 요구할 모든 법적 권한을 갖고 있고 실제로 그렇게 할 것이다. 이는 이혼법정이 어떤 명령을 내리는지에 관계없이 적용된다. 부부는 그들의 생활을 더는 같이 하지 않기로 결정할 수 있지만, 그들의 경제적 운명은 이혼 후에도 여러 해 동안 이혼 전과 같이 결합된 상태로 계속 남는다.

보통의 가정에 신용카드가 없었던 한 세 대 전에는 이혼 후 채무 분할이 그리 중요한 문제가 아니었다. 그러나 오늘날의 가정은 깊은 재정난 속에서 이혼 절차를 개시할 경우에 누가 어느 채무를 지불할 것인가를 협상하는 것이 생존이 걸린 문제가 될 수 있다. 때로는 판사가 단순히 채무를 분할해 각자에게 절반씩 부담시키는 판결을 내릴 것이다. 그러나 이와 달리 판사가 전 남편에게 채무 전액을 떠안도록 하는 대신 자녀양육비 지원액을 다소 줄여주는 판결을 내릴 수도 있다. 어떤 식이든 부부는 이미 빚이 많은 상태에서 이혼을 한 대가를 치른다. 지난 한 세대 동안 평균 저축률은 소득의 11%에서 -1%로 떨어진 반면에 신용카드 채무는 소득의 4%에서 12%로 올라갔다(앞의 그림을 보라). 그 결과 현대의 엄마는 더 많은 고정비용, 더 많은 채무, 더 적은 은행 잔고를 가지고, 다시 말해 재정난에 빠질 게 뻔한 조건 속에서 이혼 후 생활을 시작한다.

맞벌이 가정과의 경쟁

편모는 살림 규모를 줄이라는 압력을 크게 받지만, 오늘날 살림 규모를 줄이기란 그 어느 때보다 힘들다. 한 세대 전의 편모는 교외 주택을 사거나 유지하기 위해 남자가 돈을 버는 가정들과 경쟁해야 했다. 아빠가 있는 가정에서 자녀를 위한 중산층 생활의 모든 구성요소, 즉 좋은 학교, 안전한 자동차, 건강보험은 보통 더 많이 버는 남성의 소득으로 구입됐다. 이혼한 엄마가 그런 것들을 유지하는 것은 힘들었다. 여성운동은 그런 여성들에게 세상살이를 더 쉽게 만들어

주겠다고 약속했다. 여성에게 더 많은 봉급이 보장되면 편모도 재정적 안전판을 얻게 될 것이라는 논리에서였다. 그러나 이 논리는 한 가지 중요한 사실을 놓치고 있었다. 그것은 편모가 노동력에 진입한 유일한 존재가 아니라는 것이었다. 이혼하지 않은 엄마들도 일하러 나왔다.

편모의 봉급이 증가할 때마다 양친 가정의 소득도 그에 상응해 오른다. 점점 더 많은 양친 가정의 엄마들이 노동시장에 진입함에 따라 편모의 소득이 증가해도 편부모 가정과 양친 가정 사이의 소득격차가 커지고 있다. 1970년대 중엽의 평균적인 유자녀 부부는 평균적인 편모보다 오늘날의 화폐 가치로 2만 9800달러를 더 벌었다. 오늘날에는 그 격차가 4만 1000달러 이상이다. 현대의 편모는 아무리 열심히 일하더라도, 그리고 초과근무를 아무리 많이 하고 훈련과정을 아무리 많이 이수하더라도 이런 격차를 결코 좁힐 수 없을 것이다.

이는 뜻밖의 결과다. 자신과 자녀에 대한 재정적 안정의 약속에 이끌려 수백만 여성들이 일터로 진군했다. 그러나 남편이 떠나면 그들은 자신의 소득은 증가했음에도 불구하고 맞벌이 세상에서 경쟁할 위치에 있지 않다는 사실을 알게 된다. 더욱이 이혼한 여성은 자신이나 전 남편이 맞벌이 소득에 의존해 중산층 생활을 해왔다는 사실을 직시해야 하며, 이제부터는 두 번째 봉급 없이 살아가야 한다. 모든 사람이 중산층 편모는 과거 어느 세대의 편모보다 더 유복할 것이라고 생각했다. 그러나 개선된 교육과 직업경력, 그리고 법원의 지원에도 불구하고 현대의 편모는 과거 어느 때의 편모보다 더 재정파탄에 이르기 쉽다.

재혼의 길

어떤 여성들은 가정에 닥치는 경제적 타격에서 살아남기 위해 재혼하
는 길을 선택한다. 초혼은 물론 재혼도 감정의 융합 및 동반자 의식 형
성과 관련된 문제다. 그러나 법정처분 통지를 받게 되면 초혼이든 재
혼이든 배우자에게서 얻을 수 있는 것에 대해 다시 생각하게 된다. 여
성혁명 후 한 세대가 지난 지금도 여성이 이혼 후 재정적 발판을 회복
하는 가장 확실한 길은 새 남편을 얻는, 그것도 빨리 얻는 것이다. 많
은 다른 편모들처럼 게일도 자신을 경제적 곤경에서 벗어나게 해줄 이
지름길을 꿈꾼다. "만약 다시 결혼한다면 남편이 단지 시간제 급여를
받더라도 나는 살아갈 수 있을 거예요." 경제적 고통에 처하면 반쪽짜
리 직업을 가진 남자도 괜찮아 보인다.

　애당초 결혼한 적이 없는 엄마의 경우는 어떤가? 파산한 편모들 가
운데 다수는 전 남편과 이혼하거나 헤어진 사람이지만, 처음부터 남편
이 없었던 사람들도 있다. 이혼한 여성은 자신이 의존해온 소득 중 하
나를 잃었으니 어려움에 처한다. 그런데 결혼한 적이 아예 없는 엄마
도 끝내 곤경에 처하게 되는데, 그건 왜 그럴까? 어떤 경우에는 그 대
답이 이혼 여성의 경우와 똑같다. 남자가 떠났기 때문이다. 법적으로
는 결혼하지 않았더라도 많은 사람들이 장기간 동거 관계를 갖고 있
다. 그런 쌍이 갈라서면 여성은 법적인 이혼은 아니더라도 경제적인

이혼을 겪게 되고, 따라서 결혼했다가 이혼한 여성과 같은 종류의 경제적 몰락을 겪게 된다. 결혼하지 않은 엄마는 애당초 짝이 없긴 했지만, 가정에 어른이 단지 한 명만 있게 된다면 역시 단기간의 실업이나 크지 않은 의료비로도 그 가정이 몇 달 안에 파탄을 맞을 수 있다.

아빠에게 더 많이 지불하게 해야 하나

프리처드 부부가 갈라선 후 브래드는 휴스턴 북부 외곽의 새 직장 근처에 간편한 아파트를 빌렸다. 그의 여자친구는 이사 와서 같이 살다가 불과 몇 달 후 떠나 버렸다. 아마도 브래드에게 곧 싫증을 냈던 것 같다.

브래드는 정유회사에서 연봉 2만 7000달러의 보조감독직 일자리를 얻었다. "나는 그 금액이 그리 나쁘지 않다고 생각합니다. 단지 전처들이 내 봉급에서 너무 많이 떼어가는 것이 문제죠. 마치 먹고 남긴 것을 내가 받아먹는 것 같습니다." 그의 첫째 부인과 게일 및 자녀들에게 지불할 몫으로 고용주는 그의 한 달 봉급에서 1200달러 정도를 공제한다. 이 금액은 브래드의 소득 중 60%가 자녀양육비로 간다는 뜻이고, 이 60%는 법률이 정해놓은 상한선이다.

숫자상 브래드는 빈곤선 이상에서 생활하지만, 빈곤선보다 단지 조금만 위에 있을 뿐이다. 그는 전에 일자리가 외주로 바뀌었을 때 건강보험을 잃었고, 변호사는 이혼수속비로 1000달러를 요구했다. 그의 아파트는 박스 위에 올려놓은 TV와 침대 겸용의 낡은 소파, 부엌 대용

널빤지 탁자만 있는 빈 깡통과 같다. 원래 시내외출을 좋아하는 태평한 남자였던 브래드도 이제는 한밤중에 악몽으로 잠을 깨기 시작했다. 그는 결혼에 두 번 실패했고, 다섯 아이들을 단지 가끔씩만 만나며, 밴에 기름을 넣을 정도의 돈도 남아있지 않다.

그렇다면 어떻게 편부모 가정이 함정에서 빠져나올 수 있을까? 거의 모든 정치인, 여성단체, 화난 엄마들이 내놓은 해법부터 검토하자. 그것은 아빠가 더 많은 돈을 지불하게 하라는 것이다.

이 주장은 큰 감정적 호소력을 갖고 있다. 그것은 남녀간 평등, 약속 준수, 아이 보호와 같은, 우리의 가장 기본적인 가치들과 부합한다. 그것은 또한 우리의 상식에도 들어맞는다. 전 남편에게 속은 결과로 수지균형을 맞추느라 힘겨운 시간을 보내는 불행한 여성의 이야기는 누구나 들어봤을 것이다. 자녀양육비를 내지 않고 도망친 남자에 관한 뉴스도 많이 들었다.

한 세대 전에는 물론이고 오늘날에도 많은 전문가들이 자녀양육비 지원을 더 확실하게 강제하는 것이 편모의 재정적 안전을 강화해줄 것이라고 확신하는 투로 말한다. 그러나 자녀양육비를 늘리는 것이 수백만 중산층 편모들의 생존에 정말로 가장 중요한 일인가? 전 남편들은 편모에게 재정적 안전성을 보장해주는 데 필요한 재산을 갖고 있고, 이제 남은 일은 전 남편들의 그런 재산을 찾아내는 것뿐인가?

미국은 교활하고 무책임한 아버지들을 색출하느라 한 세대를 보냈다. 그런데도 지금 편모들은 예전보다 더 심한 곤경에 빠져 있다. 대부분의 뉴스 보도에는 나오지 않지만, 오늘날 중산층 아빠의 압도적 다수는 브래드 프리처드와 같다. 그들은 책임진 자녀양육비를 내고 있다. 한 조사에 따르면 연간 3만 달러 이상을 버는 별거 아버지들이 법원이 명령한 자녀양육비의 95% 이상을 내고 있는 것으로 나타났다. 물론 이 통계치는 자신이 지불한 금액을 과장하는 남자들 때문에 왜곡된 것일지도 모른다. 편모들은 대개 아버지들이 지불한다고 말한 금액보다는 적게 받는다고 응답한다. 그러나 편모들에 대한 다른 조사가 비슷한 결과를 내놓기도 했다. 지속적으로 고용된 상태에 있는 아버지들의 전처 가운데 80%는 법원이 명령한 자녀양육비 전액을 지불받고 있다고 응답했다는 것이다. 이런 수치들은 아버지들로부터 추가로 받아낼 수 있는 금액이 얼마 안 된다는 생각을 하게 한다. 자녀양육비 지불을 보다 더 세게 강제하는 조치는 힘들게 살아가는 중산층 편모와 그 자녀들에게 단지 제한된 도움만을 줄 수 있다.

그렇다면 자녀양육비를 내지 않는 아버지들의 경우는 어떤가? 이런 남자들 가운데 약 3분의 2가량은 법적으로 지불할 의무가 없기 때문에 자녀양육비를 지불하지 않는다고 한다. 그들은 부권을 인정받을 수 없었거나, 별거는 하지만 아직 이혼은 하지 않은 사람들이다. 정식으로 자녀양육비 지불 명령을 받았으나 책임진 금액을 내지 않는, 악명 높은 '무책임한 아버지들'의 경우는 어떤가? 이런 자녀양육비 비지불자들은 낮은 소득으로 빈곤한 생활을 하는 사람이기 십상이다. 한 추정치에 의하면 자녀양육비를 내지 못하는 별거 아버지 10명 중 6명은 저소득자이거나, 마약중독자이거나, 새 자녀를 부양할 우선적인 의무가 있는 사람이다. 또 다른 연구는 대부분의 자녀양육비 비지불자가 근래 실직한 사람임을 보여 주었다. 이런 사람들은 운이 나쁜 경우일 수도 있고, 무책임하거나 정말로 비열한 인간일 수도 있다. 하지만 실업, 빈곤선 이하의 임금, 마약중독, 부양해야 하는 새 자녀로 인해 이 남성들이 정례적인 양육비 지불 의무를 이행하기가 훨씬 더 어려워졌다는 게 냉정한 현실이다. 이런 현실은 그 어떤 법률적 압박을 더 가해도 바뀌지 않을 것이다.

고통분담 모형

어떤 여성운동가들은 게일 프리처드와 같은 여성은 르노 바이츠만이 관찰한 바와 같은 이유 때문에 재정난에 처했다고 주장한다. 즉 "현재의 자녀양육비 지불액이 너무 적어서 엄마들이 과도한 재정적 부담을 진다"는 것이다. 이런 사고방식을 따른다면 판사들은 처음부터 남성들에게 더 많은 돈을 지불하도록 요구함으로써 자녀양육비 금액을 상당히 더 늘려야 한다. 이런 주장은 과도한 것이다. 여성단체들은 양육권을 가진 엄마가 결국 가난해질 가능성이 전 남편의 경우보다 훨씬 크며, 자녀양육비 지불액을 늘리는 것이 아이들에게 더 공평한 생활수준을 보장하는 유일한 길이라고 주장한다. 아버지 단체들은 그들대로 현재의 자녀양육 지침이 새 가정 부양과 같은 남성의 의무, 그리고 전처의 새 남편이 벌어오는 수입과 같은 여성 쪽의 가계소득 변화를 무시하고 있다고 지적한다. 자녀양육 지침이 이미 과도하게 엄격하다는 것이다. 양육비 지원 명령은 아버지의 소득 변화도 간과하고 있다. 수입 급감을 겪은 남성들에 대한 한 연구에 따르면 단지 4%만이 자녀양육비 지불액을 낮춰주도록 법원을 설득할 수 있었다.

편모를 지원하는 여성운동가들의 기본적 결론은 아마도 옳을 것이다. 그러므로 궁핍이 남성과 여성 사이에 더 공평하게 나눠지게 할 수 있을 것이다. 어떤 남자도 그의 전처보다 한 푼이라도 더 많은 재량적 소득을 갖지 않도록 하고, 이혼 후 어느 한쪽이 어려움을 겪으면 다른 쪽도 그렇게 되게 하는 방향으로 자녀양육 지침을 바꿀 수도 있을 것이다. 여러 가족법 개혁가들은 '고통분담 모형'이라고 우리가 부르는 것을 신봉한다. 그 궁극적 목표는 결혼생활이 깨졌을 때는 모든 가족 구성원이 대략 동일한 생활수준에서 출발하도록 하고 아무도, 특히 자녀와 자녀를 돌보는 사람이 결혼 실패로 인해 과도한 고통을 겪지 않도록 하는 것이다. 이 접근법에 따르면 엄마와 아동이 빈곤선 소득의 2배 수준으로 살면 전 남편도 그렇게 돼야 한다.

아주 공정하다. 그러나 결정적인 의문은 그런 변화가 오늘의 편모들을 얼마나 끌어올릴 것인가다. 고통분담 모형은 편모와 그 자녀를 재정난에서 건져낼 수 있을까? 브래드는 이미 고통분담 모형이 요구하는 수준 이상의 돈을 지불해왔다. 게일은 빈곤선의 2.8배 수준으로 살아온 데 비해 브래드는 전처 2명에게 자녀양육비를 지불한 후 빈곤선의 단지 1.4배 수준으로 살아왔다. 이 수치로 보면 게일과 그의 아이들은 전 남편보다 훨씬 더 좋은 조건에 있었다. 그럼에도 그녀는 파산했다.

물론 브래드의 상황은 그가 부양할 전처가 두 명이나 되기 때문에 특히 열악한 경우다. 이보다 더 전형적인 맞벌이 부부가 이혼한다면 어떻게 될까? 만약 맞벌이 부부인 저스틴과 킴벌리가 갈라서고 법원이 고통분담 접근법을 따른 판결을 내린다면 저스틴은 킴벌리에게 1년에 대략 1만 2400달러를 지불해야 할 것이다. 이 금액은 그의 세후 소득 중 절반에 해당한다.[63] 킴벌리의 상황은 현행 지침 아래서보다 명백히 더 좋을 것이다. 왜냐하면 그녀의 양육비 수입이 상당히 증가할 것이기 때문이다. 그러나 그녀가 집, 자동차, 보육시설, 건강보험을 유지하고자 한다면 저스틴이 자녀양육비 전액을 지불한다고 하더라도 그녀의 재량적 소득이 54% 줄어드는 결과를 맞게 될 것이다. 확실히 이 것은 현행 제도 아래서 그녀가 겪을 86% 감소보다는 좋다. 고통분담 모형은 공정함에 대한 우리의 의식에 호소력을 발휘하고, 그것이 나쁜 상황에 대한 올바른 대응일 수도 있다. 그러나 자녀양육 지침의 급격한 변화조차도 중산층 편모에게는 만병통치약이 아니며 재정적 생존을 보장하는 방책도 아니다.

아빠가 자녀의 양육 자체를 분담하면 어떨까? 갈수록 이렇게 될 가능성이 높아지고 있다. 대략 이혼하는 부부 여섯 쌍 중 한 쌍이 공동양육 판결을 받는다. 많은 부권단체들은 공동양육이 "자녀에게 가장 이롭고 자녀와 부모 양쪽의 의미 있는 관계를 촉진한다"고 주장하면서 이런 경향을 지지한다. 그런데 그 재정적 영향은 어떨까? 공동양육은 매일매일의 자녀양육에 대해 단독 책임을 지는 무거운 부담에서 엄마를 해방시키겠지만, 재정적 복지에 대한 공동양육의 전반적 영향은 좀더 복합적이다. 주택을 고려해 보자. 프리처드 부부가 갈라섰을 때 브래드가 파산법원을 피하기 위해 선택할 수 있는 유일한 길은 그가 얻을 수 있는 가장 싼 고효율의 간편한 아파트에서 사는 것이었다. 만약 그가 세 자녀가 다닐 만한 학교 근처에 있는 적당한 주택을 찾아야 했다면 수지균형을 맞추거나 두 전처에게 생활비를 지불하는 것은 꿈도 꾸지 못했을 것이다. 공동양육은 비용을 감당할 새로운 소득을 만들어내지 못하면서 가정의 주거비용만 두 배로 늘린다. 양쪽 부모가 자녀에게 번갈아 절반의 시간씩 가정을 제공할 경우 자동차, 가구, 의류, 유틸리티와 관련해서도 절감은 없고 비용만 늘어날 가능성이 크다.

공동양육은 여성에게 또 다른 심각한 재정적 부작용을 낳을 수 있다. 자녀양육비를 더 적게 받게 될 수 있는 것이다. 부모 양쪽이 모두 자녀에게 가정을 제공하게 되면 자녀양육비가 미리 정해진 한 방향으로, 즉 아빠에게서 엄마에게로 흘러가도록 법원이 판결하는 경향이 약해질 것이다. 한 연구에 의하면 판사들이 자녀양육비를 지급하지 않아도 된다고 판결할 가능성은 공동양육 명령을 내리는 경우가 엄마 쪽에 단독양육 명령을 내리는 경우의 세 배나 된다. 공동양육은 아버지를 자녀의 생활에 관여시킬 최선의 길이겠지만, 이혼한 부모의 어느 쪽에게도 재정적으로는 약속의 땅이 아니다.

돈을 다 털린 아빠들

이혼한 아버지들은 그들 자신이 일종의 신화적인 해결책이 됐다. 편모의 재정난을 염려하는 사람이라면 누구나 "아빠가 더 지불하도록 하라"는 결집된 목소리에 쉽게 가담한다. 그러나 다시 한 번 여기서 우리는 냉엄한 통계를 제시하고자 한다. 수백만 아버지들이 이미 해야 하는 지불을 하느라 애쓰고 있고 법원의 명령에 관계없이 더는 지불할 수 없을지 모른다는 데 대한 상당한 증거가 있다. 이혼한 아버지의 난지 46%만이 자신의 집을 갖고 있다. 이 비율은 결혼생활을 유지하는 아버지의 주택소유 비율에 비해 절반 정도밖에 안 된다. 이혼한 아버지는 차를 소유하고 있을 가능성도 낮다. 비결혼 상태의 비동거 아버지 세 명 중 한 명은 자신의 재정수지도 맞출 수 없어서 자신의 부모나 다른 친지와 함께 살고 있다.

우리의 통계는 이혼한 엄마들만 기록적인 수로 파산을 신청하는 것이 아님을 보여준다. 이혼한 아버지도 비슷한 정도의 곤경에 처해 있다. 2003년에 전처에 대해 자녀양육비와 생활비 지급 의무를 진 16만 명 이상의 남성들이 파산을 맞은 것으로 추정된다. 이것은 자녀양육비를 책임진 아버지가 양육비 지불 책임이 없는 독신 남성보다 세 배나 더 파산신청을 하기 쉽다는 것을 의미한다. 자녀양육비 지불 의무가 있는 비동거 아버지들은 재정난의 정도가 편모들과 거의 비슷한 유일한 집단이다.

이 남성들은 그들의 전처와 마찬가지로 재정적 혼란에 빠져 있다. 그들은 수천 달러의 법률비용은 말할 것도 없고 아파트 임대료와 새로 시작한 독신생활에 따르는 모든 부대비용을 대기 위한 돈을 마련해야 한다. 그러나 그들도 그런 비용을 감당하게 해줄 저축이 없다. 전처와 마찬가지로 많은 이혼 남성들도 이혼 후 몇 달 만에 부채를 진다. 브래드 프리처드는 이미 몇천 달러가 부족한 상태이고, 파산이 임박했을 수도 있다. "내가 서명한 청구서는 반드시 지불하도록 훈육을 받았습니다. 이것은 더 말할 필요가 없지요. 그러나 만약 일이 이런 식으로 계속된다면 나는 정말 어찌해야 할지 모르겠습니다."

브래드 프리처드 같은 남성들은 양육비 지불 의무를 피할 방책으로 파산을 신청하지 못한다. 파산법은 이 점에 대해 아주 확고하다. 모든 자녀양육비와 생활비 지불 명령은 파산신청을 하더라도 100% 그대로 유효하다. 이 남성들이 파산신청을 하면 신용카드 채무나 거액의 의료비 청구서를 피할 수 있고, 사업상 채무에서 빠져나올 수 있으며, 자동차까지 포기해서 자동차 대출금 상환 의무에서도 벗어날 수 있다. 그러나 그들은 이번 달치나 체불된 자녀양육비에서는 단 한 푼도 깎아낼 수 없다.

그렇다면 그들은 왜 파산신청을 하는가? 그들 중 다수가 시티은행이나 포드 자동차신용 회사와의 관계를 털어버리고 자녀양육 의무를 다하는 데 필요한 돈을 마련하기 위해 파산법원으로 간다. 하원의원 헨리 하이드와 그의 동료들은 이런 남성들을 "개인적 책임의식이 결여된 사람들"이라고 비난할지 모르지만, 많은 이혼한 아버지들에게 파산신청은 아버지로서 자녀를 위해 할 수 있는 가장 책임감 있는 행동일지도 모른다.

갈라서기 전부터

갈라선 가정을 안정화하는 데 아빠가 충분한 돈을 지불해 기여할 수 있다는 잘못된 생각은 일부는 희망, 일부는 절망의 산물이다. 만약 아빠가 더 많이 지불할 수 없다면 어떻게 해야 편모가 맞벌이의 함정에서 빠져나갈 수 있을까? 이혼한 아버지는 어떻게 거기서 벗어날 수 있을까? 그들도 맞벌이 가정이 하는 대로 해야 한다.

이혼한 엄마가 곤경에 처하는 것은 이혼 자체가 힘든 것이기 때문이 아니라 오늘날의 부부는 갈라서기 전에 이미 나쁜 상태에 있기 때문이다. 기혼 부부의 재정적 발판을 개선하는 것은 이혼할 경우에 홀로 생활을 시작할 때부터 더 튼튼한 재정 상태에 있게 하는 데 도움이 된다. 예를 들어 거주지에 관계없이 모든 아이가 좋은 공립학교에 취학할 수 있다면 교외주택에 대한 입찰전쟁은 가라앉을 것이고, 새로 편모가 된 여성은 좀더 적당한 수준의 모기지만 안고서 이혼생활을 시작할 수 있을 것이다. 학교 선택에 관한 정책이 바뀌어 편모가 집값이 싼 지역으로 이사해도 자녀를 반드시 친숙하지 않거나 열등한 공립학교로 전학시키지 않아도 된다면, 편모들이 살던 집을 포기하고 더 싼 집으로 이사하는 것을 그다지 꺼리지 않을 것이다. 마찬가지로 모든 아이가 공적 자금으로 운영되는 프리스쿨을 이용할 수 있게 된다면 어린 아이를 둔 편모의 가계에 더 큰 여유가 생길 것이다.

이에 더해 3장에서 설명했듯이 개인저축을 장려하는 정책과 뒤의 6장에서 설명할 부채를 억제하는 정책은 부부가 이혼할 경우에 양쪽이 이혼의 경제적 여파를 헤쳐 나가는 데 도움을 줄 것이다. 여성이 신용카드 채무가 전혀 없는 동시에 얼마간의 은행예금을 갖고서 이혼생활을 시작하게 된다면 집을 계속 보유할 가능성과 파산법원에 가지 않을 가능성이 커질 것이다. 그리고 아버지가 보다 튼튼한 재정적 발판 위에서 결혼생활을 청산한다면 자녀양육비를 지불하고 자신과 전처를 파산에 이르지 않도록 보호할 가능성이 커질 것이다. 마찬가지로 건강보험과 장애보장 적용범위를 확장하는 정책은 재난이 닥쳤을 때 가장 취약한 편부와 편모들에게 특히 유익할 것이다.

편모만 골라서 지원할 어떤 정책이 있을까? 있을 수 있다. 2장에서 살펴본 것처럼 정부가 지원하는 공적 보육의 보편적 실시는 의도하지 않은 재정적 결과를 낳을 수 있으며, 그런 결과 중 일부는 혼자 버는 양친 가정에 특히 불리할 것이다. 정부는 아이들을 돌보는 데서 이와 다른 역할을 할 수 있다. 그것은 편부모의 자녀에 대한 무료 혹은 보조금이 지급되는 보육이다. 이것은 편모가 된 여성에게 직접적이며 꼭 필요한 재정적 원조를 제공함으로써 그녀가 맞벌이 세상에서 경쟁할 수 있는 여력을 증대시킬 것이다. 게다가 양친 가정이 양친을 다 일터에 보내게 하는 압력을 높이지 않으면서 그런 작용을 할 것이다.

지난 한 세대 동안 편모는 정치적으로는 인정받게 됐다. 1000만이 넘은 편모들은 더는 정치인과 종교 지도자들에게 따돌림 당하지 않는다. 그들은 시트콤에 주인공으로 나오고, 의회 토론에서 자주 거론되며, 선거 결과에도 영향을 미친다. 그러나 그들의 경제적 운이나 불운은 그들의 결혼생활이 끝난 날에 시작된 것으로 간주되고 있다. 정치인들이 편모들을 지원한다는 입장을 대대적으로 선전함으로써 정치적 자기자본을 키우는 동안에 편모의 전 남편들은 아예 거론되지 않거나 자기 자녀를 돌보지 않는 무책임한 아빠로 비난받는다. 우리의 견해로는 그러한 모든 소란법석은 실제로 많은 중산층 엄마와 아빠들의 여건을 개선시킬 수 있는 의미 있는 변화로부터 주의를 분산시킬 뿐이다.

이혼의 경제학에 대한 현재의 견해들은 남성과 여성 사이에 참으로 오랫동안 벌어져온 싸움을 더욱 부추기기만 하고 있다. 그동안 여러 법률이 바뀌었고, 자녀양육 명령은 완벽하지는 않아도 수백만 중산층 가정에 대해 합리적으로 잘 집행되고 있다. 홀로 살든 부부가 함께 살든 모든 중산층 부모의 형편을 개선하기 위해서는 이제 신선한 접근법이 필요하다.

시멘트 구명정

1998년 5월 대통령 부인 힐러리 클린턴은 여성을 위한 정책을 지지하는 후보들을 위해 보스턴에서 열린 기금모금회에서 단연 눈길을 끌었다. 이 기금모금회의 참석자 진용은 인상적이었다. 힐러리는 당시 미국에서 가장 강력한 여성 정치인이었던 낸시 펠로시, 셰일라 잭슨 리 등 6명의 여성 하원의원과 어깨를 나란히 하고 서 있었다. 힐러리는 자신의 연설에 한 문장 한 문장마다 환호하는 거의 여성 일색의 청중 앞에서 본연의 힘차며 활기찬 모습을 보여주었다. 그녀의 연설 중 일부는 자녀보육에 대한 연방 보조금 지급, 건강보험 가입 확대 등의 정책에 관한 것이었고, 일부는 더 많은 민주당 후보가 당선되도록 돕자는 내용의 단합 호소였다. 그녀는 군중이 환호하며 펄쩍펄쩍 뛸 때 대회장을 나왔다.

그때 나(엘리자베스)는 출입구 근처의 어두운 복도에서 그녀를 기다리고 있었다. 나는 그녀로부터 만나자는 초청을 받고 거기에 갔지만,

행사 참석자 중에 아는 사람이 없었고 그녀를 따르는 수행원 중에도 아는 사람이 없었다. 그래서 나는 복도에 서서 그녀를 기다렸다. 힐러리의 비서인 듯한 젊은 여성이 행사에 참석한 사람들이 누구누구라는 둥 저 여성 의원은 붉은 네온색 정장을 입은 탓에 창백해 보인다는 둥 소곤거리는 목소리가 들려왔다. 내 뒤에서는 오버코트를 입은 두 명의 건장한 남자가 말없이 서서 모든 방향을 계속 살피고 있었다.

힐러리가 다가와 손을 내밀었다. "당신이 워런 교수님이시군요. 저는 여성과 파산에 관한 당신의 〈뉴욕타임스〉 칼럼을 읽었습니다. 그래서 당신과 이야기해 보고 싶었지요." 몇 주 전에 나는 재정난에 처한 중산층 가정에 대한 파산보호를 줄이는 내용의 법안을 하원이 통과시키려고 하는 것을 격렬하게 비판하는 칼럼을 썼다. 내가 미처 대답하기도 전에 힐러리는 고개를 옆으로 휙 돌리고 사람을 불렀다. "점심 어디에 있죠? 나 배고파요."

우리는 해진 모조가죽 의자가 있는 작은 사무실로 안내됐다. 거기에는 대통령 부인을 위한 점심으로 햄버거 반쪽, 프렌치프라이, 다이어트 콜라가 세심하게 차려져 있었고, 나를 위해서는 아이스티가 준비돼 있었다. 비서진과 보안요원들은 복도에 남았다. 그 작은 사무실에는 우리 둘 뿐이었다.

햄버거를 한 입 베어 물기에 앞서 힐러리는 곧바로 본론으로 들어갔다. "두 가지 질문을 하고 싶군요. 파산법에 의해 여성들이 어떤 영향을 받습니까? 그리고 어떻게 여성으로 하버드 법학대학원의 교수가 되셨습니까?"

그 후 25분간 나는 힐러리에게 그래프와 차트, 프로젝션을 이용해 가며 열심히 설명했다. 그녀는 음식을 빨리 먹었고, 질문은 더 빨리 했다. 나는 이 나라에서 가장 뛰어난 학생들을 포함한 수천 명의 학생에게 파산법을 가르쳐 왔지만 힐러리와 같은 사람을 본 적이 없었다. 그녀는 조급하고 번개처럼 빠르며 모든 미묘한 차이에 흥미를 내보였다. 파산제도에 관해 거의 아무것도 알지 못하는 그녀가 "전 남편이 파산신청을 하면 신용카드 채무를 면제받아 그 돈을 자녀양육비로 지불할 수 있기 때문에 편모에게 오히려 도움이 된다"는, 직관에 반하는 의외의 논리를 단 30분 만에 이해했다. 나는 의회에 계류 중인 파산법안이 가정에 대한 파산보호를 제거해 편모들로 하여금 전 남편의 소득을 놓고 신용카드 채권추심원과 다투게 만들고 그래서 가족들이 자신의 주택을 지키기가 더욱 어렵게 되는데, 그게 왜 그런지를 힐러리에게 설명했다.

나와의 토론이 끝나자 힐러리 여사는 자리에서 일어서면서 말했다. "네, 잘 알겠습니다. 그 '끔찍한 법안'을 저지하는 것이 우리가 해야 하는 일이군요. 당신이 저를 도와주시면 저도 당신을 돕겠습니다." 우리는 잠시 대학에 관한 정책에 대해 좀 더 이야기를 하면서 밖으로 걸어 나왔다. 방문을 나선 그녀는 내 어깨를 잡고 내 몸을 돌려놓은 뒤 기념촬영을 했고, 다시 나와 악수를 하고는 보좌진과 함께 자리를 떴다.

나는 그 후 힐러리가 실제로 파산법안에 반대했다는 뉴스를 보고 놀랐다. 그녀의 법률지식, 여성의 대의에 대한 그녀의 헌신 등을 고려할 때 물론 그녀가 그 문제의 중요성을 이해했을 것으로 나는 기대했다. 그러나 클린턴 대통령의 보좌진은 여러 달 동안 파산법안을 은밀히 지지해 왔다. 클린턴 대통령은 자신과 '새로운 민주당'은 재계와도 협력할 수 있음을 보여주고 싶어 했다. 게다가 주요 은행들이 파산법 개정을 위해 열심히 로비를 하고 있었다. 그래서 나는 힐러리를 남편인 클린턴의 입장에서 벗어나도록 설득하는 데는 우리가 같이한 30분보다 훨씬 더 긴 시간이 필요할 것이라고 생각했던 것이다.

그런데 힐러리는 '그 끔찍한 법안'에 반대하는 입장을 정하고 그런 견해를 고수했다. 그녀는 그 법안이 "여성과 아동에게 불공정하다"고 확신하는 듯했고, 자신의 그런 반대로 인해 민주당 대통령후보 후원금이 다소 덜 들어오게 된다고 하더라도 자신의 원칙을 지키려고 하는 것으로 보였다. 그 후 몇 달에 걸쳐 그녀는 자신의 말대로 행동했다. 그녀의 강력한 후원 아래 민주당은 의회에서 법안이 통과되는 것을 지연시켰다. 2000년 10월에 의회가 마침내 그 법안을 통과시켰을 때 클린턴 대통령은 거부권을 행사했다. 이듬해 여름에 힐러리의 한 비서가 민주당이 그렇게 갑작스럽게 입장을 반대하는 쪽으로 변경한 경위에 대해 나에게 설명을 해주었다. "힐러리가 당신을 만난 지 며칠 뒤에 우리는 파산법안에 대한 견해를 참으로 빨리 바꾸었고, 그래서 아마도 백악관 복도에는 그때 급브레이크를 밟은 자국이 아직도 남아 있을 겁니다." 힐러리 덕분에 가정들에 적어도 한동안은 한 가지 재정적 피난처가 남아 있게 됐다.

그러나 이야기는 거기서 끝나지 않았다. 은행 업계의 로비스트들은 집요했다. 클린턴은 퇴임했고, 신용카드 업계의 거대 기업인 엠비엔에이*는 부시 대통령의 선거운동 캠프에 가장 많은 헌금을 하는 기부자로 등장했다. 2001년 봄에 파산법안이 클린턴 대통령이 전해에 거부한 법안에서 본질적으로 달라진 게 없는 상태로 상원에 다시 상정됐다. 이번에는 초선 상원의원인 힐러리 클린턴이 법안에 찬성투표를 했다.

그 법안은 대통령 부인 힐러리 클린턴이 그렇게 염려한 '그 끔찍한' 조항들을 모두 삭제한 것으로 변경됐나? 아니었다. 법안의 내용은 본질적으로 전과 같았지만, 힐러리 클린턴은 그렇지 않았다. 대통령 부인으로서의 힐러리는 법안이 가정들에 나쁜 것이라고 생각하도록 설득됐고, 그녀는 자신의 신념을 위해 싸울 의지를 갖고 있었다. 그녀의 남편은 법안에 대해 거부권을 행사해야 했을 때 임기 말의 레임 덕이었다. 그래서 그는 선거운동 기부금이 없어도 괜찮았다. 그러나 뉴욕의 새로운 상원의원으로서 힐러리 클린턴은 그러한 원칙적인 견해를 유지할 수 없었다. 선거전을 치르는 데는 돈이 들고, 그런 돈은 재정난에 처한 가정들에서는 나오지 않는다. 상원의원 힐러리는 한 해에 은행 업계에서 선거기부금으로 14만 달러를 받아 상원에서 두 번째로 많은 정치헌금을 받은 의원이 됐다. 거대 은행들과 힐러리는 이제 한편에 섰다. 그녀는 그들의 지지가 필요했고, 그들은 '그 끔찍한 법안'에 대한 찬성투표를 포함한 그녀의 지지가 필요했다.

---

* MBNA. 미국의 대표적인 전업계 신용카드 회사.

규제에서 벗어난 멋진 신세계

겉보기에 평범한 수백만 중산층 가정들이 재정적으로 벼랑에서 떨어지는 데는 한 가지 중요한 원인이 더 있었다. 부모들이 중산층 주택에 대한 아순환적인 입찰전쟁에 말려드는 동시에 대학 등록금과 건강보험료가 하늘 높은 줄 모르고 치솟고, 해고가 증가하고, 이혼율이 급등하던 바로 그때 새로운 배우가 무대에 등장했다. 규제완화의 혜택을 입게 된 대출업자들이 나타나 가정에 돈이 떨어질 때마다 돈을 빌려주기 시작한 것이다.

어느 신문을 집어 들고 보더라도 미국에 가장 널리 퍼진 중독증에 관한 기사를 읽을 수 있다. 그것은 채무에 대한 결코 채워지지 않는 허기다. 지난 10년간 해마다 모기지 채무는 신기록을 경신했다.[64] 주택담보 대출*은 더 빨리 늘어나 4년 만에 150% 이상 증가했다.[65] 그리고 이제는 누구나 신용카드를 지갑에 가득 채우고서야 집을 나선다.

뉴스 매체는 왜 그 모든 채무가 쌓였는지를 설명하지 않기 때문에 독자들은 그러한 채무의 폭증이 오늘날의 도덕적, 경제적 환경의 어떤 불가피한 산물이라고 생각한다. 그러나 신문기사의 제목들이 말하는 것처럼 사람들이 어느 날 아침에 일어나보니 엄청나게 많은 물건들이

---

* home equity loan. 여기서 주택담보 대출은 주택소유자가 자신의 주택 순자산액(=집값-모기지 채무 잔액)을 담보로 해서 받는 대출을 가리킨다. 이것은 집을 구매할 때의 모기지 대출과는 다른 것이다.

필요하다는 것을 알게 되어 거액의 두 번째 모기지 대출을 받으면 몹시 기쁠 것이고 신용카드 대금 지불을 한두 번 빼먹을 수 있다면 감격할 것이라고 다 같이 동시에 생각하게 된 것이 아니다. 어느 금융학 교수가 주장한 것처럼 "신용카드를 발급받아 한도까지 다 쓰자는 전국적인 음모"가 갑자기 생겨난 것도 아니다. 그 엄청난 채무는 미국인들과 채무에 관한 거의 모든 논의에서 주목받지 못한 한 가지 매우 중요한 변화에 의해 생겨났다. 겉보기에는 사소한 소비자금융법의 작은 변화가 여러 세기 동안 변함이 없었던 가정경제를 일순간에 변화시켰다.

한 세대 전에만 해도 평균적인 가정은 오늘날에는 아주 익숙해진 종류의 재정난에 쉽게 빠질 수 없었다. 이유는 분명했다. 중산층 가정은 그리 많은 돈을 빌릴 수 없었던 것이다. 중간 수준의 재산 보유자는 한도액이 큰 다목적 신용카드를 쓸 수 없었다. 주택 가격의 125%씩이나 되는 모기지 대출은 없었다. 2차나 3차 주택담보 대출을 받아가라는 내용의 제안편지가 매일같이 오지도 않았다. '급여일 대부업자'*도 '백지 대출수표'†도 '즉시대출'도 없었고, 어느 하나의 카드로 모든 카드 채무를 모으라는 제안도 없었다. 한 세대 전에는 돈을 빌리고자 하는

---

* payday lender. 보통 15~20%의 선 수수료를 떼고 100~400달러를 2주가량 빌려주는 소액 고리대부업자를 말한다. 이 수수료를 연리로 환산하면 360~500%에 달하는 엄청난 고리다. 이것은 신용도가 낮은 저소득층이 주로 이용한다.

† live check. 은행이나 카드회사가 대출을 받으라고 소비자에게 보내는 수표를 말한다. 소비자가 서명하고 일정 한도 이내의 금액을 써 넣은 후 해당 은행에서 현금으로 바꾸거나 계좌에 예치함으로써 대출계약이 성립한다.

가정이 선택할 수 있는 방법은 몇 가지뿐이었다.

서류만으로는 돈을 빌릴 수 없었기에 반드시 깐깐해 보이는 은행원을 직접 만나야 했다. 그리고 과거의 소득신고서와 급여명세서, 신용조회서, 돈을 어떻게 상환할지에 관한 계획서 등을 제출해야 했다. 집을 새로 사기 위해 모기지 대출을 받고 싶다면 자신의 저축금으로 20%의 기초지불금을 마련해야 했다. 다른 목적으로 돈이 필요해 모기지 대출을 받고자 하는 경우에는 자신의 지출계획을 상세히 설명해야 했다. 그때 은행원이 듣고 싶어 했던 대답은 집에 방을 하나 더 만들기 위해서라거나, 새로운 차를 사기 위해서라거나, 쌍둥이를 대학에 보내기 위해서라는 등 그 범위가 아주 좁았다. 일부 소매업자들은 재고를 처리하기 위해 외상을 주었지만, '존이 새 일자리를 얻을 때까지 수지균형을 맞추기 위해서' 또는 '자녀양육비 보조금을 받을 때까지 식비로 쓰기 위해서' 등을 목적으로 한 현금대출이나 신용한도 제공은 없었다.

당시의 대출업자들이 신중한 태도를 취한 것은 은행원들이 지금보다 더 돈을 아꼈거나 미국인들이 고삐 풀린 소비의 맛을 아직 보지 못했기 때문이 아니었다. 이유는 그런 것보다 훨씬 더 강력한 것이었고, 전국의 모든 대출업자와 차입자에게 영향을 주는 것이기도 했다. 즉 법이 지금과 달랐던 것이다. 당시에 은행업은 아주 많은 규제를 받았고, 고리대 관련법은 은행이 대출에 부과할 수 있는 이자율에 엄격한 상한선을 두었다. 그 결과로 은행의 이윤 마진은 작았고, 돈을 빌리고자 하는 가정은 스스로 빚을 상환할 가능성이 아주 높다는 점을 입증해야 했다. 대출 여부에 대한 결정은 도덕주의적으로 이루어지지 않았다. 그것은 확고한 재정적 현실에 입각했다. 오늘날과 달리 당시에는 은행 금고가 이미 재정난에 빠진 가정에는 굳게 닫혀 있었다.

미연방이 성립된 이래 1970년대 말까지 이자율은 각 주가 결정할 문제였다. 각 주는 소비자 대출에 부과될 수 있는 이자율에 한계를 두었다. 법의 배후에 있는 논리는 분명했다. 주 정부는 가정의 주택을 빼앗으려는 악덕 사채업자와 공격적 대출업자로부터 시민들을 보호하기를 원했던 것이다.

그러나 주 경계 내에서 대부업을 규제할 주 정부의 권한은 모호한 연방 규제에 의해 부정됐다. 별로 알려지지 않은 연방법의 약간 모호한 어구를 해석한 1978년의 대법원 의견으로 인해 은행이 한 주에서 다른 주로 이자율을 '수출'할 길이 열렸다. 그것은 사우스다코타주에서 대출 사업을 하는 은행들이 확실한 이익을 보게 되리라는 것을 의미했다. 이자율 상한선이 다른 대부분의 주에서 12~18%였을 때 사우스다코타주에서는 24%였기 때문이다. 이로써 사우스다코타주의 은행들은 거의 모든 대출에 대한 이자율 상한선이 12%였던 뉴욕주에 거주하는 가정들에 24%의 이자율로 대출했다. 그러면서도 채무자가 상환을 할 때까지 폭력을 휘둘러가면서 채권 추심을 한 악덕 사채업자들처럼 은행 직원이 뉴욕주 감옥에 들어가게 될까봐 걱정할 필요가 없게 됐다. 새로운 법 아래서 사우스다코타주의 은행들은 뉴욕의 주민들을 상대로 대출을 해서 이윤을 올릴 수 있었고, 그런 거래에 뉴욕주의 법이 관여할 길이 없게 됐다.

곧 경주가 시작됐다. 전국 어디에서나 지역 정치인들이 이자율 상한선을 올리고자 했다. 그렇게만 하면 대출 금융기관들이 자기네 지역으로 모여들 것임을 알아차렸기 때문이었다. 각 주가 깨끗한 화이트칼라 일자리를 끌어들이고 그 과정에서 법인세 수입을 늘릴 수 있는 길이 갑자기 새로 열린 것이었다. 실제로 감당할 수 없는 고리 대출에 빠져든 가정들에는 다소간 곤경이 생길 수 있었다. 그러나 대부분의 곤경은 다른 주의 주민들에게 수출될 것이고, 반면에 일자리 창출과 조세수입 증가라는 편익은 자기네 지역에 남을 것으로 여겨졌다. 이를 미국의 마약법과 비교해 보자. 가령 사우스다코타주가 주 안에서 마리화나를 길러 전국 어디에나 파는 것을 합법화하고 연방정부가 그것을 승인했다고 하자. 사우스다코타주는 마리화나의 사회적 비용 중 극히 일부만을 부담하게 되는 반면에 그 판매이익은 전액을 거둬들이게 될 것이다. 마리화나를 합법화하면 마약중독, 건강문제, 교통사고 등 부정적인 영향을 낳겠지만 그런 영향은 새로 거둬들이게 될 돈에 비하면 아주 사소한 것으로 보이기 시작할 것이다.

대출업자들도 새로운 법이 열어준 가능성에 주목하기 시작했다. 신용대출은 더 이상 인색하게 조금씩 배분되는 희귀한 상품이 아니었다. 1980년대 중엽에 신용대출은 운동화나 청량음료와 같은 수익성 좋은 소비재가 됐고, 그 새로운 게임은 가능한 한 많이 팔아야 한다는 것이었다. 일부 고객들이 채무상환을 하지 못할 위험은 어떻게 관리할 것인가? 그 대답은 간단했다. 그것은 대출 사업부를 사우스다코타주나 델라웨어주 등 이자율 규제가 없는 곳으로 옮기고 전국의 고객에 대해 이자율을 높이는 것이었다.[66] 은행들은 일부 신용카드 고객들에게서는 돈을 잃겠지만, 더 높은 이자율 덕분에 그러한 손실은 나머지 고객들에게서 얻는 이익으로 상쇄되고도 남을 것이었다. 과거 10년간 악성채무로 인한 손실과 대손상각이 급증했지만 이윤은 더 빨리 증가했다.[67] 이 새로운 '규제 없는 세계'에서는 준엄한 얼굴의 은행원과 긴 신청서 양식이 경쾌한 광고와 사전승인된 신용대부 제안으로 대체됐다. 이제 은행은 재정난에 빠진 사람을 포함해 누구에게나 대출할 수 있고, 그러면서 상당한 이윤을 올릴 수 있게 됐다.

폭증하는 카드 빚과 2차 모기지

대출이 규제되지 않는 새로운 세계에서 새로운 제품, 즉 필요한 정도 이상의 모든 채무에 대한 광고와 제안이 가정들에 포탄처럼 퍼부어졌다. 이제 1년에 50억 달러 이상의 사전승인된 신용카드 권유 편지가 미국 전역의 우편함에 쏟아져 들어간다. 이런 식의 신용대출 권유액은 가구당 35만 달러가 넘는다.[68] 잡지에 내는 광고, 저녁식사 시간에 맞춰 거는 전화, 식료품점 봉투에 넣는 광고전단 등을 통해 더 많은 신용대출 제안이 각 가정에 퍼부어졌고, 신용카드 모집원들이 대학 캠퍼스와 쇼핑몰을 휘젓고 다녔다. 이에 따라 신용카드 채무는 1968년에 오늘날의 화폐가치로 100억 달러 미만이었던 데서 2000년에는 6000억 달러 이상으로 증가했다. 6000%가 넘는 증가였다. 한번 빚의 맛을 본 미국인들은 한도 끝도 없이 빚을 늘려갔다.

가정들은 그 모든 돈을 어디에 썼는가? 한 칼럼니스트가 주장한 것처럼 '휴가와 사치품들'에 탕진했던가? 그 칼럼니스트의 주장은 채무 상환의 의무를 다하면서 도덕적 우월감을 갖고 사는 청구서 대금 완납자들에게는 만족스러울지 모르지만 사실에는 들어맞지 않는다. 물론 누구나 쉽게 이용할 수 있는 신용대출은 더 많은 미국인들로 하여금 없어도 되는 물건들을 사도록 부추겼다. 2장에서 보았던 것처럼 오늘날 가정들은 한 세대 전보다 컴퓨터, 가전, 애완동물 먹이와 같은 재화에 더 많은 돈을 쓴다. 그러나 그들은 식량, 의복, 가재도구, 가구, 담배에는 훨씬 적은 돈만 쓴다. 신용카드 채무의 6000% 증가를 설명할 수 있을 정도로 충동구매나 사치품 구입이 지난 30년 동안 증가했다는 증거는 찾을 수 없다. 더욱이 가장 많이 증가한 지출 항목들, 예컨대 주택 비용, 건강보험료, 대학등록금, 프리스쿨 비용 등은 신용카드 청구서에 나타날 가능성이 가장 낮은 것들이다.

가정들이 더 많은 재화를 사고 있지 않다면 채무를 지고 얻는 그 많은 돈을 다 어디에 사용하는 것일까? 그들은 맞벌이의 함정이 초래하는 재정결손을 그 돈으로 메우고 있다. 입찰전쟁은 중산층 가정이 모기지 대금과 기타 고정 경비들을 지불하고 나면 재량적 소득이 거의 남지 않을 정도로 중산층 생활의 비용을 높였다. 무언가 실수라도 하면 재량적 소득은 더욱 줄어든다. 그렇다면 안 좋은 일이 생기면 어떻게 할 것인가? 맞벌이 가정은 비상상황이 닥쳤을 때 가계수지 균형을 맞추는 데 도움을 줄 전업주부가 없기 때문에 다음번 급여일까지의 생활을 채무에 의존하게 된다.

"남편이 당신을 떠나더라도 당신에겐 마스터카드가 있습니다"라고 떠벌리는 광고는 없었다. "아메리칸 익스프레스가 없다면 일자리를 잃지 마세요"라는 말도 우리는 들어본 적이 없다. 그러나 이런 식의 구호가 사실은 오늘날 신용대출의 용도를 진실에 가깝게 표현하는 것일 수 있다. 기업들이 인력 삭감을 예고하면 근로자들이 새 일자리를 얻을 때까지 살아갈 수 있기 위해 가급적 많은 신용카드 발급을 신청한다. 건강보험이 연체돼 효력이 중단되면 그 가정은 의사에게 마스터카드를 내밀고 선처를 요청한다. 그리고 아빠가 집을 나갈 경우에는 신용카드 청구서에 동봉되는 '이지(E-Z) 수표'*가 전 남편에게서 자녀양육비를 받게 될 때까지 어려운 시기를 넘기는 데 사용할 수 있는 유일한 수단이 된다. 신용카드 채무가 감당할 수 없는 수준에 이르면 가정은 모든 채무를 일거에 정리하기 위해 2차 모기지 대출을 받는다. 휴가비를 마련하기 위해 2차 모기지 대출을 받는 가정이 1가구라면 신용카드 대금과 의료비 채무를 지불하기 위해 2차 모기지 대출을 받는 가정은 61가구나 된다.[69]

파산법원은 채무로 가장 큰 곤란을 겪는 사람들을 엿볼 수 있게 해준다. 악덕 채무자 신화는 가정들이 돈을 마구 써서 파산에 이르렀으며 무분별한 소비를 하기 위해 신용카드 채무를 늘렸다고 믿게 만들려고 한다. 이런 신화의 적어도 절반은 옳다. 파산한 가정들은 신용카드 채무에 짓눌려 질식한다. 파산가정의 91%가 파산을 신청하기 직전까

---

* 백지 대출수표(live check)를 가리킨다.

지 카드 채무액을 쌓았다. 주택소유자 가운데 3분의 1은 2차, 3차 모기지 대출을 받았거나 얼마간의 현금을 얻기 위해 모기지 대출을 대환한 적이 있다. 채무의 규모는 실로 놀랍다. 파산신청자의 거의 3분의 1, 즉 40만 이상의 가정들이 연수입만큼의 신용카드 채무를 지고 있는데[70], 한 세대 전에는 사실상 그렇게 하고 싶어도 할 수가 없었다.

과소비론자들은 과소비와 비상경비 지출의 중요도를 잘못 파악하고 있다.[71] 2001년까지는 이 두 가지 이유를 합해도 파산가정의 6% 이하밖에 설명할 수 없었다. 나머지는 어쩌했던가? 파산가정의 압도적 다수는 훨씬 더 심각한 문제들에 직면해 있었다. 4장에서 살펴본 바와 같이 파산가정 중 거의 90%는 실직, 의료문제, 가정해체, 또는 이 세 가지의 어떤 결합으로 인해 파산했다.

에디스 존스 판사는 "과소비를 하고 자신의 수입 이내에서 살려고 하지 않으려는 태도가 채무를 야기한다"고 단언한다. 그녀의 이 말은 아마도 옳을 것이다. 파산한 가정들은 감당할 수 없는 의료 서비스를 받았거나 집세를 낼 돈이 별로 남지 않을 정도로 자녀양육비를 많이 지불했다는 점에서 확실히 과소비를 했다. 그들은 또한 실직한 후에도 자신의 주택과 차를 지키려고 하는 등 자신의 소득능력 이상으로 생활했다. 그러나 우리는 궁금하지 않을 수 없다. 존스 판사는 그런 가정들이 어떻게 해야 했다고 말하려는 것인가? 심장발작이 일어나도 응급실에 가지 말아야 했다는 것인가? 아빠가 집을 나간 바로 그날 아이들을 수용시설로 보내야 했는가? 아이들을 먹이지 못해 굶게 하더라도 마스터카드나 비자카드 대금은 내야 했는가? 개인적인 무책임성과 과소비를 손가락질하는 것은 확실히 만족감을 가져온다. 그러나 일부러 모르는 체하는 사람들만이 그 모든 채무의 배후에 있는 실제 이유를 인정하지 않을 것이다.

미래를 저당 잡히고

이자율 규제 완화는 겉보기에는 무관한 현상인 교외 주택에 대한 입찰 전쟁과 잘 맞물리는 것이었다. 모기지 업계는 신용카드 업계에 비해 불과 몇 년 후에 이자율 규제에서 벗어났다. 모기지 대출에 제약이 없는 새로운 세계에서 중산층 가정은 종래의 80% 한도의 모기지 대출에 더 묶여 있을 필요가 없었다. 수문이 열린 셈이었다. 주택 가격이 현실적으로 감당할 수 있는 범위를 넘어서더라도 가정들은 교외의 값비싼 주택에 입찰할 때 필요한 모든 모기지 자금을 얻을 수 있었다.

좋은 지역의 주택에 대한 경쟁은 항상 치열했고, 더 좋은 주택을 사기 위해 과중한 모기지 채무를 지는 것은 젊은층 가정에는 언제나 솔깃한 일이었다. 그렇지만 한 세대 전에는 그러한 유혹에 굴복하는 것이 불가능했다. 왜냐하면 모기지 대출업자들이 그것을 허용하지 않았기 때문이다. 그러나 오늘날에는 게임의 룰이 달라졌다. 대출업자들이 가정에서 감당하기 어려운 모기지 대출도 해주는 것이 이제는 다반사가 됐다. 이럼 점을 가장 잘 보여주는 증거는 모기지 대출업계 자체에서 내놓았다.

미국에서 모기지 대출 채권을 가장 많이 인수하는 곳은 준정부기관인 패니메이*다. 패니메이는 "월 주택 관련 지출이 총 월 소득의 25~28%를 넘지 않아야 한다"고 가정들에 조언한다. 따라서 주택비용이 수입의 40%를 초과하는 가정은 주택에 너무 돈을 많이 써서 가계 재정의 안정성이 위태로워진 '유주택빈민'으로 간주될 것이다. 그러나 유주택빈민이라는 호칭은 오해를 부른다. 유주택빈민 가운데 다수는 결코 가난하지 않다. 그들은 무서운 입찰전쟁의 와중에서 얻고 싶은 주택을 얻기 위해 사투를 벌이느라 빚을 많이 지게 된 중산층 가정들이다. 지난 한 세대에 걸쳐 수백만 가구가 맞벌이에 나섬에 따라 전체 가정 중에서 유주택빈민이나 준유주택빈민으로 분류되는 가정의 비율이 네 배 이상으로 높아졌다.[72]

한때 차입자를 거르는 결정적 장치였던 기초지불금 제도는 사실상 없어졌다. 1970년대 중엽에는 처음 주택을 구입하는 사람들이 모기지 대출을 받기 위해 평균적으로 총 주택 구입가격의 18%를 기초지불금으로 냈다. 오늘날 주택 구입대금 중 기초지불금의 비중은 3%로 낮아졌다. 처음 자기 집을 사기 전에 애써 절약과 저축을 하던 기억을 갖고 있는 사람들에게는 기초지불금 비중이 이렇게 낮아진 것이 좋은 것으로 여겨지겠지만, 이런 변화는 불길한 측면을 갖고 있다. 기초지불금

---

* Fannie Mae. 미국의 2차 모기지 시장에서 민간 금융기관의 주택저당채권을 매입해주는 준공적 회사. 주택금융업자는 이 회사에 주택저당채권을 매각하고 받은 자금으로 새로운 모기지 대출을 하며, 이 회사는 매입한 주택저당채권을 담보로 주택저당채권 유동화증권(MBS)을 발행해 자금을 조달한다. 결국 이 회사는 일반 투자자로부터 주택 구입자에게로 자금이 공급되는 과정에서 주택금융업자들과 더불어 핵심적인 역할을 한다. 2003년 말 현재 이 회사의 총자산은 7998억 달러에 달하고 자기자본은 182억 달러다.

을 마련할 수 없는 가정은 더 높은 금리와 수수료를 지불해야 하고, 대출업자들은 그러한 가정에 추가로 신용보증보험에 가입할 것을 요구한다. 어쨌든 그렇게 해서 가정들이 한 세대 전이라면 받을 수 없었을 모기지 대출을 받을 수 있게 됐지만, 대출을 받기 위해 더 많은 비용을 지불해야 한다. 더 중요한 문제는 기초지불금을 내지 않은 가정은 주택을 잃기가 더 쉽다는 점이다. 전통적인 대출업자들이 20%의 기초지불금을 요구했던 이유는 차입자의 채무불이행 가능성에 있었다. 한 연구에 따르면 구입가격 대비 5% 미만의 기초지불금을 낸 가정은 20% 이상의 기초지불금을 낸 가정에 비해 채무불이행 가능성이 15~20배가량 더 높다. 이에 대한 분명한 해법은 모기지 대출 시장에 어떤 기준을 다시 부과하는 것이겠지만, 반대로 규제완화만 계속 횡행하고 있다. 채무불이행이 늘어나고 있는데도 부시 대통령은 연방정부가 각 가정이 부담하는 기초지불금이 더 줄어들게 하는 조처를 취해야 한다고 주장했다. 그는 기초지불금이 낮기 때문에 수백만 가정이 자기 집에 남아있게 될 가능성이 낮다는 점은 생각도 하지 않는다.

이자율 규제가 붕괴하자 비우량 모기지 대출업자*라는 새로운 사업자들이 생겨났다. 비우량 모기지 대출업자들은 전통적인 저비용의 모

---

* subprime mortgage lender. 신용기록이 아예 없거나 나쁜 차입자를 대상으로 모기지 대출을 하는 업체들을 지칭한다. 비우량 모기지 대출은 1990년대에 급증했고, 2000년에는 전체 모기지 대출의 15% 정도를 차지했다. 비우량 모기지 대출 업체들의 주된 영업 대상은 저소득층과 소수인종이며, 그들이 부과하는 높은 금리를 감당하지 못하는 차입자 중에 살던 집을 법정처분 당하는 경우가 많다.

기지 대출을 받을 자격에 미달되고 신용기록이 좋지 않은 가정들에 전문적으로 고리의 주택저당 대출을 제공한다. 규제완화의 초기만 해도 비우량 모기지 대출이란 말은 아예 없었다. 그런데 1990년대 중엽에 체이스 맨해튼이나 시티은행과 같이 신용카드 대출로 두둑한 이윤을 챙긴 대형 은행들이 새로운 시장을 찾다가 비우량 모기지 대출을 만들어냈다. 그런 은행들은 신용카드 부문에서 많은 이윤을 뽑아내는 데 활용한 것과 동일한 원리를 주택저당 대출에도 적용하기 시작했다. 그 원리는 바로 고금리를 부과해서 팔고, 팔고, 또 파는 것이었다.

비우량 모기지 대출이 얼마나 비싼지를 알아보기 위해 이런 계산을 해보자. 표준적인 모기지 대출의 이자율이 6.5% 정도였던 2001년에 비우량 모기지 대출과 전통적인 모기지 대출을 모두 포함한 시티은행의 모기지 대출에 적용된 이자율은 평균 15.6%였다. 이게 무슨 의미냐 하면 시티은행에서 15.6%의 이자율로 비우량 모기지 대출을 받아 17만 5000달러짜리 주택을 구입한 가정은 30년간의 모기지 대출 기간 동안 기존의 우량 모기지 대출에 비해 이자를 42만 달러 더 지불해야 한다는 것이다. 비우량 모기지 대출 대신 전통적인 모기지 대출을 받았다면 절약됐을 42만 달러는 두 자녀를 대학까지 졸업시키고 새 차를 6대까지 사고도 안락한 노후를 위한 자금을 충분히 저축할 수 있는 금액이다.

시티은행을 비롯한 비우량 모기지 대출 회사들은 더 많은 가정들이 자기 집을 소유하도록 돕고 있다고 주장함으로써 자신들의 사업을 옹호한다. 그러나 그런 주장은 허풍 광고일 뿐이다. 비우량 모기지 대출업자들은 주택을 새로 구입하는 가정보다는 이미 자신의 주택을 소유하고 있는 가정을 먹잇감으로 삼는다는 것을 보여주는 사례들이 많다. 전체 비우량 모기지 대출 중 80%는 이미 자신의 주택을 소유한 가정들에 대한 대환대출이다. 그런 가정들에 비우량 모기지 대출을 해주는 것은 그들로 하여금 주택비용 지출을 늘리고 주택 이외의 다른 것에 대한 투자는 줄이게 하고, 무언가가 잘못되면 주택을 상실할 가능성이 높아지게 하는 것 외에 다른 의미가 없다.

비우량 모기지 대출은 규제되는 시장에서도 얼마든지 저비용 모기지 대출을 받을 수 있을 만한 사람들까지 유혹함으로써 그만큼 더 해로운 결과를 낳는다. 비우량 모기지 대출 시장에 나온 가정들 가운데 다수가 전통적인 모기지 대출을 받을 자격이 되는 중산층 가정이었다는 사실은 대출업자들 자신의 통계로도 확인된다. 예를 들어 시티은행에서 파멸적인 조건의 비우량 모기지 대출을 받아간 가정들 가운데 적어도 40% 이상은 우대금리로 대출을 받을 자격을 갖추고 있었다. 시티은행의 경우만 유일하게 그랬던 것이 아니다. 주택도시개발청의 연구에 따르면 모기지 대출을 대환한 가정들 가운데 중산층 가정은 아홉 중 하나가, 고소득 가정은 열넷 중 하나가 금리와 수수료율이 높은 비우량 모기지 대출을 받았다.[73] 그들 가운데 다수는 고금리를 부담하지 않고도 대출을 받을 수 있는데도 고금리 대출을 받은 것으로 나타났다. 간단히 말해 그들은 주머니를 털린 것이다.

왜 중산층은 더 좋은 거래조건을 적용받을 자격이 되는데도 고금리의 모기지 대출을 받았는가? 대답은 아주 간단하다. 그들은 그런 사실을 몰랐던 것이다. 남의 말을 잘 믿는 많은 가정들이 브로커나 어떤 중개인에게 유도되어 너무 비싼 모기지 대출을 받았다. 중개인들은 차입자에게 최선의 이익이 되도록 행동한다고 자처하지만, 실제로는 비우량 모기지 대출업자에게서 큰 금액의 수수료와 보수를 받고 있다. 어떤 지역에서는 브로커들이 집집마다 돌아다니면서 대출업자를 위한 정보수집꾼의 역할까지 한다. 자금을 더 많이 대출받을 수 있다는 약속에 현혹당할 수 있는 주택소유자를 찾아내 대출업자에게 연결시켜주는 것이다. 어떤 가정들은 은폐된 수수료 등 추가 비용을 부담해야 한다는 사실을 뒤늦게 알게 되지만, 그때는 너무 늦은 시점이어서 다른 대출업자를 찾아갈 수 없는 처지가 되기도 한다. 한 업계 전문가는 그런 상황을 이렇게 묘사했다. "존스 부인은 자신이 이자율 8%로 대출받는 것으로 생각하지만, 실제 서류 계약서에서는 이자율이 10%가 된다. 그러나 대출담당자나 브로커는 '걱정 마십시오. 제가 다 알아서 돌봐드릴 테니 손님은 여기에 서명만 하시면 됩니다'라고 말한다."

때로는 어처구니없는 일도 벌어진다. 그 대표적인 사례를 시티은행에서 볼 수 있다. 2002년에 시티은행의 비우량 모기지 대출 자회사인 시티파이낸셜은 기만적인 판매활동으로 기소됐고, 사건을 해결하는 데 2억 4000만 달러를 지불해야 했다. 이런 합의금 규모는 그런 종류의 소송에서 당시까지는 가장 큰 액수였다. 이 회사가 모기지 대출 상품을 어떻게 팔아먹었는지에 대해 한 전직 대출담당자는 이렇게 증언했다. "교육수준이 낮아 보이는 사람, 멍청해 보이는 사람, 소수인종인 사람, 늙었거나 나이가 어린 사람을 만나면 저는 시티파이낸셜이 부과하는 모든 부가적인 비용을 다 포함시키려고 했습니다." 달리 말하면 대출담당자들은 자신들이 속일 수 있다고 생각되는 가정들은 모두 다 고비용 대출로 유도했다.

그러한 유도 행위는 소수인종 주택소유자들에게 특히 타격을 주었다. 여러 연구에 따르면 소득과 신용등급이 똑같다고 해도 소수인종 가정이 백인 가정보다 훨씬 더 비우량 모기지 대출에 빠져들기 쉬웠다. 흑인 차입자는 백인 차입자에 비해 우량 모기지 대출 대신 비우량 모기지 대출을 받을 가능성이 450%나 더 높다는 조사 결과도 있다. 고소득의 흑인 거주지역 주민들이 저소득의 백인 거주지역 주민보다 두 배 이상 더 비우량 모기지 대출을 받는 경향도 있었다.

많은 경우 대출업자들은 단지 가정의 돈만을 원하는 게 아니다. 그들은 주택도 빼앗고 싶어 한다. 은행들은 궁극적으로는 주택의 법정처분을 노리고 사람들이 감당할 수 없는 모기지 대출 상품을 의도적으로 팔아 왔다. 이런 대출관행은 너무나 흔해져서 업계에서 '집을 차지하기 위한 대출(loan to own)'이라는 용어까지 생겼다. 대출업자들은 주택을 미상환 대출금액 이상으로 되팔 수 있다. 이 때문에 대출업자들이 단순히 매달 저당대출 상환금을 징수하는 것보다 법정처분의 수익성이 오히려 더 좋을 수 있다는 점에 주목했던 것이다.[74] 그래서 대출업자는 우선 몇 년간은 수수료와 월 상환금을 긁어모은 다음, 대출을 받아간 가정이 상환금을 연체하기를 기다렸다가 주택을 빼앗는다. 모든 가능한 수단을 구사하는 것이다. 대출업자는 가정이 상환금을 낼수 있으면 높은 금리로 이윤을 얻고, 가정이 상환금을 내지 못하게 되면 주택을 빼앗아 팖으로써 더 많은 이윤을 얻는다.

그 결과는 이렇다. 모기지 대출에 대한 규제완화가 이뤄진 지 20년이 지난 오늘날의 주택소유자는 한 세대 전의 주택소유자에 비해 법정처분으로 집을 잃을 확률이 3.5배나 된다.[75] 이것은 경제학자들의 예상과 어긋나는 결과다. 그들의 예상에 따르면 기록적인 저금리와 상승하는 주택가격이라는 최근의 경제여건 속에서는 주택 법정처분의 비율이 높아지기보다 낮아져야 한다. 그럼에도 주택 법정처분의 비율이 높아졌다는 것은 모기지 대출업자들의 횡포가 심하다는 것 말고는 달리 설명되지 않는다. 마음대로 규칙을 정하도록 허용된 모기지 대출업자들이 점점 더 많은 수의 가정들에 고통을 초래했다. 그 과정에서 '집을 차지하기 위한 대출'이 늘어났고, 기초지불금 제도는 소멸했으며, 고금리 비우량 모기지 대출로의 대환이 급증하면서 희생자가 많아졌다.

이렇게 해서 가정의 지출이 한 세대 만에 큰 변화를 겪었다. 1970년대 말과 1980년대 초에 소비자대출에 대한 규제가 완화되자 대출업자들이 순진한 대중에게 복잡하고 잠재적으로 위험한 상품을 팔기 시작했다. 더 이상 나쁠 수 없을 정도로 최악의 시점에 그런 일이 벌어졌다. 미국 전역에 걸쳐 기업들이 군살빼기를 하고 있고, 근사한 주택에 대한 입찰전쟁이 가열되고 있으며, 전업주부가 제공했던 다목적 안전망이 가정에서 제거되고 있을 때 익사하려는 가정들에 얼핏 구명정처럼 보이는 손쉬운 대출이 대거 던져졌다.

돈이 있는 곳

"왜 은행을 터는가?" 1940년대의 유명한 은행강도 윌리 서턴은 이렇게 대답했다. "바로 그곳에 돈이 있기 때문이다." 대개의 사업들이 운영되는 방식도 그렇다. 사업자들은 대개 돈이 있는 고객들을 상대함으로써 이윤을 얻는다. 대출업이 영위되는 방식도 마찬가지다. 대출회사는 상환할 돈을 갖고 있거나 곧 갖게 될 사람들에게 대출을 해준다.

　미국에서 채무자들의 속성 변화에 대해 많은 말들이 있었다. 사람들이 옛날에 가졌던 것과 같은 근로윤리를 이제는 갖고 있지 않고, 청구서 대금을 지불하기 위해 예전처럼 열심히 일하지 않는다는 등의 이야기를 흔히 듣게 된다. 나(엘리자베스)의 연로한 아버지도 대공황 기간 동안 밀린 청구서 대금을 지불하기 위해 수년간 열심히 일하던 가난한 가정들의 이야기를 들려주면서 같은 의견임을 밝혔다. 아버지는 1904년에 오클라호마의 농촌에서 할아버지가 문을 연 농업용품 가게 '허링 하드웨어'에 관해 말씀하시곤 했다. 1930년대에 대공황에 이어 모래폭풍이 닥쳐서 농촌의 가정들이 더는 고만고만한 농장만으로는 살아갈 수 없게 되자 많은 사람들이 짐을 꾸려 서부로 향했다. 그것이 바로 존 스타인벡의 《분노의 포도》가 전 미국인의 기억에 또렷이 새겨 놓은 대탈출이었다. 그때 서부로 떠난 가정들 가운데 일부는 고향에 남겨놓은 부채를 결코 잊지 않았다. 그로부터 20년 뒤에도 할아버지는 20달러짜리 수표 몇 장과 메모가 들어 있는 편지를 가끔 받곤 했다. "돈을 보냅니다. 우리는 마침내 약간의 돈을 모았답니다. 이 돈을 내 장부에 올려주시고, 내가 더 갚아야 할 게 남아 있는지 알려주세요. 아일린이 에셀에게 안부를 여쭙니다." 아버지는 이런 이야기를 마칠 때면 의자에 등을 기대고 "좋은 사람들이었어. 빚진 것을 끝까지 갚는 선한 사람들이었지"하고 회상에 젖곤 했다. 그는 "그런데 사람들이 이제는 그렇지 않아"라고 단호하게 말했다.

그러나 내 아버지를 비롯해 가치관의 변화에 대해 이야기하는 사람들은 한 가지 아주 중요한 사실을 간과하고 있다. 그동안 변한 것은 차입자들만이 아니다. 대출업자들도 변했다. 대출업자들이 그들로부터 돈을 빌리는 사람들보다 틀림없이 훨씬 더 많이 변했을 것이다. 대부분의 사람들은 청구서 대금을 연체하거나 잊어버리면 사회에서 배척당할 것이라는 다소 과민한 의식을 갖고 살면서 방심하지 않고 자신의 신용등급을 지킨다. 그들이 깨닫지 못하고 있는 것은 차입자가 채무의 일부만 지불하거나, 청구서 대금을 연체하거나, 신용등급이 떨어지면 오히려 더 많은 대출 제의를 받는다는 사실이다. 그런 차입자는 단지 운이 다했거나, 청구서 대금을 연체했거나, 돈이 떨어진 사람이기만 한 것이 아니다. 그는 한 엘리트 집단의 일원, 즉 '대출업계에 가장 수익성 있는 고객집단'의 일원이 된 것이다.

미국 최대의 신용카드 발행사인 시티은행의 사례를 검토해 보자. 1990년에 나(엘리자베스)는 40명가량의 이 은행 대출담당 간부들에게 1일 컨설턴트로서 강연할 기회가 있었다. 시티은행은 재정난에 처한 카드 소지자들로 인해 많은 손실을 입고 있다면서, 내 연구 결과를 이용해 대책을 제시해 달라고 부탁했다. 나는 파일 홀더에 수십 장의 차트를 챙겨 넣고 시티은행의 뉴욕 본부에 도착했다. 나는 밝게 조명된 커다란 회의실로 안내됐다. 의자마다 빳빳한 셔츠와 실크 넥타이, 검은색 정장으로 차려입은 사람들이 앉아 있었다. 우리는 점심도 회의실 탁자에서 먹고 하루 종일 함께하면서 실업이 대출금 상환 불이행에 미친 영향과 맞벌이 가정의 파산 증가 등에 대해 토론했다. 저녁 때 강의를 마무리하면서 나는 내 권고안을 제시했다. 그것은 그리 놀라울 것도 없는 한 가지 생각으로 요약될 수 있는 것이었다. 이미 명백한 재정난에 처한 가정에 대해서는 대출을 중단하라는 것이 그것이었다. 그 권고안은 시티은행이 채택해 실행하려고만 한다면 아주 쉽게 실행할 수 있는 것이었다. 시티은행은 대다수 차입자들, 특히 신용보고서에 불량 표시가 된 사람들에 대한 방대한 데이터를 갖고 있었다. 나는 내 권고안이 몇 달 내로 실행되면 시티은행의 파산 관련 손실은 아마도 50% 정도는 줄어들 것이라고 설명했다.

회의실은 투덜대는 이들로 웅성거렸고, 여러 명이 손을 번쩍 들어 발언 신청을 했다. 내가 누군가를 지명하기도 전에 약간 나이든 사람이 발언을 시작했다. 그는 하루 종일 아무 말도 하지 않고 그저 의자에 기대앉아 내게 약간은 곤혹스러움이 담긴 웃음을 보낸 사람이었다. "워런 교수님!" 하고 그는 말을 시작했다. 회의실은 곧 조용해졌다. 그 때 내가 회사의 위계서열을 미처 알아차리지 못했음을 깨달았다. 그 사람은 회의실 안에 있는 어느 누구보다도 지위가 높은 사람이었다. "당신의 설명에 감사드립니다. 정말 감사합니다. 그렇지만 우리는 그런 사람들에 대한 대출을 줄이는 데는 관심이 없습니다. 바로 그들이 우리의 이윤 대부분을 가져다주는 사람들이거든요." 그 말만 하고 그는 일어섰고, 그것으로 강연회는 끝났다. 나는 그곳을 떠났고, 그 뒤로는 매달 신용카드 대금 청구서를 보내오는 것 말고는 시티은행에서 아무런 연락도 받은 게 없다.

시티은행은 소비자신용의 새로운 경제학을 알고 있었다. 신용카드 발행자는 재정난에 빠진 가정들에 많은 돈을 빌려주고 높은 수수료와 이자를 물려서 이윤을 얻는다. 신용카드 이윤의 75% 이상이 회전결제를 하는 사람들에게서 나온다. 26%의 이자율로 회전결제를 하는 사람들은 누구인가? 연체 수수료, 초과지출 수수료, 현금서비스 수수료를 무는 사람들은 누구인가? 빠듯하게 살아가는 가정들, 재정적인 생존과 파산 사이에서 불안하지만 균형을 잡으며 살아가고 있는 가정들이 바로 그들이다. 대출업자들은 그들을 골라내어 특별제안, 개인맞춤 광고, 대출권유 전화를 퍼부어댄다. 그 목적은 오직 한 가지로, 그들로 하여금 더 많은 돈을 빌려 가게 하는 것이다.

4장에서 소개한 자말 뒤프리는 심장발작을 일으켜 몇 달간 일도 하지 못하고 모기지 대금을 연체한 후에 모기지 대출업자에게서 끈질긴 대출 권유를 받았다. 자말이 연체하기 시작하자 곧바로 모기지 회사들이 그에게 또 다른 모기지 대출을 받도록 설득할 목적으로 수십 통의 맞춤 편지를 보내왔다. "그들은 내게 '당신에게는 휴가가 필요합니다. 1000달러를 대출받으시고 90일 뒤에 갚으십시오'라고 쓰인 통지서를 보내곤 했습니다. 거기엔 이런 말도 들어 있었지요. '만약 당신이 90일 이내에 갚지 않으면 22%의 이자율을 부과합니다.'" 그가 그런 편지에 응답하지 않자 모기지 회사들은 집으로 일주일에 네 번 정도씩 전화를 걸어오기 시작했다. 연체된 대금을 받으려고 전화한 게 아니었다. 오히려 더 많은 채무를 지는 계약서에 서명하라는 전화였다. 자말은 거절했지만, 모기지 대출업자들은 포기하지 않았다. "내가 거절하자 그들은 직장에서 근무 중인 내 아내에게 전화를 걸어 그녀로 하여금 나를 설득하게 만들려고 하더군요."

오늘날의 대출업자들이 사용하는 이런 전략은 은행원들이 한 세대 전에 썼던 접근법과 정반대다. 그 시절에는 지금처럼 채무상환을 가능한 한 오래 하도록 하는 것이 아니라 제때에 상환하도록 했다. 허링 하드웨어는 대출의 대부분을 상환 받았고 심지어는 대공황기에도 대출을 많이 했지만, 그 대출정책은 오늘날 대출업자들의 그것과는 근본적으로 달랐다. 오늘의 대형 은행들과 달리 허링 하드웨어는 어느 한 가정이 재정난에 처하면 그 가정에 대한 대출을 즉각 중단했다. 할아버지 허링은 "프레드, 비료값이 연체됐군. 새 요리기계를 살 수 있도록 내가 돈을 좀더 빌려줄까?" 하고 제안하는 편지를 보내는 일은 꿈도 꾸지 않았다. 당시에는 지역은행도 첫 번째 모기지 대출의 상환을 제때 하지 못한 가정에 2차 모기지 대출을 받아가라고 제안하지 않았다.

또 하나의 중요한 차이가 있다. 사람들이 할아버지의 가게에서 외상구매를 할 때 할아버지는 그들에게 한 달에 단지 1%의 금리만을 부과했다. 그도 그랬지만 은행도 어떤 벌과금이나 변동금리를 매기지 않았다. 어떤 사람이 지불을 못 해도, 그에게 적용되는 금리는 여전히 한 달에 1%였다. 오늘날에는 그런 관행이 없어졌다. 자말에게 접근한 모기지 대출업자들처럼 많은 은행들도 어떤 사람이 며칠만 상환기일을 어겨도 그에게 적용하는 이자율을 두 배 혹은 세 배로 올린다. 게다가 수수료까지 덧붙인다. 2003년에 신용카드 회사들은 내 할아버지 세대에서는 들어보지도 못했던 벌과금인 연체료로 70억 달러 이상을 부과한 것으로 추정된다. 이는 10년도 채 안 되는 사이에 신용카드 회사들의 연체료 수입이 네 배가 됐음을 의미한다.[76] 게다가 내 할아버지는 우편으로 수표를 받으면 대출 원금을 그만큼 줄였다. 할아버지는 변경된 이자율에 의한 복리 이자, 조기상환 수수료, 연체료로 인해 원금이 800달러였던 빚이 4000달러로 늘어났다고 통지하는 일은 꿈도 꾸지 못했다.

대출업자가 보낸 회수인

대출업자들이 거의 파산 지경에 처한 사람들을 추가대출의 표적으로 삼는 이 시대에 그들은 어떻게 대출금 회수를 스스로 보장할까? 대출업자들이 폭력을 휘두르는 '해결사'를 고용하지는 않는다. 그러나 돈을 벌기 위해 사람들을 추적하는 일을 하는 많은 추심 전문가들이 그들을 돕고 있다.[77] 이 전문가들이 대부분의 시간을 보내며 하는 일이란 각 가정에 전화를 걸어 지불 날짜가 지났다는 것을 상기시키고 지불을 하도록 압박하는 것이다. 자말 뒤프리의 경우처럼 대환대출을 받도록 독촉하기도 한다. 단순한 압박과 독촉만으로 효과가 없으면 더 거친 전술을 쓰기도 한다.

미국의 소매업계 4위 기업인 시어스(Sears)는 밀린 돈을 갚지 않으면 자동차에서 배터리를 빼가겠다고 한 가정을 위협하다가 적발됐다. 그 가정은 이미 파산 보호를 신청해놓고 있었기 때문에 시어스는 법적으로 채권 추심을 할 수 없는 상태였다. 시어스는 중고차 배터리를 빼 가서 무엇을 하겠다는 것이었을까? 시어스는 그 밖에도 다른 수많은 가정들에 중고 제습기, 매트리스, 워크맨 등을 빼앗아 가겠다고 위협을 가했는데, 과연 그런 것들을 가져가서 어디에 쓰겠다는 것이었을까? 시어스의 사업분야 중에 중고 가정용품 판매업이 있는 것도 아니었다. 시어스가 그런 것들을 가져가기 위해 회수인을 채용하고 트럭을 보내는 데는 중고 워크맨이나 자동차 배터리의 가격보다 훨씬 더 큰 금액인 수백 달러를 지출해야 할 것이다. 무엇보다 시어스에는 그런 물건들이 필요하지 않았다. 시어스가 원한 것은 사람들이 시어스의 회수인이 집에 들이닥치지 않게 하려고 얼른 지불하는 돈이었다. 아마도 시어스는 가정들이 자신의 법적 권리를 잘 알지 못하고 있고, 따라서 그들에게 적당히 위협을 가하면 파산으로 면제된 옛 청구서 대금도 낼 것이라고 생각했던 것 같다. 연방수사국(FBI)의 특수요원인 배리 몬은 시어스의 사례를 가리켜 "소비자를 공정하고 정직하게 대해야 하는 의무는 저버린 채 이익만 맹목적으로 좇는 주식회사 미국의 한 사례"라고 지적했다.

시어스만 그런 것도 아니었다. 에이티엔티, 지이 크레딧, 메이시스의 모기업인 페더레이티드 백화점, 제이시 페니, 서킷 시티, 라디오 섀

크의 모기업인 탠디, 제너럴모터스* 등도 파산법원에서 채무를 면제받은 가정들에 채권 추심의 위협을 가한 데 대해 수백만 달러의 벌금을 냈다. 하지만 이들 회사가 처벌을 받은 것은 파산법원의 보호를 받고 있는 가정을 추적했기 때문이지 그들의 공격적인 추심기법 때문이 아니었다. 오늘날에는 공격적인 추심 기법들이 다양하게 이용되고 있고, 그중에는 완벽하게 합법적인 것도 많다. 예를 들어 시어스가 발행한 신용카드에는 제이시 페니의 신용카드와 달리 약관에 하나의 작은 특별조항이 들어 있다. 이 특별조항으로 인해 고객이 시어스 카드로 산 물품은 그대로 카드대출 담보물이 된다. 따라서 시어스 카드로 물건을 산 고객이 대금 청구액을 제때 내지 않으면 시어스는 고객으로부터 그 물건을 회수하거나 회수하겠다고 위협을 가할 법적인 권한을 갖게 된다. 그 물건이 그렇게까지 위협을 가할 만한 가치가 있는 것이 아니어도 마찬가지다.

한 예로 보스턴 지역의 시어스 담당 추심원이었던 샐리의 이야기를 들어보자. 샐리가 하는 일은 납부기한을 넘긴 가정들에 전화를 걸어 대금 지불을 요구하는 것이었다. 특별히 샐리의 기억에 남아있는 사건이 하나 있다. 동료 추심원이 시어스에 지불해야 할 대금을 연체한 한 여자 고객에게 찾아가 매트리스를 회수하겠다고 위협하자 그 고객은 총을 집어 들고 이렇게 말했다. "안 돼! 그것은 아무런 가치도 없는 것

---

* 차례로 AT&T, GE Credit, Macy's, Federated Department Stores, J.C. Penny, Circuit City, Radio Shack, Tandy, GM.

이란 말이야. 내가 사용하던 매트리스를 당신이 가져가 봐야 다시 팔 수 있는 것도 아니잖아. 그건 불법이야." 샐리의 동료는 재빨리 응수했다. "우리는 그것을 가져갈 권리가 있어요. 우리는 그걸 가져가서 불 속에 넣어 태워버릴 겁니다. 그렇게 하면 우리가 얻는 것이 없겠지만, 당신이 그걸 계속 갖고 있지는 못하게 할 수 있어요." 그 고객은 풀이 죽었고, 시어스에 50달러짜리 수표를 보냈다. 샐리에 따르면 이 이야기는 자신과 그 동료가 소속된 부서에 널리 알려졌고, 부서장은 그것을 '진짜 창의성'의 모범사례라고 칭찬했다. 우리는 샐리의 말만 들었기 때문에 그 이야기가 사실 그대로였다고 장담할 수는 없다. 하지만 시어스가 가정들에 사용 중인 매트리스를 회수하겠다는 위협을 가한 사실은 공식 기록으로 남아있다.

그러나 샐리의 진짜 전문성은 살아있는 사람을 상대로 채권 추심을 하는 일에 있지 않았다. 그녀는 죽은 사람이나 죽은 사람의 가족을 상대로 채권 추심을 하면서 대부분의 시간을 보냈다. 어느 사람이 죽으면 그 사람의 계좌에 연대서명한 사람만이 대금에 대해 책임을 지게 돼있다. 연대서명한 사람이 없는 경우에는 시어스가 계약상 가능하다면 죽은 사람이 구매한 물건을 회수하거나 사망자가 남긴 재산에서 해당 금액을 추심할 수 있다. 그러나 죽은 사람의 가족이 연대서명자가 아니라면 시어스가 그 가족에게 죽은 사람의 채무를 상환하라고 요구할 권리는 없다. 그러나 시어스는 추심원들이 사망자의 가족을 대상으로 추심활동을 하는 것을 금지하지 않았다. 샐리는 거액의 밀린 대금을 남기고 죽은 고객의 자식이나 슬픔에 빠져 있는 미망인에게 전화를 걸어 대금 지불을 요구하는 일을 했다. 그녀는 보통 정중하고 친근감을 주는 태도로 대화를 시도한다. "돌아가신 할머니 마벨은 시어스 가족의 오랜 일원이었지요. 그래서 우리는 그녀도 대금 지불을 원할 것이라고 믿습니다." 샐리는 그 다음 약간의 개인적 코멘트를 넣어가면서 마벨이 시어스 카드로 산 상품들의 목록을 읽어 내려간다. "그녀가 안경을 사셨군요. 그리고 몇 가지 아기 옷도요. 저도 그 예쁘고 작은 스웨터와 짝꿍 모자를 좋아합니다. 고객님도 그렇죠?" 이런 부드러운 말이 먹히지 않으면 샐리는 좀더 열을 낸다. 추심원이 직접 가서 사망자의 옷장과 서랍장을 뒤져 무엇이든 대금이 지불되지 않은 시어스 물건이 있으면 다 회수할 것이라고 위협하는 것이다. 그것으로도 충분하지 않으면 최후의 경고를 한다. 그것은 사망자가 시어스 카드로 구매한 모든 선물용품에 대해서도 반환을 요구할 것이라는 경고다. 많은 가정들이 이런 말을 듣고는 틀림없이 대금을 지불했을 테지만, 참으로 우스꽝스러운 경고임에 틀림없다. 마벨이 디트로이트에 있는 조카 손녀에게 선물로 드레스를 사주고 덴버에서 사는 증손자에게 워크맨을 사준 것을 추심원이 어찌 알겠는가? 그러나 산전수전을 다 겪고 자신을 방어할 능력을 갖춘 사기꾼 채무자에게 그런 위협이 가해진 것이 아니라 사랑하는 사람을 잃고 슬퍼하고 있는 가족에게 그런 위협이 가해졌다는 사실에 주목할 필요가 있다. 대부분의 가정들이 돈을 내더라고 샐리가 말한 것도 놀랄 일이 아니다.

여기서 우리가 단지 샐리가 한 말만 가지고 이야기하고 있음을 상기하기 바란다. 그녀가 진실의 전부를 말하지 않았을 수도 있고, 마음속에 다른 생각을 갖고 있었을 수도 있다. 그러나 시어스의 전 최고경영자인 아서 마티네즈가 한 말도 샐리가 한 말과 거의 같다. 그는 시어스의 공격적인 채권추심 관행을 이렇게 설명했다. "시어스는 '구식의 견해'를 갖고 있습니다. 사람들은 자신이 가져간 것에 대해 반드시 대금을 지불해야 합니다." 마티네즈는 채무에 대한 '구식의 견해'를 찬양하는 투로 말했지만, 시어스가 더는 '구식의 상인'과 같은 회사가 아니라는 사실에 대해서는 신기하게도 눈을 감았다. 시어스는 판매활동에서 벌어들이는 돈보다 더 많은 돈을 신용카드 소지자들에게 부과하는 이자와 연체료로 벌었다고 한다. 말하자면 시어스는 운영 중인 모든 점포에서 '레이디 켄모어' 브랜드의 세탁기와 공구를 전시해 놓고 있지만 그 물건들을 팔기보다는 고객들이 외상구매를 한 뒤 대금을 지불기한 안에 지불하지 못하기를 바랐던 것이다. 내 할아버지와 같은 상인들도 가게의 매출을 늘리기 위한 방편으로 외상을 주곤 했다. 그러나 시어스와 같은 오늘날의 상점들은 그 공식을 거꾸로 뒤집었다. 상점의 매출이 오히려 신용카드 부채를 늘리기 위한 방편이 된 것이다. 그런 전략은 전혀 '구식'이 아니다. 사실 그것은 이자율에 상한선이 없고 대출에 대한 규제가 철폐된 새로운 세상에서만 가능한 일이다.

실현가능한 대책 한 가지

채무의 늪에 빠진 가정과 관련된 문제들은 해결하기가 어렵거나, 너무나 깊게 자리를 잡아 복잡하고 비용이 많이 드는 규제나 법률로만 해결할 수 있을 것처럼 보인다. 그러나 사실은 그 문제들을 해결하기가 그렇게 어려운 것은 아니다. 의회가 법에 간단한 조항 하나만 끼워 넣으면 우리는 소비자신용이라는 괴물의 횡포를 물리칠 수 있다. 그렇게 하기 위해 거대한 감시위원회를 새로 조직하거나 대법원에서 지루한 논쟁을 벌일 필요가 없다. 연방 의회가 미국의 독립전쟁 이래 이 나라에서 시행돼온 고리대 금지법만 제대로 기능하도록 되살리면 된다. 어느 한 주가 다른 주의 대출 관련 법규를 뒤엎을 수 있게 하는 법률상의 허점이 메워지도록 연방법을 개정할 수도 있다.[78] 그게 아니라면, 연방 의회가 전국에 단일의 이자율을 적용하는 법을 만들면 된다. 이렇게 하면 주 정부나 연방 정부가 다시 이자율에 의미 있는 상한선을 설정할 수 있게 될 것이다.

소비자대출 업계는 이런 식의 규제 재도입을 주장하는 목소리에 대항해 이자율에 더 엄격한 제한을 가하는 것은 미국을 1970년대 말의 저축대부조합 위기*와 같은 또 다른 금융재난의 위험에 빠뜨릴 것이라고 주장한다. 주택 모기지 대출을 제공했던 대부분의 저축대부조합들이 높은 인플레이션율과 낮은 이자율 상한선의 협공을 받게 되면서 자금이 대거 유출되어 위기를 겪었다. 그러나 저축대부조합 위기의 배경

---

* 저축대부조합(Savings & Loan Association)은 유럽의 신용협동조합을 본떠 미국의 각 지역에 만들어진 것으로, 일반 은행을 이용할 수 없었던 노동자나 자영업자에게 고정금리의 주택저당 융자를 제공했다. 1970년대 말에 인플레이션이 심해지자 예금금리가 상승해 금리의 역마진이 발생했고, 부동산이나 정크본드에 투자한 자산이 급속히 부실화되어 심각한 경영위기에 처했다. 결국 1990년대 전반에 약 900억 달러의 공적자금이 투입되면서 부실 조합들이 정리됐다.

이 된 진정한 문제점은 몇 세기 동안에 걸쳐 잘 작동해온 이자율이 아니라 인플레이션에 있었다. 당시 대다수 주의 금리 상한선은 각각 특정한 수치로 고정돼 있었는데, 그것들은 두 자릿수의 인플레이션율을 염두에 두고 설정된 것이 아니었다. 그러나 이런 것은 풀기 쉬운 문제다. 이자율 상한선을 인플레이션율이나 인플레이션에 따라 변하는 우대금리에 연동시켜서 이자율과 인플레이션율이 너무 벌어지지 않게 하기만 하면 저축대부조합 위기 재연에 대한 걱정을 떨쳐버릴 수 있다. 수수료 등 다른 숨겨진 비용들도 억제하고자 한다면 그런 비용들을 이자율 계산에 미리부터 포함시키면 된다. 이렇게 하면 모기지 대출 이자율과 신용카드 이자율이 인플레이션이 가속화하는 시기에는 상대적으로 더 올라가겠지만, 인플레이션이라는 괴물이 길들여지면 곧 다시 낮아질 것이다. 그리고 이자율 상한선도 올라갔다 내려갔다 하겠지만, 기본적으로 대출업자의 자금조달 비용에 의해 변동폭에 제한을 받게 될 것이다. 이런 식으로 하면 은행은 항시 수익성 있는 대출을 할 수 있게 될 것이고, 소비자는 항시 불합리한 이자율로부터 보호를 받을 수 있게 될 것이다.

이러한 접근법의 장점은 납세자에게 추가적인 세금 부담을 지우지 않고도 가정들을 채무의 덫에서 벗어나도록 도울 수 있다는 것이다. 이것이 어떻게 가능한가? 바로 시장의 에너지가 작용하게 되기 때문이다. 대출업자들은 각자 자신에게 최선의 이익이 되도록 행동함으로써 모기지 대출과 신용카드 사업의 관행을 바꾸게 될 것이다. 대출업자들이 한계선에 가까운 신용기록을 가진 가정에는 더 이상 부당하게 높은 이자율을 부과할 수 없으므로 재정난에 처한 가정을 대출사업의 대상으로 삼는 것은 수지가 맞지 않게 될 것이다. 그 대신 은행들은 대출 신청자를 신중하게 심사하고, 상환할 여력이 진정으로 있는 사람에게만 대출을 하게 될 것이다.

여기서 반규제 진영이 신용산업에 대한 규제는 잘못된 생각이라고 주장하기 위해 목청을 가다듬는 소리가 들린다. 그들은 신용산업 뿐만 아니라 그 어떤 산업에 대해서도 규제는 잘못이라는 생각을 갖고 있고, 표면적으로는 그들의 논리가 더 설득력 있게 보일지도 모른다. 규제가 철폐된 시장은 비용을 낮출 뿐 아니라 주택 매입자와 신용카드 소지자들에게 더 많은 선택의 기회를 제공할 것이고, 그렇게 되면 소비자들은 결국 곤경을 스스로 헤쳐 나갈 것이라고 그들은 말한다. 연방판사 에디스 존스는 이렇게 말했다. "누구도 소비자의 머리에 총을 겨누고 신용카드 신청서를 보내라고 강요하지는 않는다." 사람들은 지나치게 이자율이 높은 모기지 대출 제안이나 터무니없는 신용카드 서비스 제안을 거절할 선택권을 갖고 있다는 것이다.

그러나 이런 주장은 한 가지 매우 중요한 전제, 즉 잘 작동하는 신용시장이 존재한다는 전제에 입각해 있다. 정직한 경제학자라면 누구라도 게임이 공정할 때만, 즉 소비자들이 자신이 구매하는 것과 관련된 비용과 위험에 대해 충분한 정보를 갖고 있을 때만 시장이 효율적으로 작동한다고 설명할 것이다. 대출산업의 경기장이 결코 평평하지 않음을 보여주는 증거는 많다. 그동안 시장이 잘 작동하고 있었다면 어떻게 시티은행이 그동안 판매한 고비용의 비우량 모기지 대출 가운데

40%를 신용도가 높아 저비용의 모기지 대출을 받을 자격을 갖춘 가정들에 판매할 수 있었겠는가? 그리고 어떻게 대출회사의 여신 담당자가 교육을 받지 못한 것처럼 보이는 사람들에게 초과 수수료를 물리고도 무사할 수 있었겠는가? 저소득 백인이 고소득 흑인보다 더 좋은 조건의 모기지 대출을 받았던 것도 마찬가지다. '정부의 개입 없이 자유로이 작동하는 완벽한 시장'이란 듣기에는 확실히 좋은 말이다. 하지만 그것은 대출업자들이 계약서의 깨알 같은 조항들을 전혀 이해하지 못하는 사람들로부터 이윤을 긁어모으는 동안 정책결정자들의 시선을 흐트러뜨리기 위해 내세우는 하나의 환상에 불과하다.

소비자대출에 대해 규제를 다시 도입하자는 우리의 주장은 예컨대 유용하지만 잠재적으로 위험성이 있는 상품에 대해 규제를 가하자는 주장과 매우 흡사하다. 토스터를 생각해 보자. 사람들은 가정에서 쓰기 위해 토스터를 산다. 아무도 그것을 사도록 강요하지 않으며, 사람들은 토스터 없이도 잘 살 수 있다. 전기공학을 아는 사람이라면 모든 가능한 시나리오별로 토스터의 안전도를 직접 평가할 수 있을 것이다. 그러나 토스터는 규제되고 있다. 그 어떤 토스터 제조업자도 1%라도 불이 붙을 가능성이 있는 토스터는 만들어 팔 수 없다. 토스터 제조업자와 보수적인 경제학자들은 위험성이 좀더 높아지는 것을 허용하면 좀더 값이 싼 토스터를 만들 수 있고, 그 판매를 허용하면 나라 전체에서 토스터 소유자가 늘어날 것이라고 주장할 수 있다. 그리고 토스터 제조업자들이 토스터 제품에 제조업체 면책사항과 안내문 등을 써 넣고 소비자들에게 스스로 불을 끄는 방법을 설명해줄 수도 있다. 그러나 한 나라의 국민으로서 우리는 규제되지 않은 토스터 산업이 가져올 수 있는 위험을 수용할 수 없다는 집단적 결정을 내렸다.

정부는 소비자들을 상해의 위협으로부터 보호하기 위해 어린이 잠옷에서 아스피린과 자동차에 이르는 수백만 가지 상품에 대해 규제를 한다. 미국의 역사 중 대부분의 시기에 걸쳐 소비자대출도 분명히 그런 규제가 필요한 대상으로 간주됐다. 이자율을 비롯한 소비자대출의 조건들은 주 법률에 의해 세심하게 제한됐고, 필요한 경우에는 주 법무장관의 검사를 받도록 해왔다. 약탈적인 대출은 결함이 있는 토스터처럼 집에 화재를 일으키지는 않겠지만 사람들의 집을 빼앗아갈 수 있다는 점에서는 토스터와 똑같다. 지난 20여 년간 우리는 규제가 완화된 대출산업이 어떤 결과를 낳는지를 충분히 보았다. 그 실험에 대해 이제는 실패라고 단정할 때가 됐다.

재규제(Reregulation), 즉 규제를 다시 도입하는 것은 일련의 폐단들을 해결하는 데 도움이 될 것이다. 가장 중요한 것은 이자율에 대한 제한이다. 이자율을 제한하면 주택 법정처분이 더는 증가하지 않을 것이다. 이자율 상한선이 낮게 설정되면 대출업자들은 고객인 가정의 수입과 그 가정이 받아가는 모기지 대출금 규모 사이에 적절한 균형이 다시 잡히도록 대출을 운용할 것이다. 그렇게 되면 상환할 능력도 없이 모기지 대출에 빨려드는 가정들의 수가 줄어드는 효과가 나타날 것이다. 소수인종 집단은 더 이상 약탈적인 비우량 모기지 대출업자에게 재산을 빼앗기지 않게 될 것이다. 그리고 주택소유자는 월 모기지 청구액을 낮춰준다고 하면서 실제로는 주택을 강탈해 가려는 2차, 3차 모기지 대출에 더는 유인되지 않을 것이다.

이자율 규제는 또한 중산층의 입찰전쟁에 공급되는 탄약을 줄여 가정들을 맞벌이의 함정에서 구해내는 데 도움이 될 것이다. 최고의 거주지를 둘러싼 경쟁은 계속되겠지만, 전체 가계수입의 40%나 50%를 먹어치우는 모기지 대출을 아무도 얻을 수 없다면 주택 가격이 안정되기 시작할 것이다. 이런 우리의 주장에 대해 많은 경제학자들이 미국의 순자산 감소를 유발할 문제 있는 주장이라고 생각할 것이다. 그러나 그 순자산이라는 것은 가정들이 주택을 팔고 대신 동굴에서 살기로 결심하지 않는 한 아무런 가치도 없는 말이다. 왜냐하면 주택 가격이 안정되지 않는 한 하나의 주택을 팔고 다른 주택을 사려고 하는 개별 가정의 입장에서 보면 새로 사려는 주택도 팔려는 주택과 마찬가지로 엄청난 가격표를 달고 있을 것이기 때문이다. 이자율에 규제를 가하면 신용기록이 취약하거나 소득이 적은 가정들은 지금보다 더 작은 집에서 살아야 하겠지만, 과다한 모기지 채무로 인해 비싼 주택을 깔고 앉은 채 종말을 맞거나 파산법원으로 달려갈 가능성은 훨씬 낮아질 것이다. 그리고 주택 가격이 안정됨으로써 더 많은 가정들이 비우량 모기지 대출에 의존하지 않고도 주택을 소유할 수 있게 될 것이다. 이자율에 대한 재규제는 이미 심각한 곤경에 처한 가정뿐만 아니라 모든 가정에 구조의 손길이 될 것이다.

아울러 가정들이 신용카드로 인해 곤경에 처하는 일도 훨씬 적어질 것이다. 이자율이 적절하게 제한되면 은행들은 계속 신용카드 사업을 수익성 있게 운영할 수 있을 것이고, 소비자들도 그 편리한 카드를 계속 이용할 수 있을 것이다. 그리고 은행으로 하여금 카드 소지자를 심사해서 각 가정에 상환할 수 있는 만큼의 신용만 제공하게 하는 유인이 훨씬 커질 것이다. 대출업자들로 하여금 재정난에 처한 가정들만 골라내어 그들이 가장 취약한 때에 터무니없는 이자율로 추가신용을 제공하면서 그들을 유혹하게 하는 유인은 없어질 것이다. 은행들이 신용기록을 뒤져서 곤경에 처한 주택소유자들을 찾아내고는 그들에게 신용문제 해결을 위해 2차, 3차 모기지 대출을 받아가도록 유도함으로써 그들의 주택을 위험한 상태로 몰아넣을 이유도 없어질 것이다.

이자율 제한은 또 하나의 바람직하지 못한 추세, 즉 중저소득 가정들로부터 빠져나가는 방향으로 부가 이전되는 추세를 반전시킬 것이다. 1970년 이래 은행 등 대출업계의 이윤은 인플레이션 효과를 빼고 500억 달러 넘게 증가해 세 배 이상이 됐다. 이런 대출업계의 이윤은 중요한 혁신에 대한 보상으로 생긴 것이 아니었다. 대출업자들이 더 빠른 컴퓨터를 개발한 것도 아니고, 더 좋은 차를 설계한 것도 아니며, 누구나 보고 싶어 하는 새 영화를 제작한 것도 아니다. 거꾸로 많은 사람들은 은행 등 대출업체들의 서비스가 오히려 더 나빠졌다고 말한다. 그들은 그전에도 늘 팔던 것과 똑같은 것을 팔았다. 그것은 바로 채무다. 달라진 점이라면 그들이 더 많은 채무를 팔고, 더 높은 가격을 매기게 됐다는 것이다.

가정들에 어떤 일이 벌어지고 있는지를 잘 보여주는 한 가지 예를 들어보자. 신용카드 회사들은 기본적으로 마케팅 비용, 채권추심 비용, 소비자에게 빌려줄 자금의 차입비용이라는 세 가지 비용 요소를 갖고 있다. 연준은 2001년에 아홉 차례나 이자율을 내렸는데, 이는 신용카드 회사들의 차입비용이 상당히 감소했음을 뜻한다. 그럼에도 불구하고 신용카드 회사들은 대다수의 카드 소지자들에게 요구하는 이자율을 내리지 않았다. 그 결과는? 신용카드 회사들에 100억 달러의 벼락 이윤이 떨어졌다. 신용카드 회사들이 사업을 하는 방식은 달라진 게 전혀 없다. 마케팅 비용도, 채권추심 비용도 변함이 없었고, 그 상품도 동일했다. 유일한 차이점은 예전에 이미 컸던 그들의 이윤이 추가로 100억 달러만큼 늘어난 것이다. 이 100억 달러는 전국의 가정들이 지불한 것이다. 그 돈이 가정들에 그냥 남아 있었다면 병원 이용, 대학 교육, 학생화 구입, 자동차 수리 등에 지출됐거나 채무 잔액을 줄이는 데 사용됐을 것이다. 불과 1년 만에 100억 달러라는 돈이 추가로 가정들의 지갑에서 대출회사들의 대차대조표로 옮겨졌다. 가정들은 그 대가로 아무것도 받지 못했다. 이자율이 규제되고 있었다면 그 돈은 가정들의 재산으로 남아 있었을 것이다.

규제는 미친 듯이 날뛰는 대출산업의 가장 나쁜 횡포를 제거할 것이다. 규제가 도입되면 급여일 대부업자들이 어떤 조폭이라도 군침을 흘릴 100%나 500%나 심지어는 1000%라는 고리의 단기 대출을 소수인종에게 집중적으로 퍼붓지 않을 것이다. 이보다 더 교활한 형태의 고리대금업도 사라질 것이다. 가정들이 신용카드 채무로 곤경에 빠질 때 대출업자들이 이자율을 두 배로 높이거나 감당할 수 없는 연체료를 누적시킴으로써 그들의 절망을 먹잇감으로 삼을 수도 없을 것이다.

신용에 대한 가정의 접근성이라는 문제는 어떻게 봐야 하나? 이 문제와 관련해서는 모기지 대출업에 대한 규제 완화가 우파의 음모가 아니었다는 점에 주목할 필요가 있다. 그것은 대다수 민주당 의원들의 지지도 받았다. 적지 않은 진보주의자들이 그들의 전통적인 신념에 따라 그런 규제완화를 지지하기도 했다. 그들은 저소득 가정들을 보호하려고 그렇게 한 것이었다. 그들은 지나치게 공격적인 대출업자들이 가정들에 초래할 수 있는 위험이 의외로 크지 않을지도 모른다는 생각을 갖게 됐다. 규제가 완화된 대출시장은 소득이 낮거나 사회적으로 불리한 집단이 자신들의 운명을 개선하는 데 도움을 주는 수단이 될 수도 있었다. 예를 들어 노동자계급의 가정이 자기 사업을 시작하거나 주택을 마련하거나 자녀를 대학에 보낼 때는 신용이 필요했다. 상위소득 가정은 오래 전부터 그런 기회들을 누려왔지만 노동자계급의 가정은 그러지 못했기에 신용에 대한 접근이 매우 중요했다.

더욱이 모기지 대출업자들이 자의적으로 정한 특정한 지역에 대해 대출을 거부하는 '경계지구 지정(redlining)'이라는 관행을 비롯한 공공연한 차별이 소수인종 거주 지역의 주택시장을 마비시켰고, 중저소득 가정이 주택 소유를 통해 재산을 늘릴 기회를 얻지 못하게 했다. 이런 상황에 대한 새로운 해법은 '신용의 민주화', 다시 말해 아무리 가난하더라도 누구나 신용을 이용할 수 있게 만드는 것이었다. 신용의 자유로운 흐름이 실현되면 완벽한 세상이 올 것이라는 예상이 퍼지기도 했다. 주택소유자 비율이 높아지고, 침체된 경제가 회복될 것이며, 도시들이 더욱 번창할 것이라는 예상이었다.

그런 완벽한 세상은 물론 오지 않았다. 그럼에도 여전히 미국의 많은 정치인들은 대출에 대한 규제의 시계를 과거로 되돌린다면 주택소유자의 비율이 다시 떨어지지 않겠느냐고 걱정할 것이다. 이자율을 제한하자는 이야기가 나올 때마다 대출업체들은 두 자녀와 개 한 마리가 있는 가정이 처음으로 자기네 집으로 이사하는 장면이 나오는, 사람들의 심금을 울리는 광고를 내보낸다.

그러나 현실의 숫자들은 그러한 행복한 광고가 거짓임을 폭로한다. 이자율 재규제는 주택소유자 비율에 거의 영향을 미치지 않는다. 모기지 산업에 대한 규제가 완화된 1980년 이후 주택을 소유한 가정의 비율이 상승하긴 했지만, 그 상승폭은 3%포인트도 안 된다. 주택 소유자 비율의 이 같은 완만한 상승은 여러 가지 요인들이 작용한 결과다. 장기적인 경제호황, 인구의 고령화, 낮아진 인플레이션율 등이 바로 그것이다. 그런데 이런 요인들은 모기지 대출에 대한 규제 변화의 영향을 받지 않는 것들이다. 더욱이 이자율이 높은 비우량 모기지 대출은 대부분 첫 자기네 집을 사려는 가정들에 집중된 게 아니라 기존 모기지 채무를 대환하려는 가정들에 집중됐다는 점을 상기할 필요가 있다. 그렇기에 비우량 모기지 대출을 불법화하더라도 첫 자기네 집을 사려는 가정의 수는 거의 영향을 받지 않을 것이다. 사실 '집을 차지하기 위한 대출'이라는 사기와 약탈적 대출관행을 통해 이윤을 긁어모으려고 하는 대출업자들로 인해 자기네 집에서 쫓겨나는 가정의 수가 줄어들면 미국의 주택소유자 수는 전반적으로 더 늘어날 수 있다.

시민운동가들이 그렇게 열심히 싸워 실현하고자 했던 '신용의 민주화'는 어떻게 될까? 이자율이 다시 규제되면 신용이 비민주적이 되어 채무상환 능력이 있는 사람들만 그것을 이용하게 될까? 이에 답하려면 잠시 걸음을 멈추고 생각을 다시 해볼 필요가 있다. 신용민주화 운동의 본래 의도는 더 많은 가정들이 신용의 도움을 받아 재정적 독립을 이루게 하자는 것이었다. 신용 그 자체가 목적인 것은 아니었다. 그러나 이런 본래의 의도는 잊힌 것 같다.

예를 들어 한 유명한 운동단체의 표어를 보자. "신용과 자본에 대한 접근성은 기본적인 시민권이다." 개인이 남은 생애 동안 신용카드 잔액에 대해 계속 이자를 지불하는 것이 시민권인가? 비우량 모기지 대출로 주택자금을 마련하는 가정은 시장금리로 주택비용을 무는 가정보다 결국은 두 배를 지불하게 될 수도 있다. 똑같은 집에 대해 두 배의 지불 부담을 지는 것이 기본적 시민권인가? 게다가 법정처분 비율이 치솟고 있다. 법정경매로 주택을 잃는 것이 시민권인가? 신용민주화의 꿈은 주택 소유를 확대하고, 사업을 돕고, 결국은 재산이 부족한 사람들의 재산형성을 돕는 도구로 신용을 이용하자는 것이었다. 그것은 가정들이 감당할 수 없을 정도로 신용을 많이 이용하게 하거나 회계사들만 그 내용을 이해할 수 있는 복잡한 대출이 시장에 넘치게 하자는 것이 아니었다.

그러나 소비자운동가들과 정치인들은 신용에 대한 가정의 접근성을 제고한다는 대의를 버리기 어려웠다. 그 결과 개혁의 노력이 약탈적 대출관행을 억제하기 위한 잡동사니 조치들로 조각조각 이루어졌다. 그런데 문제는 약탈적 대출이라는 것을 어떻게 정의해야 할지에 대해 합의가 형성될 수 없다는 데 있었다. 경제주간지 〈이코노미스트〉는 냉정하게 지적했다. "소비자운동가들과 의원들은 무엇이 약탈적 대출인지는 포르노와 마찬가지로 그냥 보면 알 수 있다고 말한다." 전미 주택연구원은 약탈적 대출을 '차입자에게 손해를 끼치거나 불평등과 빈곤을 조장하는 신용제도를 뒷받침하는 모든 불공정한 금융관행'으로 정의한다. 그러나 '불공정한' 것이란 구체적으로 무엇을 가리키는가? 그리고 어떤 제도가 불평등이나 빈곤을 조장하고 있는지는 누가 판단하는가?

'약탈적'이며 '불공정한' 관행을 감별해 몰아내려고 노력하는 것은 그런 것들을 모른 체하는 것보다는 물론 낫다. 그러나 최신의 속임수를 적발해내고 무엇을 폐해로 정의해 단속해야 하는지를 규정하려고 하는 의원들은 규제를 회피하기 위해 상품을 계속 바꾸는 대출업자들보다 언제나 뒤처진다. 그러한 의원들의 시도는 대출업자들이 법의 의도를 회피할 수 있는 여지를 너무 많이 남긴다. 예를 들어 뉴욕주 금융부는 최근 '어쩔 수 없는 경우'를 제외하고는 '감당할 수 없는 대출'을 금지한다고 밝혔다. 그러나 능수능란한 대출업자들은 값비싼 대출상품을 팔 수 있는 '어쩔 수 없는 경우'를 얼마든지 만들어낼 수 있으리라고 우리는 생각한다. 약탈적 대출을 최종적으로 중지시킬 유일한 길은 대출의 심장부, 즉 이자율로 직행하는 것이다. 무엇이 '약탈적'이고 무엇이 그렇지 않은지를 둘러싼 숨바꼭질 게임을 피하기 위해서는 대출업자들이 부과하는 이자율에 대해 규제를 하는 것이 가장 낫고, 이렇게 하는 것이 무엇보다 간단하고도 효과적이다.

'신용민주화'의 꿈을 이루기 위해서는 가정이 시장금리의 두 배, 세 배, 심지어는 열 배의 이자율로 대출을 받아서는 더 유복해질 수 없다는 사실을 분명히 인식해야 한다. 어떤 가정의 소득이 합리적인 금리의 대출을 받을 자격에 미달한다면 그 가정은 대출을 받지 말아야 한다. 열심히 일하는 가정들을 현대의 '채무자 감옥'에 집어넣는 것은 아무에게도 도움이 되지 않는다. 모기지 대출에 대해 시장금리의 두 배를 지불하느니 차라리 아파트를 사기보다 임차하고 남는 돈을 은행에 저축하는 편이 더 나을 것이다. 시장이 모든 지역사회들의 신용 수요를 충족시킬 수 없다면 정부가 나서서 다른 종류의 신용을 제공하기 위해 개입할 필요가 있다. 여기서 다시 강조하고 싶은 것은 지나치게 높은 가격의 신용은 해법이 될 수 없다는 점이다. 주택을 사거나 현금 서비스를 받는 과정에서 강탈을 당하는 것은 강도를 당하는 것과 다를 게 없으니 그런 강탈 행위는 불법화돼야 한다.

침묵의 소리

사람들의 병적인 채무중독이 간단한 규제의 도입으로 해소될 수 있다면 그렇게 되도록 정치인들이 하고 있는 일은 무엇인가? 이 질문에 대한 답변은 아주 간단히 말해 아무 일도 안 한다는 것이다.

주택 법정처분 건수가 치솟을 때도, 신용카드 채무가 급증할 때도, 파산법정 앞에 늘어선 사람들의 줄이 도로까지 이어지고도 모자라 블록을 한 바퀴 돌 때도 워싱턴에서 들리는 것은 '침묵의 소리'뿐이다. 약탈적 대출을 제어하자는 그 어떤 제안과 관련해서도 진정한 진전은 전혀 없었다. 신용카드 수수료를 통제하려는 조치도 없었고, 채권자가 사망자의 형제자매를 대상으로 채권추심을 하는 행위를 금지하는 법안 제출도 없었고, 이자율에 대해 의미 있는 규제를 다시 도입하는 입법도 없었다. 정당들은 인터넷의 속도, 작업장의 인간공학적 기준, 낙농제품의 지역별 제한에 대해서는 견해를 밝히는 여유를 보였지만, 수백만 중산층 가정들에 심각한 영향을 끼치는 재정적 이슈들에 대해서는 아무런 견해도 밝히지 않았다.

그러나 그 모든 무대응 속에서 그래도 한 가지 예외는 있었다. 의회가 당혹스러운 하나의 통계, 즉 급증하는 파산신청 가정 수에 주목했다. 고금리와 복잡한 대출상품의 공격적 판매가 파산 통계에 영향을 주고 있었다. 기록적인 수의 가정들이 터무니없는 이자율로, 그리고 자신의 지급능력 이상으로 과다한 대출을 쉽게 받은 후 파산법원에서 피난처를 구했다. 1994년에 의회는 이 문제를 연구할 공화, 민주 양당 합동의 위원회를 만들었다. 이 위원회의 설립목적은 비교적 분명했다. 왜 그렇게 많은 가정들이 어려움을 겪는지를 조사하고, 그런 상황을 개선할 수 있는 권고안을 작성하는 것이었다. 나(엘리자베스)는 바로 이 파산조사위원회의 고문으로 위촉됐다.

3년 후 위원회는 의회에 보고서를 제출했다. 1100쪽에 이르는 이 보고서는 왜 그렇게 많은 가정들이 실직, 의료문제, 이혼 등으로 곤경에 처하게 됐는지를 상세히 설명하고, 그런 가정들을 위험에 빠뜨린 대출관행에 문제가 있다고 지적했다. 이 보고서의 보다 더 중요한 내용은 파산법이 원래 의회가 의도했던 대로 가정들이 재정적, 개인적 재난을 당한 뒤에 새 출발을 할 기회를 얻게 하는 역할을 실제로 하고 있다는 사실을 재확인한 것이었다. 이 보고서의 결론은 차입자와 대출자 양쪽 모두의 과도한 행위를 억제시킬 수 있도록 부분적인 법 개정을 해야 한다는 것이었다.[79]

그러나 파산조사위원회가 제안한 법 개정은 실현되지 않았다. 위원회가 사실 수집, 청문회 개최, 관행 분석에 바빴던 동안에 다른 그룹이 전혀 다른 시각에서 그들 나름의 작업을 진행했다. 전미 소비자파산연맹(NCBC)이라는 교활한 이름을 내건 금융업계 로비단체가 자기네 의안을 밀어붙이고 있었던 것이다. 주요 은행들은 소비자의 파산에 따르는 자신들의 손실을 줄일 수 있는 새로운 전략을 고안해냈다. 그들은 내(엘리자베스)가 시티은행에 자문한 대로 재정난에 빠진 가정들에 대한 대출을 중단하기는커녕 더 단순하고 수익성이 있는 해법, 즉 소비자가 파산신청을 할 권리를 제한하는 해법을 제시했다.

파산제도에 의해 구제되는 가정의 수가 적어진다면 더 많은 수의 가정들이 은행을 비롯한 채권자들의 추심 대상이 될 게 뻔했다. 채권추심의 대상이 되는 가정이 자신의 채무액을 다 갚지 못할 수도 있다. 하지만 은행들은 그런 가정에 대해 이자와 벌과금을 계속 올릴 것이고, 결국 일부 가정들은 채권자들에게 매달 얼마간의 금액을 평생 지불함으로써 그들의 수익원이 될 것이다. 아무리 쥐어짜도 돈을 마련할 길이 없는 사람에 대해서는 대출업자가 결국 얼마간의 채무를 상각할 것이다. 파산에 대한 그 모든 격한 비난의 말에도 불구하고 가정들의 파산 신청에 따른 대출업계의 손실은 그들의 전체 손실 중 일부에 지나지 않는다. 그리고 대부분의 경우 은행들 스스로가 제품에 지쳐서 가정에 대한 채권추심을 중단한다.[80] 곤경에 처한 가정이 파산신청을 하지 못하게 되면 언제 빚 독촉이 중단되는지가 그 가정에 의해 결정되지 못하고 대출업자에 의해 결정될 것이다.

금융업계 로비단체는 새로운 파산법안을 만들었다. 전미 소비자파산연맹은 모든 대출업자들을 끌어들이기 위해 자동차 할부금융업자, 모기지 대출업자, 학자금 대출업자, 지주, 신용조합 등의 대출거래 조건을 그들에게 더 유리하게 해주는 조항을 끼워 넣었다. 그것은 곤경에 처한 가정만 제외하고 모든 대출거래의 당사자에게 유리하게 거래조건을 변경하는 것이었다. 신용업계는 발 빠르게 움직여 두 우호적인 하원의원을 설득해서 1997년 9월에 그 법안을 제출하게 했다. 의회의 파산조사위원회가 보고서를 제출하기로 한 날보다 한 달 전이었다. 그때 이후 모든 눈은 힐러리 클린턴이 '끔찍한 법안'이라고 부른 것에 쏠렸다.

그 '끔찍한 법안'은 길고 복잡했으며, 문장도 사실상 읽고 바로 이해할 수 없게 씌어 있었다. 그러나 파산법 전문가들이 보기에 그 법안의 의도는 명백했다. 그것은 바로 파산법의 거의 모든 보호조치를 약화시키거나 폐지하는 것이었다. 그 법안이 통과되면 자녀양육비 지불 의무가 신용카드 채무보다 앞서지 못하게 될 터였다. 그러면 더 많은 편모들이 파산한 전 남편에게서 돈을 받기 위해 전문적인 채권 추심원과 경쟁해야 할 것이 뻔했다. 모기지 대금 납부기일을 어긴 주택 소유자는 신용카드 채무를 상환할 때까지는 연체한 모기지 대금을 납부할 수 없게 되고, 따라서 주택을 법정처분 당할 가능성이 높아질 것이었다. 가정은 무담보 채무로부터도 자유로울 수 없게 될 터였다. 때문에 가정들은 봉급을 100% 다 빼앗기게 되더라도 그런 채무에 대해 벌과금, 연체료, 이자를 더한 금액을 평생 내게 될 것이 분명했다.

의원들의 지지를 얻기 위해 신용업계는 광범위한 로비를 벌였고, 정치헌금으로 6000만 달러 이상을 기부했다. 말도 안 되는 홍보도 뒤따랐다. 전미 소비자파산연맹과 의회 내 동조자들은 자신들의 법안이 신용카드 회사와 거대 은행들의 이윤을 늘려줄 것이라는 사실을 있는 그대로 대중에게 알리기는커녕 오히려 그 법안이 미국의 가정들에 이익이 될 것이라고 발표했다. 민주당 하원의원 릭 바우처는 이렇게 말했다. "미국의 보통 가정들은 단지 편리하다는 이유로 파산제도가 유지되는 대가로 매년 550달러씩 숨겨진 세금을 낸다." 이 말은 자주 반복되어 일부 사람들에게 신조처럼 됐는데, 그 의미는 법을 바꾸면 미국 가정들의 호주머니에 매년 550달러씩 가욋돈이 생긴다는 것이었다.

그렇게만 된다면 좋을 것 같았다. 가욋돈을 마다할 사람이 있겠는가? 그러나 그런 주장에는 몇 가지 심각한 문제가 있었다. 첫째, 수치가 심하게 과장됐다. 550달러씩의 가욋돈을 약속한 바로 그 은행 로비 단체인 전미 소비자파산연맹의 자체 자료에 따르면 매년 파산신청을 하는 150만 가정 중 10만 가정만이 남아있는 채무 중 일부라도 상환할 수 있었다. 이를 달리 말하면, 그들의 법안이 통과되면 10만의 파산 가정들이 미국의 모든 가정에 가구당 550달러씩을 주기 위한 돈을 내게 돼 있었다. 왜냐하면 10만 가정을 제외한 나머지 140만의 파산가정에는 한 푼도 남아있지 않을 것이기 때문이었다.[81] 우리는 계산을 좀 더 해보았다. 법이 바뀌어 그 10만 가정이 더 이상 파산법원의 보호를 받을 수 없게 되어 빚을 상환할 수 있는 만큼 상환해야 한다고 가정해보자. 미국의 모든 가정에 550달러씩을 보태줄 수 있을 만큼의 금액을 10만 가정이 상환하기 위해서는 각각 1년에 55만 달러 이상을 갚아야 했다! 2000가구가 넘는 우리의 파산가정 표본에는 그런 엄청난 금액을 갚을 만큼 돈을 버는 가정은 없었을 뿐 아니라 55만 달러를 빚진 가정도 없었다. 그러나 마술요정이 어떻게 해서든 모든 파산가정들에 채무를 완전히 갚는 데 필요한 돈을 갖다 준다고 가정해보자. 이 경우에도 은행들이 그 돈을 순순히 소비자들에게 넘겨줄 것이라고 장담할 수 있는가? 신용카드 업계가 2001년의 이자율 하락 덕분에 100억 달러의 벼락 수익을 얻었지만 그 돈을 고객들에게 돌려주지 않았다는 사실을 상기하자. 이번의 가구당 550달러라고 해서 다를 게 있었겠는가?

그러나 집요한 로비와 우호적인 언론보도가 결합되자 그들이 노린 효과가 나타났다. 클린턴 대통령이 거부권을 행사했음에도 그들의 파산법안은 다음 회기에 다시 의회에 상정됐다. 이번에는 상원의원 힐러리도 대기업들에 굴복했다. 그녀가 '끔찍한 법안'이라고 불렀던 것에 대해 스스로 투표할 기회를 가진 것은 의원이 된 지 두 달 만이었다. 은행 로비단체보다는 의회의 공식 파산조사위원회가 신뢰도가 더 높은 조직이었다. 그녀의 남편이 이 위원회의 의장과 2명의 위원을 임명하기도 했다. 그리고 그녀는 전미 소비자파산연맹이 제안한 법으로 인해 가장 심한 타격을 입게 될 가정들은 이미 곤경에 처한 가정이라는 것을 분명히 이해하고 있었다. 그러나 파산조사위원회는 선거 기부금을 내지도 않았고, 로비스트를 고용하지도 않았다. 재정난에 처한 가정들도 마찬가지였다. 그러나 금융업계는 상원의원 힐러리에게 14만 달러의 선거 기부금을 제공했다. 힐러리는 "법안이 균형 잡히고 신뢰할 수 있는지에 대한 강한 의구심"을 떨쳐내고 '끔찍한 법안'에 찬성표를 던졌다.

다윗을 만난 골리앗

우리가 그쯤에서 멈출 수도 있었다. 소수 대기업들의 정치적 영향력을 한탄하는 사람들의 합창에 합류할 수도 있었고, 선거자금 조달 방식의 개혁을 탄원할 수도 있었다. 그러나 그렇게 하는 것은 요란한 소리를 내더라도 대개는 유의미한 효과를 내지 못한다. 그리고 거기서 멈춘다면 우리는 해야 할 이야기 중 가장 중요한 부분을 놓치는 셈이 될 터였다. 가장 중요한 부분이란 비록 은행업계가 강력하기는 하지만 워싱턴에서 경청되는 목소리가 그들만의 것은 아니라는 점이었다.

2002년에는 은행업계판 파산법안이 통과되는 방향으로 카드패가 돌아갔다. 그런데 그 '끔찍한 법안'은 입법화가 저지됐다. 도대체 누가 입법화를 막았을까? 독자들이 그 대답을 알게 되면 놀랄 것이다. 대출업계와 의회의 권력 브로커들도 확실히 놀랐다. 대기업들로부터 어떤 도움도 받지 않는 의외의 시민단체가 조직됐고, 바로 그것을 조직한 사람들이 의회로 하여금 그 법안에 다시 주의를 기울이도록 만들었다.

그들은 누구였을까? 바로 여성들이었다.

그들을 조직화하도록 자극한 것은 친채권자 성격의 파산법안에 담긴 수많은 재정 관련 쟁점들이 아니었다. 법안이 통과될 경우에 특히 타격을 입을 편모나 여성 주택소유자들에 대한 염려도 아니었다. 여성들을 화나게 만든 쟁점은 낙태였다.

파산이 낙태와 무슨 관계가 있는가? 워싱턴에서는 밀접한 관계가 있다. 지난 수년간 낙태 합법화론자들은 몇몇 저명한 임신중절 수술 반대론자들을 상대로 법정에서 배상판결을 얻어내는 중요한 승리를 거두었다. 그런데 그 임신중절 수술 반대론자들이 파산을 선언함으로써 배상채무를 면제받았고, 이 때문에 낙태 합법화론자들의 법률적 승리는 도로아미타불이 돼버렸다. 정치판이 기묘하게 돌아가더니 신용업계가 제안한 파산법안이 뉴욕주 상원의원인 찰스 슈머의 지지를 받았는데, 그는 낙태 합법화를 지지하는 견해를 피력해 여성단체들의 강력한 지지를 받아온 사람이었다. 유권자들의 동향에 민감한 슈머 상원의원은 파산법안에 하나의 새로운 조항을 삽입했다. 그것은 임신중절 수술 반대론자들이 그러한 반대활동으로 인해 고소당할 경우 파산선언을 통해 배상채무를 면제받기가 훨씬 어렵게 되도록 하는 내용이었다. 그것은 마치 음주운전자나 공금횡령 범죄자가 파산을 이용해서는 법원의 판결에 따른 벌과금을 면제받을 수 없게 하는 것과 비슷한 조처였다. 상원의원들은 여성 유권자들의 지지를 열망한 나머지 2001년에 슈머의 수정안을 통과시켰다. 그러나 2002년에 낙태와 관련된 수정 조항이 포함된 슈머의 파산법안이 하원으로 넘겨지자 낙태에 반대하는 하원의원들이 이 법안에 찬성하기를 거부하고 법안을 계류시켰다.

은행업계판 법안을 통과시키는 데 필사적이었던 은행 로비스트들은 상원으로 달려가 슈머 상원의원에게 문제의 낙태 관련 조항을 삭제할 것을 요구했다. 은행업계는 슈머 상원의원의 지역구에서 그에 반대하는 공격적인 광고를 내보냈다. 광고에서 은행업계는 그에게 원래의 파산법안을 지지할 것을 요구하면서 그가 미국의 모든 가정으로 하여금 연간 550달러씩의 비용을 계속 내게 하려고 한다고 비난했다. 슈머 상원의원에 대한 이런 공격은 뜻밖이었다. 그는 신용업계로부터 어느 다른 상원의원보다 더 많고, 뉴욕주의 동료 상원의원인 힐러리보다도 약간 더 많은 선거기부금을 받았기 때문이었다. 이때 낙태 합법화를 지지하는 여성단체들도 움직이기 시작했다. 그들은 슈머 상원의원에 대한 지지 의사를 다시 한 번 밝히고, 어떤 선출직 공무원이라도 파산법안에서 그 조항을 삭제하는 데 동의할 경우 그에 대한 지지를 철회하겠다고 위협했다. 슈머 상원의원은 흔치 않은 결정적 순간을 맞았다. 그는 자신을 지지해온 대기업들과 낙태 합법화를 지지하면서 자신도 지지해주는 여성들 가운데 어느 한쪽을 선택해야 했다. 그는 여성들을 선택했다. 이로써 낙태 관련 수정조항은 법안에 그대로 남았다.

결국 은행업계판 파산법원은 의회에서 폐기됐다. 보수적인 공화당 의원들 가운데 일부 소그룹과 진보적인 소수의 민주당 의원들이 손을 잡은 결과였다. 서로 다른 두 정치세력이 기이한 동맹관계를 형성하고 세력을 충분히 모아서 107대 의회 회기 중에 가장 많은 돈으로 뒷받침된 로비활동에 대항해 그 파산법안을 폐기시켰던 것이다.

가정을 위한 정치 되살리기

그 보기 드문 날의 진짜 승리자는 풀뿌리 시민단체들이었다. 그들은 미국에서 가장 자금력이 강한 로비집단에 대항해 자신들의 위력을 성공적으로 발휘했고, 그렇게 함으로써 핵심 시민단체들이 결집하면 신용업계도 패배시킬 수 있음을 보여주었다. 그들의 행동에 핵심적인 원동력이 된 것은 무엇이었을까?

사실들을 그대로 알리는 것만으로는 그러한 행동이 일어날 리가 없었다. 의회는 이미 파산조사위원회를 구성해 사실들을 조사해 기록하게 했고, 위원회는 1100페이지나 되는 보고서를 작성해 제출했다. 그러나 그러한 방대한 기록을 읽을 수고를 할 사람은 없었다. 시민단체들을 움직인 힘은 가정의 재정난을 둘러싼 정치가 그것과 다른 관심사를 가진 사회 내 다른 사람들의 이해관계와 결합된 데서 나왔다. 낙태반대 운동단체들은 낙태를 양심에 거슬리는 문제로 보고 임신중절 수술에 반대하는 교회신자 가정이나 할머니 등의 이야기를 내세움으로써 슈머 수정안에 의해 불리한 영향을 받게 될 사람들의 관심을 끌어모았다. 반면에 낙태 합법화 운동단체들은 낙태에 반대하는 사람들이 법을 어기고도 처벌을 피할 수 있게 해주는 파산법의 허점에 격분한 사람들을 결집시켰다.

여기서 한 가지 교훈을 얻을 수 있다. 가정과 관련된 경제정책이 정치적 의안이 되게 하기 위해서는 가정들도 존재감 있는 집단이 돼야 한다는 것이 그것이다. 가정들이 단지 채무자 집단이나 파산자 집단으로서 제기하는 요구는 묵살당할 수 있다. 가정들 자신이 막강한 유권자 집단이기도 해서 정치인이면 누구나 존중하고 두려워해야 하는 존재임을 보여줄 필요가 있다. 재정난에 처한 가정들은 본연의 실제 집단적 모습으로 표현돼야 한다. 다시 말해 '어린 자녀의 부모들', '자녀 양육비를 지불하는 비동거 아버지들', '교외지역 주택소유자들', '흑인 중산층 가정들', '편모들', '자녀가 대학에 다니는 가정들', '다세대의 중남미계 가정들' 등으로 표현돼야 하는 것이다. 무엇보다도 이런 가정들을 지키고자 하는 사람들은 이런 가정들의 주머니를 털려고 하는 사람들에 대항하는 조직을 구축할 필요가 있다.

그렇게 해야 하는 이유는 어렵지 않게 댈 수 있다. 흑인의 상황을 예로 들어보자. 지난 수십 년 동안 전국유색인발전협회* 등 소수인종 인권단체들은 흑인의 주택소유가 늘어나게 하는 조처를 취하도록 의회에 압력을 가해 왔다. 그들의 노력은 적어도 약간은 성공적이었다. 그런데 이제는 약탈적인 비우량 모기지 대출이 그들이 어렵게 획득한 성과를 무산시키려고 위협하고 있다. 매년 30만 이상의 중남미계와 흑인 주택소유자가 자신의 주택을 지키려는 필사적인 시도로 파산을 신청한다. 중남미계 주택소유자가 파산을 신청할 가능성은 백인 주택소유

---

* NAACP; National Association for the Advancement of Colored People.

자에 비해 세 배 가까이 되고, 흑인 주택소유자는 이 비율이 여섯 배가 넘는다.[82] 재난의 신호는 파산법원 밖에서도 분명하게 나타나고 있다. 주택도시개발부의 미공표 자료를 분석해 보니, 연방주택청이 보증한 모기지 대출을 받아 주택을 구입한 가정들 가운데 흑인 가정이 법정처분으로 주택을 잃을 가능성은 백인 가정에 비해 두 배였다. 급여일 대부업자와 비우량 모기지 회사들은 소수인종 시민들을 갈취할 수 있다고 확신한 듯 의도적으로 그들을 표적으로 삼는다. 그 결과 지불능력이 가장 취약한 사람들로부터 거대 대출업자와 그 주주들에게로 엄청난 돈이 흘러간다.

이런 문제를 제기하는 것이 우리가 처음은 아니다. 소수인종 인권 단체들은 약탈적 대출의 위험성을 잘 알고 있다. 다만 그들의 활동 우선순위에서 경제적 쟁점이 어디쯤에 자리 잡아야 하는지가 중요한 문제가 돼야 한다고 말하고 싶다. 트렌트 로트 상원의원이 인종차별이 존재하던 시대의 미국에 대한 향수를 내비쳤을 때 전국의 소수인종 단체들은 토크 쇼와 신문을 통해 그에게 맹포격을 가했고, 로트는 결국 상원의 다수당 원내총무라는 권세 있는 지위를 잃었다. 텍사코의 간부들이 흑인을 지칭하는 데 부적절한 단어를 사용했을 때 흑인에 대한 인종적 비하 행위에 대한 비난이 쏟아졌다. 뿐만 아니라 텍사코는 자사 제품에 대한 불매운동에 부닥쳤고, 수백만 달러의 손해배상 소송을 당했으며, 흑인 직원들이 더 많은 기회를 갖도록 보장하는 새로운 제도를 채택해야 했다. 그러나 한 시티은행 직원이 "소수인종에 대해서는 주택 모기지 대출에 추가 수수료를 항상 덧붙였다"고 법정에서 증언했을 때는 아무런 반응도 없었다. 시티은행은 연방거래위원회(FTC)와 현금배상에 조용히 합의했고, 그것으로 끝이었다. 전국유색인발전협회에서 보도자료를 만들어 언론에 돌리지도 않았고, 저녁 뉴스에서 시티은행 문제에 관한 인터뷰가 나오지도 않았으며, 시티은행의 최고경영자인 샌디 웨일에 대해 사퇴하라는 요구가 제기되지도 않았다.

비우량 모기지 대출, 급여일 대부, 소수인종을 겨냥한 약탈적인 고금리 대출 등의 금융상품은 그 진면목을 드러내는 이름으로 불려야 한다. 아마도 '소수인종 갈취 회사가 법적 인가를 받아 내놓은 기획 대출 상품' 정도가 가장 적절하지 않을까 싶다. 오래 전에 여러 시민단체들이 은행업계의 강력한 반대를 무릅쓰고 차별적 대출에 반대하고 지역 재투자법의 의회 통과를 촉진하기 위해 서로 협력한 적이 있었다. 이름은 바뀌었지만 동일한 파괴적 결과를 낳는 현대판 경제적 차별을 철폐시키기 위해 시민단체들이 다시 한 번 결집해야 한다.

이것은 여성 문제와도 얽힌 쟁점이다. 소수인종 단체들만 행동의 부담을 지게 해서는 안 된다. 여성단체들도 경제개혁을 위한 운동에 나서야 한다. 중산층의 재정난은 얼핏 성 중립적인 이슈로 보일지 모르나 사실은 그렇지 않다. 단독으로 파산신청을 하는 여성의 수가 20년 만에 600% 이상 증가했다. 유자녀 여성은 주택을 잃기가 더 쉬우며, 청구서 대금을 연체하기가 더 쉽다. 유자녀 편모가 파산할 가능성은 무자녀 남성에 비해 세 배나 된다.

여성이 경제개혁을 위해 싸워야 한다는 주장은 새삼스러운 것이 아니다. '동일노동 동일임금'을 위한 투쟁의 초기부터 여성단체들은 재정적 정의를 실현하기 위해 노력해 왔다. 그러나 중산층 여성들을 위한 경제개혁 이슈는 종종 우선순위에서 뒷자리로 밀려난다. 예를 들어 전국여성연맹 법적보호교육기금*은 교회여성연합, 하다사, 여자기독교청년회† 등 거의 30개에 이르는 서로 이질적인 여성단체들로 하여금 투쟁에 참가하도록 설득하는 궂은일을 하면서 신용업계가 후원하는 파산법안에 격렬하게 반대했다. 동시에 이 기금은 조지프 바이든 상원의원이 여성에 대한 폭력 방지법을 지지했다는 점을 들어 상원에서 그가 여성의 대의를 가장 적극적으로 지지해주는 동지라고 치켜세우면서 그에 대한 지지를 공식적인 입장으로 밝혔다. 그런데 바이든이 이 기금이 그렇게 반대한 파산법안에 대해 민주당에서 가장 앞장서서 지지했다는 사실은 그가 여성에 대한 폭력 방지법을 지지했다는 또 다른 사실에 가려 아예 보이지 않게 돼 버렸다.

여성단체들은 모든 불의에 맞서 싸우기에는 쓸 수 있는 자금이 적고 인력도 모자란다. 그런데 파산법안 이야기는 또 다른 교훈을 던져준다. 여성문제는 단지 출산이나 가정폭력에 국한되지 않는다. 중산층을 위한 경제개혁 운동은 적절하게만 조직된다면 우리 사회의 주류를 이루는 수백만 여성들로 하여금 여성문제를 해결하기 위한 싸움에 합류하게 하는 기폭제가 될 수 있다. 여기서 다시 숫자를 들여다볼 필요가

---

* NOW Legal Defense and Education Fund.

† 차례로 Church Women United, Hadassah, YWCA.

있다. 2003년에 대학 학위를 받은 여성보다 법원에 파산 신청서를 낸 여성이 더 많았던 것으로 추정된다. 보육료가 지원되는 보육시설을 찾은 유자녀 여성보다 더 많은 유자녀 여성이 파산변호사를 찾았을 것이다. 그리고 바이든 의원에게 특별한 의미가 있는 통계이겠지만, 폭력을 일삼는 남편이나 남자친구로부터 보호받기를 원하는 여성보다 더 많은 수의 여성이 약탈적 대출업자들의 희생양이 되고 있다.[83]

가치 있는 다른 대의를 깎아내리거나 어느 한 불리한 집단을 다른 불리한 집단과 싸움 붙이자는 것이 아니다. 가정에서 폭행당하는 여성이 도움을 덜 받아야 한다든가 보조금이 지원되는 보육시설이 중요하지 않다는 뜻도 아니다. 다만 가정경제가 대기업과 로비스트들에게 맡겨져서는 안 되며, 바이든 같은 상원의원이 아침에는 여성을 팔아먹고 저녁에는 대기업들로부터 친구 대접을 받도록 허용돼서는 안 된다는 것이다. 중산층 여성들은 지금 경제적인 도움이 필요하다. 그러나 그들의 경제적 이익을 보호하는 일을 최우선시하는 사람은 아직은 별로 없다.

정치 스펙트럼의 보수 쪽 끝에 있는 정치단체들도 좀더 관심을 가져야 한다. 가정연구협의회나 가정포커스와 같은 단체들이 가정을 중심에 놓고 정치 및 교육 활동을 펼치고 있다. 그러나 가정의 가치를 보호하려는 노력의 핵심에 경제적 고려가 있어야 한다. 이혼율을 낮추고자 하는 모든 단체는 결혼생활을 힘들게 하는 경제적 스트레스를 줄이는 데 초점을 맞추어야 한다. 어린이에게 관심을 두는 모든 단체는 주택 모기지 대출이 어떻게 판매되고 수많은 아동들이 주택에서 어떻게 쫓겨나고 있는지에 진정으로 주의를 기울여야 한다. 그리고 엄마가 가정에서 자녀와 함께 지낼 권리가 존중돼야 한다고 생각하는 모든 단체는 수백만 중산층 여성들을 직장에 묶어두는 채무의 함정에 깊은 관심을 가져야 한다.

몇몇 종교지도자들이 가정경제에 큰 관심을 가져 왔다. 최근 의회에 배달된 한 편지에서 가톨릭, 유대교, 유니테리언*을 포함한 여러 종교단체들이 한 목소리로 "사회적, 경제적 약자들을 위해 사회정의를 구현하는 것은 우리의 모든 종교가 공유하는 소중한 도덕적 전통의 일부"라고 밝혔다. 그들은 채무 면제에 관한 성경 구절을 인용한 뒤 의회에 제안된 파산법안이 가정들에 부과하게 될 곤경은 자신들의 종교적 신념에서 벗어나는 것이라고 지적하고 의회에 그 법안을 폐기할 것을 요구했다. 그들은 가정들이 존망의 기로에 서게 됐다고 보고, 가정들로부터 경제적 독립성을 앗아가려는 자들에게 대항하는 일에 자신들의 도덕적 권위를 동원한 것이다. 다른 종교단체들도 뒤따라 나서야 할 것이다.

진보적 단체든 보수적 단체든, 종교단체든 비종교단체든 가정 보호를 중요한 사명으로 삼고 있는 모든 단체는 이자율 규제와 파산제도에 의한 보호를 아젠다의 맨 위에 올려놓아야 한다. 약탈적 대출, 고리대, 파산은 곧 가정 문제다. 이런 것들에 관련된 법은 가정들에, 특히 자녀

---

* Unitarian. 기독교의 정통 교의인 삼위일체론을 부정하고 하느님의 신성만을 인정하는 교파.

를 둔 부모들에게 영향을 끼친다. 중산층 가정의 경제적 생존력을 고갈시키고 가정생활의 친밀과 기쁨을 손상시키는 모기지 대출과 신용카드의 높은 이자율은 이혼, 복지개혁, 자녀양육권을 비롯한 다른 어떤 이슈보다도 더 중산층 생활에 직접적인 영향을 준다.

재정 소방훈련

가정은 맞벌이의 함정으로부터 어떻게 자신을 보호할 것인가? 카드 패는 자신의 힘으로 재정문제를 풀어보려고 애쓰는 오늘날의 부모에게 불리하게 놓여 있다. 한 세대 동안의 입찰전쟁은 지출을 줄이려고 하는 모든 가정 앞에 경쟁 구매자 군단을 출현시켰다. 한 세대 동안 해고, 이혼, 급증한 의료비용은 모든 사람을 강타했다. 이 책에서 우리는 집단행동을 위한 제언을 내놓았다. 즉 의회와 주 입법부, 정치행동단체와 종교단체, 교육구 당국과 지역사회기관이 해야 할 일에 관한 권고를 내놓았다. 우리는 집단행동이 가장 효과적인 방책이며, 중산층 부모에게 정말로 필요한 경제적 안정을 재확립하는 데 필수적이라고 굳게 믿는다.

그러나 그러한 변화에는 시간이 걸리며, 가정은 지금 당장 자신을 보호해야 한다. 그렇다면 가정이 해야 할 일은 무엇인가? 가족을 부양하는 모든 사람은 우선 재정계획에 관한 좋은 책을 읽어야 한다. 그러나 주의하라. 이런 책들 대다수의 기본 전제는 독자에게 오해를 불러일으키며 위험하기조차 하다. 그 책들은 예산을 수립하거나 뮤추얼펀드를 고르는 방법을 설명하지만, 대부분의 경우 그 조언은 안정되고 가족이 건강하고 위급사태가 없는 운 좋은 가정들만을 겨냥한 것이다. 실직, 조산, 이혼 등의 재난은 수백만 가정들의 재정생활에서 중요한 주제이지만, 재정 문제에 대해 조언을 하는 대부분의 책들에는 안 나온다.

집에 불이 나기 전에

어떤 소방관이라도 집에 불이 나기 전에 그런 비상사태에 미리 대비해야 한다고 말할 것이다. 아무런 연기도 나지 않는 지금 연기탐지기를 설치하고, 차고에서 기름 묻은 헝겊을 없애고, 소방훈련을 하라고 할 것이다.

가정 재정을 보호하는 일에 대해서도 똑같은 조언을 할 수 있다. 현명한 부모라면 집을 안전하게 지키기 위해 소방훈련을 하듯이 가정의 재정을 보호하기 위해 재정 소방훈련을 해야 한다. 가정 재정을 보호하기 위한 재정 소방훈련에서는 다음 세 가지 질문에 답해야 한다.

1. 한쪽 소득 없이도 살아갈 수 있는가?

만약 당신의 가정이 평균적인 맞벌이 가정과 같다면 어느 해에라도 부부 중 적어도 한쪽이 실직할 가능성이 16분의 1이다. 만약 편모나 편부라면 일하는 사람이 둘이 아니라 하나이기 때문에 실직할 확률이 보다 낮겠지만, 가정에서 유일한 그 소득이 없어진다면 실직이 초래하는 결과는 더 나쁠 수 있다. 어느 경우든 리트머스 시험의 방식은 동일하다. '당신의 가정은 현재 의지하고 있는 소득 중 하나가 없어져도 6개월간 살아갈 수 있느냐'는 질문에 대답해 보는 것이 그것이다. 결혼하고 한쪽만 돈을 버는 부부라면 대답하기에 더 쉬운 질문을 던져볼 수 있다. 그 질문은 '소득자에게 무슨 일이 생긴다면 집에 남아 있던 배우자가 일자리를 얻으러 취업시장에 나갈 수 있는가?'다. 이런 질문에 대한 대답이 '아니요'라면 뭔가 재난대비 계획을 세워야 한다.

2. 고정지출을 줄일 수 있는가?

당신의 가정이 수지균형을 맞추기가 어렵다면 재정계획에 관한 보통의 서적들에 나오는 "충동구매나 외식을 자제해서 더 많은 돈을 저축하고 부채를 상환하라"는 권고에 눈길이 갈 것이다. 그러나 그런 권고를 하는 전문가는 잘못 짚어도 아주 잘못 짚은 것이다. 그 모든 추가적 지출을 좋은 시절인 지금 없앤다면 재정위기가 닥쳤을 때는 어디에서 지출을 줄일 것인가? 당신의 예산을 다시 들여다보라. 당신이 평상시에 쪼들린다고 느낀다면 가끔 '올리브 가든' 레스토랑에 가서 저녁식사를 하는 것보다 훨씬 더 큰 문제점을 갖고 있을 가능성이 높다. 다시 말해 고정비용에 문제가 있을 가능성이 높다.

장식품이 아닌 필수품을 냉정하게 바라봐야 한다. 수지균형을 맞추기가 어렵다면 고정지출을 줄이는 방안을 생각하라. 차를 새로 사지 않고도 몇 년은 더 지낼 수 있는가? 아이를 다른 소아과 의사에게 데려가야 하게 되더라도 저비용 건강보험(HMO)에 가입할 수 있는가? 아이를 덜 비싼 프리스쿨에 보내도 괜찮은가? 그리고 가장 결심하기 어려운 문제이겠지만, 모기지 비용 부담을 줄이기 위해 더 싼 집으로 이사할 수 있겠는가? 이런 결정들은 어느 가정이나 쉽게 내리기 어렵다. 그러나 훗날 채권자들이 전화를 걸어오는 등 궁지에 몰린 뒤보다는 당신이 합리적인 선택을 할 시간과 여유가 있는 지금 그런 결정들을 해두는 게 낫다.

여기서 집을 구매하려는 가정에 해줄 수 있는 한 가지 충고가 자연스럽게 도출된다. 그것은 "감당할 수 없는 집을 무리해서 사지 말라"는 것이다. 당신이 꿈꿔온 집을 산 뒤에 그 모기지 대금을 낼 수 있는 유일한 길이 허리띠를 졸라매고 맞벌이 소득을 다 갖다 바쳐야 하는 것이라면 그렇게 하지 말라. 당신이 모기지 대출을 승인받았다고 해서 모기지 대금을 감당할 수 있는 능력이 확인된 것은 아니다. 고통스러울 수도 있지만 몇 년간 더 셋집에 살거나 좀 작은 집을 사는 편이 현명하다. 과중한 모기지 대출을 받았다가는 재정적 재난에 대한 대책을 세울 수 없게 되는 것은 물론이고, 크지 않은 실수로 인한 문제에도 대응할 여유를 잃게 되고, 사소한 위급상황에 대비할 현금도 남지 않게 될 수 있다. 절제 일색인 이 모든 충고 뒤에 그나마 한 줄기 위안의 빛을 비춰줄 수 있다. 고정된 것이 아닌 여분의 것에 대해서는 돈을 써도 좋다. 과소비론자들의 차가운 시선에는 신경 쓰지 말라. 채무 없이 얼마간의 저축을 하고 있는 사람이라면 자녀에게 새로운 나이키 한 켤레를 사주거나 시내에서 하룻밤 정도는 즐겨도 된다. 어려운 시절이 닥치면 당신은 그런 지출을 즉각 그만두고 그 돈을 진짜 요긴한 데 쓸 수 있다. 위기가 닥쳐도 견딜 수 있을 만큼 당신의 고정지출이 적다면 약간은 생활을 즐겨도 상관없을 정도로는 안전하다고 생각해도 된다.

3. 비상대책은 세워 놓았는가?

이제 '만약 이렇게 된다면 어찌할 것인가?'라는 질문을 스스로에게 던지는 고통스러운 게임을 해볼 때가 됐다. 남편이 실직하면 어찌할 것인가? 할머니의 건강이 악화된다면? 당신의 건강이 나빠진다면? 배우자와 갈라서게 된다면? 이렇게 가상의 경우들을 나열해 보라고 하는 것은 당신으로 하여금 두통을 느껴 아스피린을 사러 약국에 가게 하려는 게 아니라 예상치 못한 일이 일어나더라도 당신이 그에 대한 대비책을 갖고 있도록 도우려는 것이다. 어렵더라도 계획을 세워야 하고, 그 계획이 실행될 수 있게 하기 위해 지금 당장 할 수 있는 일이 뭔지를 검토해야 한다. 당신의 예산에 만일의 경우에 대비한 대책을 갖기 위한 비용 항목을 추가하라.

비상대책을 세우다 보면 당신이 지출하기로 한 재정서약들 가운데 일부를 다시 생각하게 될 것이다. 기간의 측면에 특히 주의하라. 장기서약이 가장 위험하다. 집을 사거나 대학에 갈 때처럼 장기서약이 불가피한 경우도 있다. 그러나 재정서약은 가능한 한 짧게 하라. 장기의 재정서약은 어려운 상황이 닥치면 가장 필요하게 되는 재정의 신축성을 떨어뜨리기 때문이다. 예를 들어 자동차 할부도 60개월간 지출을 계속해야 하는 서약을 하기보다는 36개월 만에 지출이 종료되게 하라.

서약의 기간을 줄이려니 월간 지불액이 너무 커진다면 그것을 경고로 여기고 주의하라. 당신은 그 차를 감당할 수 없으니 더 값싼 것을 선택해야 한다. 자동차 값을 다 갚고 나면 그 자동차를 1~2년 더 타면서 돈을 모아라. 이렇게 두세 번 하고 나면 차 값을 선불로 다 낼 수 있게 되어 예산의 신축성을 더 크게 가질 수 있다. 대출의 세부조건은 여러 가지로 다양하겠지만 장기서약만큼은 공중 줄타기라고 생각하고 조심하라. 당신의 가정이 줄타기를 하는 동안에는 언제든지 재난이 닥칠 위험이 있다. 줄타기는 가능한 한 짧게 끝내야 한다.

가입해 있는 보험의 보장범위도 다시 살펴봐야 한다. 만일의 경우에 대비해 신체장애보험에 가입하는 게 좋지 않을까? 생명보험 가입 금액을 늘리는 게 좋을까? 당신의 부모와 그들의 계획에 관해 대화해 보라. 당신은 부모가 장기 간호보험에 가입하도록 도움을 줄 수 있는가? 형제자매가 그런 도움을 줄 수도 있다. 부모에게 일상적인 도움이 필요하다면 장기 간호보험을 이용하라. 장기 간호보험은 당신 자신의 가정에는 물론이고 부모와 형제자매의 가정에도 더 큰 재정적 생존력을 가져다줄 것이다. 모두가 다 건강할 때에는 장애를 생각하는 것이 엉뚱한 상상인 것처럼 여겨질지 모른다. 어린 자녀를 기르며 바쁘게 살아가는 가정에는 해당사항이 없는, 그러니까 나와는 전혀 다른 누군가의 악몽으로만 여겨질 수도 있다. 그러나 현실을 보면 그렇게만 생각할 수가 없다. 의료 문제로 인해 매년 75만 가정이 파산법원으로 간다. 그러니 보험에 더 많이 가입할 것을 고려하라. 보험에 더 많이 가입했는데 나중에 보험금을 타지 않게 된다면 운이 좋은 것이라고 생각하라.

도움의 손길도 도움이 되지 않을 것이라면 거부해야 한다. 점점 더 많은 신용카드 회사들이 실직, 장애, 가족의 죽음 등으로부터 "가정을 보호하라"고 촉구하면서 '신용보호(credit protection)' 보험을 팔기 시작했다. 이것은 마치 완벽한 처방인 것처럼 보이지만, 주의해야 한다. 이런 보험의 대다수는 실직하거나 장애가 생겼을 때 그저 최소한의 월간 지불만을 대신 해줄 뿐이다. 어떤 보험은 당신이 사망할 경우 채무를 변제해 준다고 약속하지만, 이것 또한 하찮은 편익에 그칠 뿐이다. 당신의 보험계약 내용과 관계없이 당신의 상속자는 당신의 채무를 갚을 필요가 없다. 대부분의 경우 신용카드 회사는 당신이 신용보호 보험에 가입하지 않더라도 당신의 채무를 상각할 것이다. 채무 잔액이 없다면 신용보호 보험이 당신에게 해줄 것이 없다. 무엇보다도 나쁜 점은 이런 형태의 보험은 매우 비싸다는 것이다. 채무 잔액이 3000달러인 사람이 신용보호 보험에 가입하면 평균적으로 1년에 300달러를 내야 한다. 약간의 돈이 수중에 남는 상황이라면 명성 있는 보험회사의 장애보험에 가입하거나 은행에 예금하는 것이 낫다. 신용보호 보험은 어리석은 사람들이나 가입하는 것이다.

이미 불이 났을 때는

재정 소방훈련을 하기에 이미 너무 늦은 가정의 경우는 어떻게 해야 할까? 이런 가정은 흔히 엉터리 조언자에게 외면당하며, 악랄한 채권자에게 제물이 되기도 쉽다. 그러나 우리는 이 책을 가정이 그런 상태

에 있는 사람들에게 바치고자 하며, 그들에게 우리의 솔직한 조언과
위로를 건네고자 한다.

서로 탓하지 말라

늦게 깨닫는 바람에 더 나은 선택의 기회를 놓친 것에 대해 자책하고
싶은 사람도 있을 것이다. 그러나 당신이 재정난에 몰린 가정들 가운
데 90%와 같은 경우라면 그저 재수 없는 어떤 일이 당신에게 일어났
기 때문에 그렇게 된 것이라고 생각해도 된다. 아마도 사업에 실패했
거나, 남편이 집을 떠났거나, 너무나 몸이 아파 일할 수 없었기 때문일
것이다. 당신이 내린 결정이 가족을 부양하기 위한 것이었다면 굳이
당신이 죄책감을 느낄 필요가 없다. 채권자는 당신에게 관대하지 않을
것이 분명하지만, 당신은 스스로에게 관대해야 한다.

그리고 배우자에게 화를 내지 말라. 지금 당신의 재정적 안녕만 위
기에 처한 것이 아니다. 당신의 결혼생활도 위기에 처해 있다. 당신의
가정이 대다수의 다른 가정들과 같다면 지금 당신의 결혼 생활은 어느
때보다 위태로운 상황일 것이다. 펜실베이니아주의 한 소도시에서 치
위생사로 일하고 있는 미라는 남편이 실직한 뒤 파산을 신청했다. 그
녀는 자신이 부닥친 문제를 간결하게 요약했다. "우리의 결혼생활은
파괴되다시피 한 재정을 제외하고는 완벽했죠. 우리 부부가 싸운 이유
는 돈 하나뿐이었지만, 그것은 부부애는 물론 우정도 파괴하기에 충분
했습니다." 가정이 재정난에 빠지면 남편은 돈도 벌어오지 못하는 자
신의 무능력을 부끄러워할 것이고 아내는 채권추심원, 직장 상사, 자

녀의 온갖 요구로 인해 힘겨워할 것이다. 그러니 서로에게 친절하라. 당신 부부는 둘 다 지금 마음속에 엄청난 긴장을 품고 있는데, 그런 긴장을 끄집어내어 서로에 대고 해소하려는 행동은 상황만 더 악화시킬 뿐이다.

또한 당신만 그런 것이 아님을 알아야 한다. 당신이 처한 상황과 그리 다르지 않은 상황에 처한 수백만의 다른 가정들이 있다. 그들은 모두 열심히 일했고, 가족을 잘 부양하려고 했으나 재정파탄의 지옥에 떨어졌다. 당신과 꼭 같은 남성, 여성들이 가족을 위해 최선을 다했으나 재정파탄에 처했다. 그렇게 파산한 사람들이 당신 주위의 식료품점, 학교 학부모회, 기독교 교회, 유대교 회당 등에 산재해 있다. 심지어는 당신의 친지 중에 그런 사람이 있을 수도 있다. 당신만 그런 사람들이 주위에 있다는 사실을 모르고 있을 뿐이다.

소중한 것을 지켜라

재정난에 처한 가정들에 가장 큰 위험요소는 채권추심원이 아니다. 채권추심원이 물론 가장 성가신 존재일 수는 있지만 적어도 최대의 위험요소는 아니다. 최대의 위험요소는 잘못된 낙관주의다. 우리는 인터뷰에서 그런 낙관주의를 드러내는 말을 수없이 들었다. "우리는 마크가 곧 일자리를 얻을 것으로 생각했습니다." "나는 남편과 당분간만 떨어져 있으면 남편과의 문제를 잘 풀어갈 수 있으리라고 생각했습니다." "우리는 할아버지의 상태가 오랫동안 이렇게 계속되리라고는 생각하지도 못했습니다." 이런 가족들은 재난을 당한 것은 의식했지만 그것이

곧 지나갈 것으로 생각했기 때문에 충분히 빠르게 대응하지 못했다. 그런 태도는 재정위기에 대한 가장 치명적으로 잘못된 대응이다. 재난이 언제 끝날지를 예측하는 것은 거의 언제나 불가능하다. 이미 곤경에 처한 가정들도 최악의 경우에 대비해, 즉 나쁜 소식이 다시 좋아지지 않는 경우에 대비해 계획을 세워야 한다. 전화를 끊고, 광고 우편물을 무시해야 한다. 이제는 냉정하고 엄격하게 계산을 해야 할 때다.

재정위기를 맞은 가정은 전쟁을 맞은 가정처럼 생각해야 한다. 가장 중요한 것을 보존하는 데 주의를 집중해야 하며, 그 밖의 다른 것들에는 신경을 쓰지 말아야 한다. 어려움이 닥치면 중심적인 질문을 던져라. 당신의 자산 중 어느 것을 가장 보존하고 싶은가? 그것은 자동차일 수도 있고, 집일 수도 있고, 건강보험일 수도 있다. 당신이 어느 것에 가장 가치를 두는지를 결정하고 그 청구서 대금을 먼저 지불하라. 다른 누가 당신에게 재산을 포기하라고 요구하고, 그가 무엇으로 당신을 위협하는지는 중요하지 않다. 당신이 일단 곤경에 처하게 되면 싸워야 한다. 가장 목소리가 크거나 공격적인 채권자를 만족시키려고 할 것이 아니라 당신이 아끼는 것들을 지키기 위해 싸워야 하는 것이다.

가장 중요한 점은 어떤 경우에도 당신에게 중요한 자산을 위험한 상태로 몰아넣지 말아야 한다는 것이다. 2차 모기지를 받거나 부채를 제외한 주택의 순가치를 담보로 대출을 받으면 "월 지불금을 줄일 수 있다"는 제안이 빗발칠 것이다. 하지만 절대로 그렇게 하지 말라. 다른 청구서 대금을 지불하기 위해 집을 담보로 또 다시 빚을 내는 모기지 대환대출은 곤경에 처한 가정들이 범하는 가장 큰 실수다. 모기지 회사들은 물론이고 일부 재정문제 조언가들도 고금리 신용카드 채무를 저금리 모기지 채무로 대환하는 것이 이익이라고 말할 것이다. 당신이 재정난에 처한 상태에서는 고비용의 비우량 모기지로 끌려가게 되기 쉬운데, 실제로 그렇게 끌려간 뒤에 보면 이득이라고 생각됐던 것이 모두 착각이었음을 알게 된다. 가장 나쁜 일은 가정의 최후 보루인 집을 위태롭게 하는 것이다. 잠시 생각해보자. 당신은 그들이 제시하는 '보다 적은 월 지불금'이 공짜 선물이라고 정말로 믿는가? 그럴 가능성은 없다. 모기지 대출업자가 신용카드 회사보다 낮은 금리를 적용한다면 그것은 모기지 대출업자가 그 대가로 무언가를 얻게 되기 때문이다. 그는 당신을 거리로 몰아내고 당신의 집을 차지한 뒤 그것을 팔 권리를 얻고자 하는 것이다.

곤경이 많이 악화되면 고금리 신용카드 채무와 현금서비스 채무를 없애기 위해 파산신청을 할 수 있다. 그러나 파산은 주택지분을 담보로 한 대출이나 대환된 모기지 채무에 대해서는 도움을 줄 수 없다. 당신은 파산신청을 하더라도 모기지 대출업자에게 남은 채무의 전부는 물론이고 벌과금, 연체료, 이자까지 다 지불해야 하며, 그렇게 하지 않으면 주택 법정처분을 당할 것이다. 신용카드 채무에서 한 달에 몇 달러 정도 절약할 가능성은 집을 잃을 위험을 감수하면서까지 선택할 만한 가치가 없다.

전략적으로 행동하라

청구서가 계속 쌓이면 전반적인 재정 상황을 현실적인 시각에서 다시 살펴봐야 한다. 당신은 앞으로 2년 안에 채무를 상환할 수 있는가? 대답이 '아니오'라면 변호사와 상담하고, 선택할 수 있는 법적 조치에 관한 좋은 책을 읽고, 파산신청을 검토하라. 그러나 파산은 향후 6년간은 또 다시 신청할 수 없기 때문에 본질적으로 1회용 선택지임을 상기하라. 일단 파산을 신청하고 나면 당신은 어떤 낙하산도 없이 비행기를 타고 하늘을 날기 시작한 것과 같다.

조금이라도 가능하다면 파산을 선언하기 전에 위기가 지나갈 때까지 기다려라. 실직 상태라면 새로운 일자리를 얻을 때까지 기다려라. 많이 아픈 자녀가 있다면 그 자녀의 건강이 회복되거나 건강보험금이 지불될 때까지 기다려라. 추심통지서가 쌓이고 채권자들이 매일 밤 전화를 걸어온다면 오래 기다리는 것이 아주 힘들 수도 있다. 그러나 당신이 더 기다릴 수 있다면 파산신청을 한 뒤에 또 다시 채무에 파묻히게 될 위험을 그만큼 줄일 수 있다. 파산제도는 재기의 기회를 제공하지만 언제나 활용할 수 있는 것은 아니다. 당신이 최악의 문제까지 다겪을 때까지 늦추고 늦추다가 파산신청을 한다면 파산법관으로부터 당신에게 꼭 필요한 것, 즉 새 출발의 기회를 얻어낼 가능성이 그만큼 높아진다.

빚을 다 못 갚았다고 죄책감을 갖지 말라

결코 상환할 수 없는 청구서는 어떻게 해야 하나? 당신이 무엇을 하든 간에 법원이 면제해준 옛 채무는 어떤 것이라도 다시 떠맡지 말라. 네 가구 중 한 가구는 파산신청을 한 뒤에 더는 갚지 않아도 되는 채무를 갚겠다고 서명한다. 왜 그럴까? 자신의 권리를 제대로 이해하지 못했기 때문이다. 6장에서 소개한 시어스에 관한 이야기처럼 채권자는 가정의 재산을 회수하겠다고 협박함으로써 파산가정을 괴롭힌다. 그러나 집과 차를 제외하고는 물건에 대한 회수 위협은 공허한 것이다. 채권자들은 물건에 대해 회수 위협만 할 뿐 실제로는 대개 회수하지 않는다. 왜냐하면 채권자가 물건을 회수하는 데 들여야 하는 시간과 돈에 비해 그 물건의 가치가 작기 때문이다. 채권자가 당신의 집에 트럭을 보내 무언가를 실어가려면 적어도 350달러의 비용이 들고, 그 물건을 깨끗이 닦아 다시 팔려면 더 많은 돈을 써야 한다. 당신이 갖고 있는 중고품이 실제로 그만한 가치가 있겠는가?

그들이 자주 쓰는 또 다른 전술은 파산신청을 한 가정에는 어느 회사에서도 신용카드를 발급해 주지 않을 것이라고 경고하는 것이다. 많은 대출업자들이 대리인을 고용해 파산법원의 대기실을 순찰하게 한다. 대리인들은 대개 겉보기에 친절하고 마음씨가 좋아 보이는 나이든 부인이다. 그들은 이렇게 제안한다. "당신이 신용카드 채무 잔액을 상환한다는 데 동의한다면 저희 회사가 당신에게 신용한도를 넉넉히 설정해 줄 겁니다." 그러나 그들에게 서명을 해주기 전에 다시 한 번 생각하라. 그 대리인들은 좋은 사람인 것처럼 보이지만 실제로는 독약을 팔고 있다. 당신은 더 빚지지도 않은 청구서 대금을 지불하느라 꼼짝달싹하지 못하게 될 것이고, 새로 설정되는 신용한도는 실효 이자율이 무려 1000%나 될 수도 있다.

쓰던 신용카드를 몰수당한 뒤에 새 카드를 발급받으려면 어떻게 해야 할까? 집에 배달된 편지를 열기만 하면 된다. 파산신청 후 6개월 안에 84%의 가정이 신청하지도 않은 새 카드를 발급해 주겠다는 제안을 받는다. 파산가정의 절반이 이런 제안을 30번 이상 받은 것으로 나타났다. 파산신청 후 당신은 과거 어느 때보다 더 신용카드 회사들에 인기가 있음을 알게 될 것이다. 대출업자들은 당신이 향후 6년간은 다시 파산을 선언할 수 없다는 사실을 잘 알고 있다. 그들은 당신이 아직 재정적 부담을 많이 지고 있으니 곧 채무 잔액이 생겨서 회전결제 대금을 내게 될 것이라고 생각한다. 그들은 이미 파산신청을 한 당신을 오히려 선호하는 고객 명단에 1순위로 올려놓을 것이다. 그러므로 걱정할 게 없다. 파산 후에도 살아갈 길은 얼마든지 있다. 당신은 필요한 정도보다 훨씬 더 넉넉한 신용한도를 갖게 될 것이다. 그러니 오직 참고 견디기만 하면 된다. 겁을 먹거나 위축되지 말라. 채권자들은 어차피 당신의 친구가 아니다. 파산 신청서의 잉크가 마르기도 전에 당신의 미래를 그들에게 양도해서는 안 된다.

자책과 죄책감을 부추기는 합창 소리가 점점 더 크게 들리기도 한다. "대출회사에서 빌린 돈은 갚아야 하는 것 아니냐." 그렇다. 갚아야 한다. 단, 어느 정도까지만 갚으면 된다. 당신에게는 빌린 돈을 갚을 의무 외에 자녀를 재우고, 먹이고, 필요한 병원치료를 받게 할 의무도 있다. 당신의 의무만 놓고 본다면 자녀에 대한 의무가 채권자에 대한 의무에 우선한다.

게다가 대다수 대출업자들은 당신이 빚을 갚기가 어려울 것이라는 사실을 이미 알고 있었다. 그들은 당신의 신용기록을 갖고 있었다. 그들은 당신이 얼마나 버는지를 알고 있었고, 당신의 빚이 얼마나 되는지도 알고 있었다. 그들은 계산된 위험을 선택했다. 가족 모두가 건강하고 당신이 일자리를 잃지 않았다면 당신은 채무를 상환했을 것이고, 당신의 채권자도 괜찮은 이윤을 얻었을 것이다. 그러나 그렇게 되지 않았다. 은행들이 대출을 하는 것은 돈을 벌기 위해서이며, 대출을 할 때 이미 대출금이 상환되지 않을 가능성이 얼마간 있다는 사실을 알고 있다. 이자와 위약금은 바로 대출금이 상환되지 않을 위험을 은행들이 감당할 수 있게 하려고 고안된 것이다. 따라서 은행들은 가끔씩은 대출금이 상환되지 않아 손실을 보게 되더라도 끄떡없다.

사업가처럼 생각하라. 유나이티드 항공이나 K마트가 파산신청을 했을 때 그 회사의 최고경영자나 사장이 죄책감으로 괴로워했다고 생각하는가? 그들은 그러지 않았다고 우리는 생각한다. 그들은 주주와 고객을 위해 최선이라고 판단한 조치를 취한 것이었으며, 그들이 그렇게 해서 일부 채권자들이 손해를 보게 됐다고 하더라도 그건 어쩔 수 없는 일이었다. 그들은 파산신청을 할지 말지를 단지 사업의 문제로 보았다. 당신네 가정의 안녕이 위험에 처했을 때는 당신도 그렇게 생각해야 한다.

집에 다시 들어앉아야 하나

맞벌이의 함정에 빠질 위험을 없애기 위해서 당신이나 당신의 배우자가 당장 직장을 그만두고 집에 들어앉아야 할까? 당신이 곤경에 처한 수백만 부모들과 같은 처지라면 이미 모기지 대금 지불과 등록금 납부만으로도 벅찰 것이다. 그런 상태에서 부부 중 어느 한쪽이라도 직장을 그만두는 것은 단지 상태를 악화시킬 뿐이다. 곤경에 처한 당신으로서는 재정 소방훈련을 하는 것과 상원의원에게 전화를 걸어 화를 내는 것이 할 수 있는 최선의 행동이다.

일부 가정들의 경우에는 부모 중 한쪽이 집에 남아있는 것이 가능하다. 그런데 재정적으로 보아 그렇게 하는 것이 좋은 생각인가? 그렇게 할 여유만 있다면 나쁜 해법은 아니다. 부부 중 한쪽이 집에 전업적으로 남아 있기를 원하지만 그것이 경제적으로 너무 위험하다고 생각될 수도 있다. 하지만 그런 걱정은 할 필요가 없다. 맞벌이를 해야 가정이 재정적으로 안전해진다는 생각은 위험할 정도로 비뚤어진 것이다. 이 책에서 소개한 데이터는 부모 중 한쪽이 집에 남아 있는 가정은 경제적 안정의 중요한 바탕, 즉 무언가가 잘못되면 곧바로 나설 수 있는 예비 소득자와 예비 간호사를 갖고 있다는 점을 보여준다. 당신이 혼자 벌어서 충분히 살아갈 수 있고 집에 있는 배우자는 필요할 경우에는 언제든지 일하러 나갈 수 있다면 배우자는 계속 집에 남아 있어도 된다.

부부 양쪽이 다 일하기를 원한다면 어떻게 해야 하는가? 모든 수단을 다해서 그렇게 하라. 소득자가 두 명이라고 해서 반드시 맞벌이의 함정에 빠지는 것은 아니다. 단지 그럴 위험이 더 크다는 것이다. 따라서 가정이 맞벌이의 함정에 빠질 위험에 대비해 계획을 잘 세우면 그만이다. 재정계획에 관한 서적들은 대개 단일소득 가정과 맞벌이 가정을 똑같이 취급하면서 가계소득을 다 더하고, 지출항목을 나눠 나열하고, 빈 칸을 채워 넣으라고 권고한다. 그러나 단일소득 가정과 맞벌이 가정은 똑같지 않다. 안전망이 없다면 맞벌이 가정은 단일소득 가정처럼 빡빡하게 예산을 짜지 않도록 주의해야 한다. 가능하다면 두 번째 소득은 안전망, 즉 나쁜 시기에 대비한 특별 비축용 자금이라고 생각하라. 형편이 좋으면 두 번째 소득 중 일부를 저축하고 그 나머지를 외식, 멋진 옷, 잔치 등에 써라. 그 돈을 모기지 대금이나 건강보험료로 바쳐야 할 상황을 만들지만 않는다면 안전을 유지하면서도 맞벌이 소득의 편익을 누릴 수 있을 것이다.

자녀 안 갖기 해법

일부 여성들은 맞벌이의 함정을 피할 수 있는 다른 해법을 찾아냈다. 그것은 보험 가입을 늘리거나 재정 소방훈련을 하는 것과는 무관하며, 배우자더러 집에 남으라고 요구하지도 않는다. 우리가 제시한 다른 해법들과 달리 그것은 비용이 안 들면서도 매우 효과적이다. 그들의 해법이란? 바로 아이를 갖지 않는 것이다.

자녀가 없다는 것은 반드시 계산된 경제적 전략의 결과가 아닐 수도 있지만, 어쨌든 강력한 경제적 효과를 낳는다. 여성의 입장에서는 자녀를 갖지 않기로 결정하면 파산할 확률을 66%나 줄일 수 있다. 여성이 자녀를 갖지 않으면 추심전화에 응대하거나 집에 찾아온 회수인을 대해야 할 가능성을 낮추고, 자기 집을 보존할 가능성을 높인다. 그리고 그렇게 개선된 재정적 안전성은 평생 지속될 것이다. 자녀를 갖지 않기로 한 여성은 안락한 노후생활을 하게 될 가능성이 훨씬 높아진다.

몇 세대 전에는 여성에게 자녀를 갖지 말라고 권하는 것은 황당한 일이었다. 그것은 모든 사람이 부모가 될 것이라고 간주한 당시의 사회규범에 어긋날 뿐 아니라 그러한 조언 자체가 경제적으로 자멸적인 것으로 간주됐을 것이다. 과거에는 자녀가 경제적 자산으로 여겨지기도 했다. 젊은이는 농장이나 가게에서 일을 거들었고, 동생들을 돌보았으며, 가장 중요한 역할로 늙은 부모를 돌보았다. 그런 시절에는 부모가 자녀를 낳아 기르는 비용을 부담하는 것이 이상한 일이 아니었다. 그리고 부모는 결국 보상을 받았다.

지금도 자녀는 경제적 자산임에 틀림없다. 오늘의 자녀는 내일의 경제를 건설하고, 훗날의 전쟁에서 국가를 지키고, 병자를 돌보고, 새 건물을 짓고, 도로를 보수하고, 사회보장비용을 부담해 노인 세대를 부양할 것이다. 그러나 핵심적인 차이점이 있다. 오늘날에는 그런 편익들이 특정한 부모에게 가지 않고 사회 전체로 간다. 게다가 오늘의 자녀가 기여하는 것의 대부분은 자녀가 다 자라서 집을 떠난 뒤에야 발생한다. 현대 경제에서 가족의 가게를 청소하거나 추수 일을 거들어 밥값을 하는 아이는 거의 없다. 대다수는 성인이 된 뒤까지도 재정적 부담일 뿐이다. 단지 몇 세대 만에 자녀양육의 계산법은 극적으로 바뀌었다. 중산층 부모는 자녀에게 갈수록 더 많은 돈을 투자하고 있다. 동시에 사회 전체가 그런 투자에 따른 수익에서 갈수록 더 큰 몫을 요구하고 있다.

일간지 〈유에스 뉴스 앤드 월드 리포트〉의 한 칼럼은 이렇게 냉소적으로 지적했다. "개별 가족 차원에서 재정적으로 말한다면, 아이는 품질보증 없는 고가의 소비품목과 같다. 20세기 말의 경제적 인간에게 자녀 양육은 달갑지 않은 재정적 거래가 됐다." 기본적으로 옳은 말이다. 자녀 양육은 실제로 재정적 거래로서는 달갑지 않은 일이다. 그러나 틀린 점도 있다. 품질보증이 있든 없든 자녀를 갖기로 하는 것과 고가의 소비품목을 사기로 하는 것은 전혀 다른 선택이다. 자녀를 갖는 것이 가격표가 붙은 메르세데스 벤츠를 구매하는 것과 같은 것이라면 예비 부모는 표준적인 경제학 서적이 제시하는 것과 같은 보통의 재정적 선택을 하면 된다. 벤츠, 베엠베, 기쁨을 주는 아기 등 여러 선택 가능한 품목들 가운데서 마음에 드는 것을 고르면 될 것이다. 합리적인 사람은 자신의 선호에 따라, 그리고 자세한 정보에 근거해서 선택을 할 수 있을 것이며, 어떤 항목이 비용이 너무 많이 든다면 그것의 구매를 포기할 수 있을 것이다.

그러나 아이의 비용은 그렇게 깔끔하게 계산될 수가 없다. 아이를 임신하기도 전에 자신만의 독특한 재능과 욕구가 있는 그 아이의 18살 때 또는 22살 때의 가격을 매기는 것은 불가능하다. 예비 부모는 천식에 걸린 아기에 대한 예산이나 주립대학 입학이 거절된 자녀의 값비싼 사립대 졸업장에 대한 예산을 세우지 않는다. 부모는 자녀의 전체 가격을 알게 되기보다 훨씬 전에 자녀의 욕구를 충족시키겠다고 서약한다. 그리고 그 서약은 부모의 나머지 생애 전체의 재정에 영향을 미친다.

점점 더 많은 미국인들에게 자녀를 안 갖는 것이 진지한 선택사항이 되고 있다. 장차 미국의 출산율이 떨어질 것이라는 경고도 있었다. 지난 20년 사이에 전체 여성 중 무자녀 여성의 비율은 두 배가 됐고, 인구학자들은 오늘의 젊은 여성들 가운데 4분의 1은 자녀를 갖지 않을 것이라고 예상하고 있다. 유자녀 가정이 무자녀 가정에 비해 거의 세 배나 더 파산하는 경향이 있다는 말이 널리 알려지면 앞으로 더 많은 여성들이 자녀를 갖지 않기로 결정할지도 모른다. 게다가 엄마와 아빠가 하루 종일 열심히 일하는데도 채권추심원이 찾아와 욕을 해대거나 회수인이 가족의 자동차를 끌고 가서 엄마가 무기력하게 주저앉아 우는 것을 보면서 자라난 오늘날의 자녀는 앞으로 어떻게 될 것인가? 이런 아이들이 과연 스스로 부모가 되는 것을 조금이라도 흥미 있어 할까?

우리는 족집게 예언자가 아니다. 그리고 유전자를 후대에 물려주려는 생물학적 욕구가 외관상 더 합리적으로 보이는 재정적 계산을 앞으로 계속 이길 수도 있다. 우리는 물론 그렇게 되기를 희망한다. 감상적 이유 때문만이 아니라 경제적 이유 때문에도 그렇다. 많은 사람들이 부모가 되는 것을 사교모임에 나가거나 윈드서핑 취미를 갖는 것과 그리 다르지 않은, 하나의 '삶의 스타일'을 선택하는 것으로만 생각한다. 자녀를 가질까 말까를 선택하는 개인의 관점에서는 그렇게 해도 상관없겠지만, 사회 전체적으로 볼 때는 이야기가 다르다. 자녀를 안 갖는 사람들에게 상을 주고 아이를 기르는 부모에게 벌을 주는 사회는 과연 어떻게 될까? 중산층 부부들이 부모가 되는 삶의 스타일을 선택하기를 중단한다면 그들이 노년층이 됐을 때 누가 그들을 돌볼 것인가? 누가 세금을 내고, 사회기반시설을 건설하고, 경제가 굴러가게 할 것인가? 그리고 가장 중요한 의문이지만, 미래에도 이 사회에 거대한 중산층이 존재할 수 있을까?

우리는 모든 사람에게 부모가 되면 밟기 쉬운 재정적 지뢰를 피하는 방법에 관해 현명한 조언을 해주고 싶지만, 사실 우리에게는 그럴 능력이 없다. 재정 소방훈련은 현대 경제생활의 적어도 몇 가지 위험들을 견제하는 데 도움을 주지만, 자녀를 갖는 것이 아주 위험한 일이 되어버린 근본적인 현실을 뛰어넘을 수는 없다. 재정 소방훈련이 부모들을 개별적으로 시장의 변덕에서 보호할 수도 없다. 부모가 자녀에게 괜찮은 수준의 교육을 보장할 수 있는 유일한 길이 교외의 몹시 비싼 주택을 구입하는 것인 한 가정들은 파멸을 재촉하는 모기지 대출을 계속 받을 것이다. 프리스쿨 비용이 공적 부담이기보다 가정의 책임으로 남아있는 한 부모들은 고투를 계속할 것이다. 대학이 스포츠팀 운영비용과 행정직원들의 보수를 지불하기 위해 한 세대마다 등록금을 두 배씩 올리는 한 가정들은 더욱 과로하지 않을 수 없다. 의회가 약간의 기본적인 이자율 규제를 부과하기를 거부하는 한 신용카드 회사와 모기지 대출업자들은 미국 중산층 가정들의 호주머니에서 매년 수백억 달러씩을 계속 빼내갈 것이다.

여기서 우리는 견실한 재정적 추론에 입각한 조언이 아니라 희망과 기대를 담은 조언을 하고자 한다. 당신이 부모가 돼야 한다는 소명을 느낀다면 마음이 원하는 그대로 하기를 바란다. 그렇다. 당신은 집을 잃을 수도 있고 파산할 수도 있다. 우리는 당신이 부모가 되는 기쁨으로 그런 재정적 고통을 이겨내기를 바란다. 미국 중산층의 위대함을 믿으면서 그 튼튼한 미래를 위해 기도하는, 일하는 엄마인 우리 두 저자가 그 밖에 무슨 조언을 더 할 수 있겠는가?

다만, 당신이 부모가 된다면 자녀에게 필요한 것을 충족시키는 것 이상의 의무가 당신에게 있다고 우리는 믿는다. 당신에게는 목소리를 높여 외칠 의무가 있다. 이 책에서 살펴본 데이터는 각 가정이 홀로는 자신을 보호할 수 없다는 점을 보여준다. 그러므로 당신의 지역구 의원에게 편지를 쓰고, 학교 운영위원회에 청원서를 보내라. 그리고 해야 하는 말을 외쳐라. 미국에는 6300만 부모들이 있다. 그들과 함께라면 당신은 변화를 일으킬 수 있을 만큼 충분히 강력하다. 당신이 재정적으로 살아남으려고 한다면 당신을 포함한 부모들이 변화를 이루어내기 위해 결속해야 한다. 당신이 속한 이익집단, 즉 아이를 둔 부부들의 생존은 당신이 실제로 그렇게 할 것이냐에 달려 있다.

파산가정의 아이들

당신이 행동을 해야 하는 이유가 한 가지 더 있다. 당신 자신이나 다른 부모들, 혹은 미래의 부모들을 위해서가 아니다. 당신은 당신의 자녀를 포함한 아이들을 위해 행동을 해야 한다.

어떤 사람들은 이 책을 보고 화를 낼 게 틀림없다. 오늘날의 가정 문제가 물질주의와 무책임함으로 요약될 수 있다고 확신하는 사람들은 우리를 변명만 늘어놓는 구제 불가능한 자라고 비난할 것이다. 대출업계의 대변자들은 자신들이 만들어낸 채무가 각 가정에 얼마나 큰 편익을 주었는지를 부풀려 이야기할 것이다. 거대 은행을 보호해주고 수백만 달러를 받은 정치인들은 "나는 친가정적"이라고 다시 한 번 큰 소리로 자처하면서 이 책을 계속 묵살할 것이다. 그리고 재정적으로 불운한 사람들을 도덕적으로 타락한 자라고 비난하는 사람들은 앞으로도 계속 나올 것이다.

그러나 우리를 가장 큰 목소리로 비판하는 사람들이라도 무시하기 어려울 사실이 한 가지 있다. 2003년에 부모가 파산을 선언한 아동의 수가 160만 명에 이를 것으로 추정된다. 소년야구리그에 등록하는 아이들, 동물구조협회에서 개를 입양하는 가정의 아이들, 치아교정을 받는 아이들보다 더 많은 수의 아이들이 부모의 파산서류에 이름이 등재되고 있다.[84] 현재와 같은 추세가 앞으로도 계속된다면 2010년경에는 미국에서 부모의 파산을 경험한 아동이 7명 중 1명에 이를 것이다.

이혼과 똑같이 파산도 불안정한 가정을 낳는다. 부모의 이혼으로 자녀가 직면하는 어려움에는 사람들이 관심을 가졌지만, 중산층 부모의 재정파탄이라는 문제는 대체로 무시됐다. 그러나 이제는 부모의 이혼을 경험하는 아동보다 부모의 파산을 경험하는 아동이 더 많아질 것이다. 그런 아이들에게 파산은 단순히 용돈이 적어지거나 새 옷을 입기가 더 어려워지는 정도의 문제가 아니다. 이혼한 가정의 아이들처럼 파산가정의 아이들도 한때 그들 자신이 누렸던 생활을 잃게 된다.

어떤 경우에는 가정 재정의 악화가 가져오는 결과가 아이에게 얼른 알아차리지 못할 정도로 미묘하고 이해하기 어렵다. 엄마는 마냥 울기만 하고, 아빠는 하루 종일 집에만 있고, 난방은 끊겨버린다. 몰락이 급작스럽게 찾아오는 경우도 많다. 법정처분 통지서가 대문에 붙고, 도시 반대편의 비좁은 아파트로 하루아침에 이사 가 살면서 그곳 학교에 전학해야 한다. 그 여파가 전혀 예상치 못한 방향으로 번지기도 한다. 캘리포니아에 사는 38세의 엄마 사라 스워들링은 남편이 실직한 후 가정이 처한 재정파탄 상태를 열한 살짜리 아들이 눈치 채지 못하게 하려고 애썼다. 그녀는 기한이 지난 고지서를 조심스레 숨겼다. 전화가 끊어진 것은 전화선에 문제가 생겼기 때문이고, 자동차가 견인되어 간 것은 변속기가 고장 났기 때문이라고 했다. 그러나 그때 그녀와 남편이 더는 아이에게 진실을 감출 수 없게 하는 전화가 걸려 왔다. "우리 아들은 치아교정 중이었습니다. 그런데 우리가 파산했다는 소식을 전해들은 치과의사가 집으로 전화를 걸어와 아이의 치아 치료를 더이상 하지 않겠다고 통보한 겁니다." 그녀는 자존심을 꾹꾹 눌러 참으며 여기저기에 전화를 걸어 알아본 끝에 치료비를 선불한다는 조건으로 아들의 치열교정기를 제거해 주겠다는 의사를 찾아냈다. 그때 그녀는 열한 살짜리 아들에게 자신들의 삶에서 무엇이 잘못된 것인지, 왜 이가 아직 비뚤어져 있는데도 처음 보는 사람이 치열교정기를 떼어내게 해야 했는지, 그리고 가족의 생활이 앞으로 어떻게 바뀔 것인지를 설명해야 했다.

　아이의 생활에 부모의 이혼, 다른 도시로의 이사, 동생의 출생 등 급격한 변화가 생기면 부모는 대개 아이의 생활과 관계가 있는 다른 성인에게 알리고 도움을 청하거나 아이에게 문제가 생기지 않도록 살펴 봐달라고 부탁한다. 그러나 중산층 부모는 자신들의 파산으로 인해 아이가 심리적 고통을 겪을 수 있다는 사실을 교사, 소아과 의사, 학교 상담역, 보모에게 알리지 않는다. 이 때문에 아이는 더욱 더 고립되고, 혼란스러워 하고, 무언가 창피한 일이 일어났다고 생각하게 된다.

이런 식의 침묵이 만연하면 부모가 파산한 가정의 아이들이 같은 경험을 가진 다른 아이들과 친구로 만나기가 어렵게 된다. 아이들은 갈수록 더 고립되고 또래의 친구들로부터 멀어진다. 시간이 지나면 사실을 숨기고 거짓말을 하는 아이가 될 수 있다. 캐서린 뉴먼 교수는《은총으로부터의 추락》*이라는 저서에서 어느 실직한 아버지의 말을 인용했다. "학교 친구들의 아버지가 모두 이런저런 조직의 장이라더군요. 그래서 나는 아들에게 '너는 아빠가 회사의 부사장이었는데 해외 지사를 맡으라는 것을 거절했다고 친구들에게 말해'라고 했죠. 지금은 뭐 하시느냐고 누가 물으면 '회사를 차렸다'고 말하라고 했습니다." 부모가 이렇게 거짓말을 부추길 때 그 아이는 무슨 생각을 할까? 정치인들은 부모가 그러는 것에 대해 이제는 재정파탄이 더 이상 수치스러워 할 일이 아니게 됐음을 보여주는 증거라고 주장할지 모르지만, 부모의 재정파탄이 초래한 결과를 겪어야 하는 아이는 그런 식으로 생각하지 않을 수 있다.

* Katherine S. Newman, *Falling from Grace: The Experience of Downward Mobility in the American Middle Class*, New York, Free Press, 1988.

몇몇 연구는 그런 아이들이 직면할 미래가 어떤 것인지를 보여준다. 부모가 재정난에 처한 아이는 부모가 이혼한 아이가 입는 손상을 그대로 입는다. 그것은 시험성적 저하, 자신에 대한 긍지 상실, 학교에서 말썽 부리다 야단맞기, 의기소침 등이다. 뿐만 아니라 부모가 이혼한 가정의 아이에게서는 흔히 발견되지 않는 추가적인 손상이 파산한 가정의 아이에게 나타난다. 그것은 가정의 재정난으로 인해 자녀가 성인이 되기 훨씬 전부터 성인의 역할을 맡아 하게 된다는 것이다. 뉴먼은 "재정적으로 몰락한 가정에서는 부모가 오히려 자녀로부터 정서적인 떠받침을 받기도 한다. 그리고 자녀는 부모로부터 좀더 독립적이기를 원하지만 책임감과 의무감이 그를 뒤에서 잡아당긴다"라고 지적했다.

모든 부모가 자녀를 사라 스워들링이 한 것과 같은 방식으로 감싸려고 하지는 않는다. 때로는 자녀가 부모를 보호하기도 한다. 9~10세의 아이가 부모를 채권추심원으로부터 감춰주기 위해 집에 걸려온 전화를 걸러내는 법을 배운다. 여행사 직원으로 일하는 샬린 도싯은 남편이 사업에 실패한 후 경험한 최악의 상황을 이렇게 이야기했다. "내가 직장에서 일하고 있을 때 두 남자가 우리 집에 왔어요. 그들은 우리 집이 법정처분 조치를 당하게 됐다는 소식을 들었다면서 자기네가 우리 집을 경매로 사든지 우리를 돕기 위해 대출을 해주겠다고 말했다고 합니다. 집에 있던 내 아들은 그들에게 당장 꺼지고 다시는 찾아오지 말라고 소리쳤다고 합니다. 두 사람에 비해 아주 작고 여윈 아이인데도 그렇게 대들었어요. 그 정도로 아이는 화를 냈습니다."

당신이 자녀에게 신경을 쓴다면, 다시 말해 아이가 공부를 잘하는지 못하는지, 자신감을 갖고 있는지 열등감을 갖고 있는지, 잘 지내는지 밤에 잠을 못 잘 정도로 스트레스를 받고 있는지에 신경을 쓴다면 가정경제에도 신경을 써야 한다. 당신이 자녀에게 신경을 쓴다면 사회를 향해 목소리를 높여야 한다.

보수적 칼럼니스트인 윌리엄 버클리는 파산제도에 대해 이렇게 주장했다. "고통 없는 파산 과정과 파산 제도가 악용될 수 있는 가능성이 파산의 가속화를 초래했다. 파산한 사람이 변두리 변호사를 만나고 돌아와 '이제 나는 아무에게도 빚진 게 없다'고 말한다." 우리는 버클리가 누구와 인터뷰를 하고서 재정파탄에 대한 가정의 반응에 대해 그런 견해를 갖게 됐는지 모르겠다. 우리는 자기가 나서 자란 집을 잃게 된 수많은 아이들 중에서 아무도 그런 반응을 보이지 않으리라는 것을 잘 알고 있다. 또한 자신과 자녀의 중산층 내 지위를 보여주던 상징들과 가정의 안정성이 산산조각으로 부서지는 과정을 겪은 수백만 부모들 중에도 그런 반응을 보이는 사람은 아무도 없으리라고 생각한다. 그러나 우리가 그의 칼럼에서 드러나는 허접스러운 냉소주의를 꾸짖지 않는다면 수많은 아이들과 그들의 부모들이 살아가는 삶이 더욱 힘겨워질 것이다.

함정 제거를 위해

우리의 연구 대상이 된 가정들은 우리 자신의 가정과 그리 다르지 않았다. 주위의 모든 사람을 즐겁게 해준 사람들, 큰 꿈을 꾼 사람들도 있었고, 정말이지 어리석은 선택을 한 사람들도 있었다. 그러나 무엇보다도 두드러진 점은 이 책에 등장한 가정들이 열심히 일했고, 규칙대로 행동했으며, 그럼에도 재정적으로 실패했다는 것이다. 그들은 우리와 똑같은 선택을 해서 대학에 갔고, 집을 샀고, 부부가 모두 직장에 나갔다. 그럼에도 그들은 헤어나기 어려운 함정에 빠졌고, 결국은 가정의 재정파탄에 관한 우리 연구의 대상이 됐다.

우리는 그런 가정들을 신뢰한다. 그러나 그들이 따른 규칙은 중산층의 재정적 성공을 보장해주는 규칙이 더 이상 아니다. 한 세대 만에 세상이 바뀌었고, 가정은 적응을 하느라 애쓰고 있다. 한 세대 전에는 사람들이 가정의 경제적 안정과 자녀를 위한 더 나은 미래에 대한 약속을 믿고 근면과 절약에 전념했다. 그런데 어느새 그런 약속은 사라졌다. 엄마는 가정이 재난을 당했을 때에만 취업하던 시절이 있었다. 그러나 오늘날의 엄마는 단지 중산층 생활에 가까스로 턱걸이한 상태만이라도 유지하기 위해 매일 일하러 간다. 많은 가정들이 그런 목적을 달성하고 있지만, 그런 가정들만큼 열심히 일하고 규칙을 준수하는데도 재정난에 몰리는 가정들이 점점 더 많아지고 있다.

자녀교육비와 보험료, 의료비의 상승, 해고와 공장폐쇄 위협의 증가, 규제에서 벗어난 신용업계의 파렴치한 술책 등이 가해오는 압력이 가정들을 한계선으로 내몰고 있다. 미국의 중산층은 강하지만 그 중산층의 힘이 무한한 것은 아니다.

우리가 수집한 증거들은 현실의 엄혹함을 보여주지만 우리는 낙관한다. 역경과 어려움을 딛고 자녀에게 더 좋은 것을 줄 수 있기를 꿈꾼 가정들이 미국의 중산층을 형성했다. 그들은 전쟁, 각종 사건, 전염병, 대공황, 그리고 거대한 경제변혁을 겪고도 살아남았다. 그들이 현재 공격을 당하고 있다. 하지만 위대한 중산층을 구성하는 가정들은 중도 포기를 모르는 사람들이다. 그들은 자신과 자녀를 스스로 돌보는 강인한 투사들이다. 2000만 엄마들을 직장에 보낸 그들의 의지는 의도하지 않은 부작용을 낳았다. 그러나 엄마들의 취업도 자녀에게 더 나은 미래를 만들어 주겠다는 강력한 욕구에 뿌리를 둔 것이었다. 그들을 지원한다고 자처한 정치인들과 기업을 포함한 조직들에 책임성을 강요하지 못한 탓에 그들은 취약한 상태에서 벗어나지 못했다. 그러나 그들은 집단적으로, 개별적으로 학교를 변화시키고, 정치인들로 하여금 해야 할 일을 하게 하고, 자신들의 경제적 활력을 앗아가려는 대기업들에 대항해 싸워나갈 수 있는 능력과 그렇게 할 수단을 갖고 있다고 우리는 믿는다. 그들은 그들 앞에 놓인 함정을 제거할 수 있다.

붉은 여왕의 세계

진화생물학의 이론 중 하나를 가리키는 '붉은 여왕 이론(Red Queen theory)'이라는 말을 들어보셨는가? 동화 《이상한 나라의 앨리스》에 나오는 '붉은 여왕의 세계'는 끊임없이 뛰어야 겨우 제자리를 유지할 수 있는 곳이다. 사람이 아무리 힘껏 달려도 주변 환경이 함께 움직이기 때문에 앞서 나갈 수 없다. 사람들이 뛰는 속도만큼 세상도 빨리 움직인다면 달리기를 멈춘 사람은 곧바로 뒤처질 것이다. 나는 엘리자베스 워런과 그의 딸 아멜리아 워런 티아기가 쓴 이 책 《맞벌이의 함정(The Two-Income Trap)》을 읽으면서 오늘의 중산층은 힘껏 달려야 겨우 제자리를 유지할 수 있는 '붉은 여왕의 세계'에 갇힌 것이 아닌가 하는 생각이 들었다.

이 책은 맞벌이까지 해가면서 직장과 집 양쪽에서 열심히 살아가는 오늘의 중산층 가정경제가 왜 부부 중 한 명만 돈을 벌던 한 세대 전보다 더 취약한지에 대한 깊은 통찰을 담고 있다. 이 책을 쓸 당시에 저자 엘리자베스는 하버드대학교 법학대학원의 석좌교수로서 파산법 분야를 담당하고 있었고, 아멜리아는 펜실베이니아대학 경영대학원에서 경영학 석사학위(MBA)를 받고 매킨지에서 경력을 쌓은 프리랜스 경영 컨설턴트였다. 2019년 4월 현재에는 엘리자베스는 상원의원으로서 2020년 미국 대통령 선거의 민주당 후보 경선에 도전하고 있고, 아멜리아는 컨설팅 사업과 비영리조직 활동을 병행하고 있다. 두 저자는 파산법원, 인구조사국, 노동통계국에 축적된 수십 년간의 데이터, 파산 선고를 받은 개인들과 인터뷰한 자료 등을 통해 중산층 가정에 재정위기를 일으키는 진정한 원인과 관련해 흔히 알려진 바와는 매우 다른 새로운 사실들을 밝혀내고, 그에 대한 해결책을 제시했다.

저자들은 우선 2000년대 초 미국의 맞벌이 중산층 가정은 한 세대 전인 1970년대에 혼자 벌던 중산층 가정에 비해 불변가격 기준으로 75%나 더 많은 소득을 올리고 있지만 재정적 안정성은 훨씬 떨어져서 수많은 가정들이 파산하거나 파산위기에 몰리는 사실을 지적한다.

왜 그럴까? 교육도 더 많이 받고, 더 좋은 직장에서 더 높은 연봉을 받는데다 부부가 모두 일을 한다면 그 가정의 경제는 더 안정돼야 하지 않는가? 두 저자는 사람들이 이 문제에 대해 흔히 잘못된 견해를 갖고 있다고 지적한다. 사람들은 "중산층 가정이 자신의 지불능력 이상으로 사치성 소비와 오락적 소비를 일삼아 감당할 수 없는 채무의 늪에 빠지고 있다"(과소비 신화와 악덕 채무자 신화)고 잘못 알고 있다는 것이다. 사람들이 흔히 가전제품이나 여행, 외식 등을 과소비한다고 알려져 있지만 중산층의 가계지출 가운데 불필요한 사치성 소비지출의 비중은 크지 않으며, 중산층 가정을 파산위기에 빠뜨린 주범은 다른 데 있다고 저자들은 설파한다.

그렇다면 저자들의 설명은 무엇인가? 중산층 부부가 맞벌이로 번 돈, 그리고 빚을 내어 조달한 돈은 어디로 갔는가? 그 돈은 집값, 교육로, 의료비로 쓰였다는 것이다. 이런 지출이 맞벌이까지 하며 버는 소득보다 훨씬 더 빨리 증가했다는 것이다. 이는 미국의 중산층 부부들이 자녀에게 더 좋은 생활환경과 교육환경을 제공하고자 했기 때문이다.

미국의 중산층 부모들은 자녀의 교육과 안전을 위해 도시 안에서 교외 주택지로 빠져나갔다. 그들은 그곳을 더 안전한 곳으로, 그곳의 학교를 더 좋은 학교로 만들었다. 학군제 아래서 상대적으로 우수한 중산층 자녀들이 빠져나간 시내 공립학교는 급속히 부실화됐고, 이는 다시 남아있던 중산층 가정들의 도시 탈출을 가속화시켰다. 중산층은 교외지역으로 몰려가서 그 지역의 주택을 놓고 입찰경쟁에 돌입했다. 게다가 교육의 개념이 바뀌어 유아 단계의 교육이 당연시됨에 따라 프리스쿨, 그것도 고급 프리스쿨에 대한 수요가 급증했다. 또 사회에서 성공하기 위해서는 대학 학위가 필수조건이 됨에 따라 대학 교육에 대한 수요도 크게 늘었다.

여성, 특히 자녀를 둔 여성의 취업과 가계신용의 확대는 교외 주택, 고급 유아교육, 대학교육 등에 대한 중산층 가정들의 입찰경쟁을 격화시켰다. 엄마가 직장에 다니는 중산층 가정은 증대된 구매력을 교외 주택과 교육서비스 구입에 투입했다. 확대된 가계신용은 가정이 입찰전쟁에 쓸 추가적인 실탄을 제공해 주었다. 예컨대 예전에는 집값 대비 20% 이상의 돈을 갖고 있어야 모기지 대출을 끼고 집을 살 수 있었으나 이제는 3% 정도의 돈만 있어도 집을 살 수 있게 됐다. 또 금리에 대한 규제가 철폐됨에 따라 사람들이 높은 금리로나마 쉽게 돈을 빌릴 수 있게 됐다. 자금조달력이 예전과 비교할 수 없을 정도로 커진 중산층 부모들은 자신과 자녀를 위해 쉽게 돈을 빌려 집을 사고 교육비를 지출했다.

교외 주택, 고급 유아교육, 대학교육에 이렇게 수요가 몰리고 입찰 경쟁이 벌어지자 그 가격이 상승했다. 교외 주택의 가격 상승률은 도시 지역 아파트의 가격 상승률에 비해 세 배가 넘었다. 대학보다도 비싼 유치원이 곳곳에 생겼고, 대학 등록금도 계속 올랐다.

그러나 이런 중산층 생활에는 심각한 취약점이 있다. 우선 교외 주택, 유아교육, 탁아, 대학교육이 중산층 생활의 필수조건이 됨에 따라 이런 것들에 대한 지출이 쉽게 줄일 수 없는 고정적 비용이 됐다. 이런 고정비를 지출하고 가정에 남는 재량적 소득(discretionary income)은 얼마 안 된다. 이와 동시에 가정은 그 전통적인 안전망을 상실했다. 엄마가 취업했기 때문에 가정에 이제는 비상시에 동원할 예비자원이 없다. 부부 중 한 사람만이라도 실직하면 곧바로 가계소득의 급감이 초래되며, 가족 중 누군가가 사고를 당하거나 질병에 걸려 간호를 받아야 하게 되어도 곧바로 가계소득의 급감이 뒤따른다. 게다가 직업의 안정성은 낮아졌다. 다운사이징, 아웃소싱, 구조조정이 시대의 화두가 되고 감원, 조기퇴직, 해고가 일상사가 됐다. 이혼도 증가했다.

그 결과는? 바로 외줄타기 중산층 생활이다. 이제 중산층 가정의 생활이란 현재 보유한 자원은 물론이고 미래의 자원까지 앞당겨 투입하는 총력전이다. 평균적인 중산층 부부는 맞벌이를 해야만 겨우 주택대출금을 상환하고 자녀교육비를 지불할 수 있다. 이러하니 실직이나 질병, 이혼과 같은 재난이 닥쳤을 때 그 충격을 흡수할 쿠션 또는 버퍼가 없다. 곧바로 파탄으로 내몰린다. 실직이나 이혼, 질병 등의 재난이 닥치면 가계소득은 고정성 경비를 감당할 수 없다. 부모들은 자녀를 위해 중산층의 생활양식을 유지하기를 원하지만, 결국은 막대한 빚더미에 올라 파산지경에 처할 수밖에 없다.

섬뜩한 분석이 아닐 수 없다. 직장과 집을 오가며 열심히 일하고 자녀를 돌본 결과가 파산 위험이라니. 하지만 부인할 수 없는 사실이다. 그래서 직시해야만 하는 현실이다. 남부럽지 않은 중산층 생활에 대한 기대는 그 어느 때보다 강하다. 그런 삶을 가능하게 해줄 것 같은 수단도 있다. 그것은 바로 맞벌이와 쉽게 얻을 수 있는 신용(easy credit)이다. 그러나 나뿐만 아니라 남들도 다 그런 욕구와 수단을 갖고 있기에 입찰전쟁이 벌어진다. 그리고 입찰전쟁이 치열해 낙찰가격이 엄청나게 높아지고 있기 때문에 중산층 생활에는 여유가 거의 없다. 삐끗하면, 즉 실직을 하거나 질병에 걸리면, 혹은 사고를 당하거나 이혼을 하게 되면 더 이상 지탱해 나가기가 힘들다.

물론 이 책에 담긴 것은 미국의 교육제도, 치안상황, 여성취업 현황, 주택보유 실태, 금융제도, 파산제도를 배경으로 한 미국 중산층의 이야기다. 우리나라의 상황과는 여러 면에서 다르다. 예컨대 우리나라에서는 시내와 교외로 계층별 거주지가 분단돼 있지 않다. 중산층 내 맞벌이의 비율도 미국만큼 높지 않고, 시내 치안이 교외 지역보다 특별히 더 불안하지도 않다. 그러나 이 책에 나오는 미국 중산층의 삶은 결코 우리에게 낯설지 않다. 입찰전쟁을 통해 모두의 삶이 피폐해지는 것은 오늘날 우리 자신의 이야기이기도 하다.

우리나라에서도 시내와 교외로는 아니라도 도시 간에, 그리고 도시 내에서 계층별 거주지가 분단돼 있다. 고도성장기를 거치면서 우리나라의 상류층은 서울의 강남지역에 집결했다. 그리고 그 뒤를 따라 중산층도 강남지역에 모여들었다. 경제개발이 시작된 지 한 세대 만에 서울의 강남지역은 소수만 입장할 수 있는 '빗장도시(gated city)' '성채도시' '부자특구'가 됐다. 한 건설회사의 아파트 광고 문구처럼 이제는 "당신이 사는 곳이 당신을 말해준다."

자녀를 더 좋은 환경 속에서 키우고자 하는 부모들의 욕구는 매우 강렬하다. 그래서 현행 학군제 아래서 자녀를 더 좋은 학교에 보내고 더 좋은 교육을 시켜주고 싶어 하는 중산층 부모들은 늦어도 자녀가 중학생이 될 즈음에는 강남지역으로 이사하고자 한다. 실제로 2003년에 서울의 강남구와 서초구에서는 한창 자녀교육에 신경 쓰는 '386세대'의 전입이 두드러졌다.

물론 그 꿈을 이루기는 쉽지 않다. 자신의 저축금만으로 더 좋은 지역으로, 혹은 평수를 늘려 이사하기는 어렵다. 그런데 쉽게 얻을 수 있는 신용이 유력한 보완수단이 됐다. 많은 중산층 가정들이 아파트담보대출을 받아 더 좋은 지역으로 이사하거나 더 넓은 평수의 아파트를 구입했다.

2000년대 들어 아파트담보 대출을 중심으로 가계대출이 폭발적으로 늘어났다. 2001년부터 2003년까지 3년 사이의 금융권 가계대출 증가액 180조 원 가운데 절반이 넘는 97조 원이 주택구입용 대출이었던 것으로 추산된다. 2000년대 들어 가계대출 증가액의 절반 이상이 주택 구입에 쓰인 것으로 추정된다. 이런 대출금과 개인 저축금을 합한 막대한 금액의 자금이 주택시장, 특히 아파트시장에 투입됐으니 아파트 가격이 급상승한 것은 당연하다. 2001년부터 2003년까지 3년간에 걸쳐 전국의 아파트 가격은 54% 올랐다. 특히 서울의 아파트 가격은 72%, 서울의 한강이남 지역은 89%나 올랐다(국민은행 조사). 중산층의 선호도가 높은 지역일수록 집값이 더 상승한 것이다.

입찰전쟁의 결과로 많은 중산층 가정들이 원하는 집을 얻은 대신 잔뜩 빚을 졌다. 그렇게 하지 못한 다른 많은 가정들은 중산층 선호지역의 집을 구입하려면 더 큰 금액을 대출받아야 했다. 특히 2004년 3월부터 장기 주택저당 대출(모기지) 제도가 시행됨에 따라 주택 구입과 관련된 채무 부담이 가정경제의 일상사가 되기에 이르렀다.

집을 사느라 진 채무 때문에 가계지출의 여력이 없는 '유주택빈민(house poor)'은 남의 나라 이야기가 아니다. 게다가 학군제 아래서 공교육이 붕괴하고 사교육비 부담이 점점 더 가중됐다. 그러다 보니 우리나라의 중산층 가정도 고정적 경비를 지출하고 나면 수중에 재량적 소득이 얼마 남지 않게 됐다.

이러한 잠재적 재정위기를 눈앞에 두게 된 개인의 선택안은 돈을 더 벌되 덜 쓰고, 적절한 투자를 통해 재산을 불리는 것이다. 이것이 중산층 가정들에 대한 보통의 재정조언 서적들이 권하는 바이며, 한때의 '10억 원 모으기' 열풍도 이와 동일한 것이다. 한편으로는 더 열심히 일하고, 심지어는 투 잡, 쓰리 잡을 갖고, 맞벌이도 한다. 다른 한편으로는 가계지출을 줄인다. 그렇게 하는 가장 확실한 길은 아이를 적게 낳는 것이다. 사회가 자녀를 안 갖는 사람들에게 상을 주고 아이를 낳아 기르는 부모에게 벌을 주는 상황에서 그것은 지극히 합리적인 행동이다.

그러나 이러한 개인 차원의 대응은 단지 부분적인 해결책밖에 안 된다는 것이 이 책을 쓴 두 저자의 통찰이다. 입찰전쟁이 계속되는 한 개인적 대응은 별다른 효과를 낼 수 없다. 모든 가정이 맞벌이를 하거나 모든 개인이 투 잡을 갖거나 해서 소득을 늘리면 입찰전쟁에 쓸 실탄이 늘어나 결국은 낙찰가격만 한층 더 높아진다.

더욱이 이런 대응은 경제 전체로는 심각한 문제를 야기한다. 대출금을 상환해야 하는 유주택빈민은 소비지출을 줄일 수밖에 없고, 그에 따라 내수가 가라앉아 경기가 침체에서 벗어나기 어렵다. 근래 우리나라의 수출이 대호황인데도 불구하고 내수가 급감하여 경기가 좀처럼 회복되지 않는 데도 이런 사정이 배경에 깔려 있다. 또 출산을 안 하면 개별 가정의 재정 상태는 나아지겠지만 장기적으로 경제와 사회가 유지될 수 없다. '출산파업'이라는 신조어까지 나왔듯이 우리나라 여성의 출산율은 세계 최저가 됐다. 현재의 출산율이 지속된다면 금세기 말에는 우리나라 인구가 1600만 명으로 오그라들 것이라는 전망도 있다.

요컨대 가정의 재정위기에 대한 개인 차원의 대응이란 전형적인 '구성의 오류(fallacy of composition)'다. 개인에게 최선책인 것이 사회적으로는 결코 최선책이 아니고, 그에 따른 폐해가 개인에게 부메랑으로 돌아오는 것이다.

그렇다면 두 저자는 입찰전쟁에 따른 가정의 위기에 대해 어떤 해결책을 제안하고 있는가? 두 저자는 사회적 차원과 개인적 차원의 두 가지로 해결책을 제시한다.

두 저자는 사회적 차원에서는 교육개혁과 금융 재규제(reregulation)가 필요하다고 제안한다. 우선, 자녀를 좋은 학교에 보낼 목적으로 특정 지역에 살아야 할 필요가 없어지도록 교육제도를 개혁하자고 한다. 두 저자는 학군제를 폐지하고, 학부모가 학교를 선택해 자녀를 보낼 수 있게 하는 바우처 제도를 도입할 것을 주장한다. 또 가정의 부담으로 남아 있는 유아교육을 공교육화해 유아교육비 전액을 공적으로 지원하고, 대학 등록금을 동결해 가정의 교육비 지출 부담을 줄이자고 한다.

또한 두 저자는 소비자금융에 대한 규제 완화가 누구나 쉽게 얻을 수 있는 신용을 낳았고 이것이 입찰전쟁을 가열시켜 중산층 가정들을 빚더미 위에 올려놓았다고 지적하고, 소비자금융을 재규제할 것을 주장한다. 사람들이 당장 손쉽게 대출을 받을 수 있는 편의에 이끌려 약탈적 대출업자의 먹잇감이 되는 일이 없도록 소비자금융에 대한 규제를 강화해야 한다는 것이다. 두 저자는 이러한 사회적 차원의 대책이 실행되게 하기 위해서는 '집단행동'이 필요하다고 말한다.

물론 교육개혁을 어떻게 할 것인지, 바우처 제도가 실제로 효과가 있을지는 미국에서 논란거리가 되고 있다. 학생들을 대상으로 실험을 한다는 것 자체가 쉽지 않고, 그렇게 하는 데 따르는 기술상의 어려움도 크며, 일부 바우처 제도를 도입한 곳에서 학교 교육의 질이나 학생의 학습능력이 뚜렷하게 향상되지도 않았다.

그렇지만 교육개혁의 구체적 수단이 바우처든 자립형 사립고든 평준화 폐지든 특정 지역으로의 진입 욕구를 누그러뜨릴 각종 제도개혁의 필요성은 절실하다. 학군이 계층별 거주지를 결정하는 현실은 분명히 타파돼야 한다. 현행 학군제와 계층별 거주지 분단은 입찰전쟁을 불러일으키고, 그 결과로 중산층의 삶이 피폐해진다. 삶의 고정비용이 높아지기 때문에 사람들은 소비할 여력이 없고, 결혼을 늦추며, 아이도 적게 낳는다. 이것이 단기적으로, 또 중장기적으로 국가경제 위기의 진원이 되고 있다.

개인적 차원에서는 두 저자가 '재정 소방훈련(financial fire drill)'을 제안한다. 기업에 재무관리가 필요한 것처럼 개인에게도 재무관리가 필요하다는 것이다. 한쪽 소득이 없어져도 살아갈 수 있는지를 점검하고, 고정비용을 줄이고, 장기적인 지출에 묶이지 말고, 보험에 가입하는 등의 비상상황 대비 계획을 세우고 실천하라는 것이다.

이것은 결국 각 가정이 잠재적 재난의 위험을 자각하고 그에 대한 대비를 하라는 것이다. 그렇게 하기 위해서는 예컨대 무리를 해가며 집을 사지 않는 등 삶의 기대수준을 다소 낮추어 행동해야 한다. 또한 당장의 편의에 이끌려 고리의 대출을 받을 것이 아니라 재정적 생존을 위해 전략적으로 행동해야 한다.

이상과 같이 이 책은 중산층 가정들이 안고 있는 재정위험의 실태를 생생하게 보여주고, 그 대책을 분명하게 제시하고 있다. 그리고 문체 또한 간명해서 많은 독자들이 쉽게 읽을 수 있다.

이 책은 중산층 가정의 잠재적 재정위기와 그에 따른 사회경제적 여파가 중대할 수 있다는 것을 시사한다. 나는 우리 사회가 소모적이고 자기파괴적인 입찰전쟁, 즉 '붉은 여왕의 세계'에 갇혀있다는 사실을 자각했으면 하는 문제제기의 뜻으로 이 책을 번역했다. 이 책의 번역출간에 선뜻 동의했을 뿐 아니라 번역원고의 오류와 미흡한 부분을 바로잡아 번역의 '안전망' 역할을 해준 필맥의 이주명 사장에게 고마움을 표한다. 중산층 가정과 개인들뿐 아니라 정책 당국자들에게도 이 책이 도움이 되기를 바란다.

주석

머리말

1 "추세연장 방식으로 추정해보면 2007년 한 해에만 약 80만 가정이 파산법원에서 추방당했을 것이다. (우리가 알아낸 사실들은) 그들이 게을러서 빚을 갚지 못한 고소득 가정일 것이라는 추측에 대해 의문을 품게 한다. 그들은 심각한 재무적 곤경에 빠지기는 했지만 미국의 평범한 가정인 것으로 보인다." Robert M. Lawless, Angela K. Littwin, Katherine M. Porter, John A. E. Pottow, Deborah Thorne, and Elizabeth Warren, "Did Bankruptcy Reform Fail? An Empirical Study of Consumer Debtors," *American Bankruptcy Law Journal* 82 (2008): 349-406.

2 350대 상장 대기업 최고경영자들의 보수는 2013년에 평균 1520만 달러였는데, 이는 2010년에 비해 21.7% 증가한 금액이었다. Alyssa Davis and Lawrence Mishel, "CEO Pay Continues to Rise as Typical Workers Are Paid Less," Economic Policy Institute, June 12, 2014.

3 반응정치센터(Center for Responsive Politics)에 따르면 은행을 포함한 금융업계 전체는 금융개혁을 저지하기 위한 싸움을 벌이는 동안에 선거자금 기부와 로비활동 비용으로 하루 평균 140만 달러의 속도로 모두 5억 2300만 달러 이상을 지출했다. 이 금액은 회계법인, 상업은행, 신용조합, 금융회사, 신용회사, 보험회사, 부동산회사, 저축대부조합, 증권회사, 투자회사 등이 선거자금 기부와 로비활동 비용으로 지출한 돈을 모두 더한 것이다.

4 소비자금융보호국(CFPB)은 2015년 12월까지 77만 건의 소비자 불만 사건을 처

리했다고 보고했다. 예를 들어 2015년 11월 한 달 동안 신고된 소비자 불만은 2만
1천 건이었다.

5 Massimo Calabresi, "The Agency That's Got Your Back," *Time*, August
24, 2015.

6 Thomas Piketty and Emmanuel Saez, "Income Inequality in the United
States, 1913-1998," *Quarterly Journal of Economics* 118, no. 1, February
2003, 139.

1장

7 2001년의 파산신청률을 보면 유자녀 부부는 1000쌍당 14.7쌍, 무자녀 부부는
1000쌍당 7.3쌍이었다. 유자녀 미혼 여성은 1000명당 21.3명이 파산을 신청해
무자녀 여성의 1000명당 7.2명, 무자녀 남성의 1000명당 7.2명보다 훨씬 높은 파
산신청률을 보였다.

8 이 계산은 1980~2002년 중 미국 내 개인파산에 대한 선형회귀 분석에 입각한 것
이다. 설명력을 나타내는 지표인 R스퀘어 값은 0.937이다. 유자녀 파산가정의 비
율은 분석대상 기간 중 일정하다고 가정했다. 이 분석에 따르면 모든 유자녀 가정
의 13.5%인 510만 가정이 2003~2010년에 파산을 신청할 것이다.

9 미국에서는 2002년에 200만 명이 파산을 신청했다. 같은 해에 심장발작을 일으킨
환자는 110만 명, 새로 암 진단을 받은 건수는 128만 4900건이었다. 2001년에
미국의 대학들은 120만 명에게 학사 학위를 수여했다. 같은 해에 110만 건의 이혼
이 있었는데 파산 신청은 이보다 많은 150만 건이었다.

10 전체 모기지 가운데 법정처분이 개시된 모기지의 비율은 1979년 0.31%에서
2002년 1.1%로 255%나 상승했다. 1982~2000년에 연방주택청의 독신가구 모
기지 보험에 의한 보증을 지원받은 주택소유자의 이후 상황을 보면 2002년까지
주택 법정처분을 당할 가능성은 유자녀 부부가 무자녀 부부보다 평균적으로 39%

더 높았고, 편부모는 무자녀 독신자보다 28% 더 높았다.

11 파산한 가정 중 92%는 적어도 대학을 마쳤거나(57%), 상위 80% 안의 직업군에 속하는 직업을 가졌으며(70%), 집을 소유하고 있었다(58%). 파산신청자의 3분의 2는 둘 이상의 기준을 충족시켰고, 27%는 세 가지 기준 전부를 충족시켰다.

12 아내들 가운데 4분의 3은 신용상담에 필요한 서류작업을 전적으로 책임졌다. 파산한 가정에서는 남편보다 아내가 약 두 배나 더 청구서 대금을 지불하고 채권추심원을 상대하는 일을 전적으로 책임졌다. 가정이 재정난에 빠지면 채무관리와 파산의 부담이 압도적으로 여성에게 돌아가고 남편은 옆으로 비껴나 책임을 지지 않는다.

13 자녀 양육을 남편이 맡은 경우는 10%인 데 비해 아내가 맡은 경우는 72%였다. 나머지 18%는 공동의 부담 또는 제3자의 부담이었다.

2장

14 John de Graaf, David Waan, and Thomas H. Naylor, *Affluenza: The All-Consuming Epidemic*, San Francisco: Barrett-Koehler, 2001.

15 Juliet B. Schor, *The Overspent American: Upscaling, Downshifting and the New Consumer*, New York: Basic Books, 1998.

16 예컨대 2000년에 평균적인 4인 가족은 한 세대 전에 비해 통신에 290달러를 더 썼다. 이에 비해 바닥재에는 200달러, 드라이클리닝과 세탁용품에는 210달러, 담배와 기타 흡연용품에는 240달러를 각각 덜 썼다.

17 총 회전결제 채무(주로 신용카드 채무)는 1981년 6450만 달러에서 2000년 6억 9280만 달러로 늘어났다.

18 오늘날 기존 주택 가격의 중앙값은 인플레이션 조정을 한 1975년의 가격보다 32% 높은 15만 달러가 넘는다.

19 2001년에 유자녀 부부의 78.8%가 주택소유자였다. 최근까지의 통계를 보면 중간소득 가구가 주택소유자일 가능성이 저소득 가구가 주택소유자일 가능성보다

34% 더 높다.

20 25년 이상 된 자기 집 거주자의 비율은 1975년의 40%에서 1999년에는 59%로 높아졌다.

21 흑인 부모 중 자녀가 다니는 학교의 질에 대해 '매우 불만족'하다고 응답한 비율은 다른 부모 집단들이 그렇게 응답한 비율의 거의 세 배에 이른다.

22 〈뉴욕타임스〉 2002년 9월 9일자의 보도에 따르면 폭력범죄는 1993년 이래 50% 감소했다.

23 미국 인구조사국이 1975년에 실시한 주택소유자 조사에서 도시중심부에 사는 사람들은 교외지역에 사는 사람들보다 38%나 더 지역 내 범죄에 대해 불평했다. 오늘날 도시 내 거주자는 교외지역 거주자보다 125%나 더 주위에서 범죄가 일어났다고 말한다.

24 그렇다고 '도시 대 교외'로 전적으로 양분된다는 말은 아니다. 그러나 도시거주자는 교외거주자보다 두 배나 더 공립 초등학교가 너무 나빠 이사하고 싶다고 말하는 경향이 있다. 마찬가지로 도시지역에 집을 가지고 있으면서 어린 자녀를 둔 부모들은 교외거주자들보다 거의 70%나 더 인근의 공립 초등학교에 대해 불만족을 표시하는 경향이 있다.

25 1000명의 직장 근무 엄마들을 대상으로 한 조사에서 자신이 일하는 주된 이유를 묻는 질문에 80%가 가족을 부양하기 위해서라고 대답했다.

26 1979년과 2000년 사이에 모든 소득수준에 걸쳐 기혼 엄마들이 직장 내 근무시간을 늘렸다. 남편이 하위 20% 소득군에 속하는 여성들은 연간 334시간 더 일하게 됐고, 남편이 상위 20% 소득군에 속하는 여성들은 315시간 더 일하게 됐다. 이에 비해 남편이 중간 60% 소득군에 속하는 여성들은 연간 428시간 더 일하게 됐다.

27 고등학교를 마치지 않은 여성과 남성의 실질임금은 지난 20년간 양쪽 다 감소했다. 대조적으로 대졸자 중 여성의 소득은 1979년 이래 30% 증가한 데 비해 남성의 소득은 17% 증가하는 데 그쳤다.

28 중산층의 임금 수준을 가장 잘 보여주는 지표인 중산층의 소득 중앙값은 1970년 대 초 이래 남자의 경우 1%도 안 되게 증가하는 데 그쳤으나 여성의 소득은 33% 이상 증가했다.

29 중간소득 가정 가운데 '유주택빈민'으로 간주될 수 있는 가정의 비율은 1975년 이 래 네 배가 됐다. 또한 소비자지출조사에 따르면 소득 대비 모기지 대금의 비율은 1970년대 초 이래 상당히 증가했다. 주택비용 부담 정도를 나타내는 많은 지수들 은 뚜렷한 추세를 보이지 않았다. 그러나 대개 이 지수들은 현재의 모기지 금리와 기초지불금 추정액 등의 요소에 입각한 이론적 주택비용을 보여준다. 그 결과 지 수들은 많은 가정들이 고정금리 모기지 대출을 받았으며 고금리 기간에 대환하지 않는다는 사실을 무시하기 때문에 이자율의 변동에 아주 민감하다. 마찬가지로 대 개 이 지수들은 최근의 고비용 비우량 모기지 대출의 비상한 급증을 무시하고 모 든 구매자가 보통의 모기지 대출을 받는다고 가정한다. 게다가 이 지수들은 20년 전보다 오늘날 최초 주택구매자가 실상은 훨씬 더 적은 기초지불금을 내는데도 전 형적인 기초지불금이 지난 한 세대 동안 달라지지 않았다고 가정한다.

30 사립대학에 다니는 데 드는 비용은 연간 2만 5300달러에 이르는데, 이런 금액은 평균적인 중산층 가정이 버는 연간 소득의 약 절반에 해당한다.

31 노동통계국에 따르면 평균적인 4인 가족은 한 세대 전에는 1.7대의 자동차를 소 유했지만 오늘날에는 그보다 0.8대 증가한 2.5대를 소유하고 있다. 이것은 큰 폭 의 증가이지만 과소비인지는 불분명하다. 문제는 이것이 단순한 평균치라는 데 있다. 4인 가족 가운데는 대학생인 아들, 연로한 조부모, 자기 집이 없는 처남 등 부부 이외의 성인이 있는 경우가 많다. 평균적인 4인 가족 내 성인의 수는 한 세 대 전에는 2.3명, 오늘날에는 2.4명이다. 이는 곧 평균적인 가족의 성인 1인당 차 량 대수가 0.7대에서 1.0대로 0.3대 증가했음을 의미한다. 엄마가 직장에 나가고 가족이 교외로 이사하게 되면서 가족 내 성인이 차를 몰고 직장, 학교, 시장에 가 기 위해 그만큼은 돈을 더 써야 했던 것이다.

32 자기 집 거주자가 직장까지 통근하는 거리의 중앙값은 1975년의 7.9마일에서 1999년에는 20마일로 길어졌다.

33 1972~73년에 평균적인 4인 가족은 민간 건강보험(노인의료보장 지출은 빼고)에 160달러(인플레이션 조정을 하면 640달러)를 썼다. 4인 가족 가운데 38%는 건강보험에 돈을 쓴 것이 전혀 없었다. 이는 대체로 보험에 가입하지 않았기 때문이고, 일부 경우에는 메디케이드와 같은 정부 프로그램을 적용받았거나 고용주가 특별히 마음씨가 좋아 의료비를 전액 지불해주었기 때문이다. 중간소득 보험가입 가정의 평균적인 건강보험 비용 부담을 좀더 정확히 파악하기 위해 우리는 건강보험에 적어도 1달러 이상은 지출한 가정들을 대상으로 계산을 했다. 건강보험에 대한 중산층 가정의 평균적 지출액 추정치는 건강보험에 대한 평균적 지출액인 640달러를 민간 건강보험에 지출을 한 사실을 응답한 가정의 비율인 0.62로 나누어 구한 1027달러다.

34 4인 가족의 전형적인 예산

	톰과 수잔 1970년대 초의 혼자 버는 가정 (인플레이션 조정)	저스틴과 킴벌리 2000년대 초의 맞벌이 가정	증가율
남편의 소득	$38,700	$39,000	1%
아내의 소득	$0	$28,800	–
총 가계소득	$38,700	$67,800	75%
세율(소득의 %, 지방, 주, 연방)	24%	33%	35%
세금	$9,386	$22,256	137%
세후 소득	$29,314	$45,544	55%
주요 고정비용			
주택모기지	$5,309	$8,978	69%
탁아비(7세)	$0	$4,354	–
프리스쿨(3세)	$0	$5,321	–
건강보험	$1,027	$1,653	61%
자동차: 차량 1	$5,144	$4,097	−20.4%
자동차: 차량 2	$0	$4,097	–
총고정비용	$11,480	$28,499	148%
재량적 소득(식품, 의류, 유틸리티,기타)	$17,834	$17,045	−4%

35 미국의 전체 가구 중 52%만이 은퇴계정을 갖고 있다.

3장

36 Rosalind C. Barnett and Caryl Rivers, *She Works/He Works: How Two-Income Families Are Happier, Healthier and Better-Off*, San Francisco: HarperSanFransisco, 1996.

37 1973년에 전일제로 일한 여성의 연소득 중앙값은 6488달러였으며, 이를 2000년의 달러화 가치로 환산하면 2만 1913달러였다. 오랜 기간 전업주부 생활을 하고 별다른 기술이 없는 여성이 일터로 나오면 이런 소득 중앙값보다 적은 금액만을 벌었을 것이다. 그러나 그 격차는 비교적 작았다. 예컨대 1970년대 말에 20대 초반 여성(이들은 평균보다 적은 경험을 갖고 있었을 것이다)의 소득은 전체 직장 여성의 소득 중앙값보다 단지 12% 적었다.

38 사회학자들이 '추가근로자 효과(the added worker effect)'라고 부르는 것, 즉 실직한 남편의 아내가 취업하는 현상에 대해 상충되는 연구 결과들이 나왔다. 어떤 연구자들은 남편이 실직한 해나 다음 해에 아내의 노동력 참여가 많이 이루어지는지를 조사했는데, 유의한 '추가 근로자 효과'가 발견되지 않았다. 그러나 최근의 연구는 아내의 취업이 점진적이어서 남편이 실직한 시점을 기준으로 한두 해 전부터 시작되어 그 시점 이후 수년간 계속됨을 보여주었다. 이를 감안하면 유의한 '추가근로자 효과'가 입증됐다고 할 수 있다.

4장

39 어떤 경제학자들은 수치심이 주별 비교를 통해 측정될 수 있다고 주장한다. 즉 여러 측정 가능한 경제적 요인들을 가려낸 후 그것들로 설명되지 않는 파산신청의 증가는 수치심의 감소에 의한 것이 틀림없다고 주장한다. 예컨대 파산신청률이 비교적 높은 테네시의 주민은 파산신청률이 비교적 낮은 하와이의 주민보다 수치

심을 덜 느끼는 것이 틀림없다고 주장한다. 비슷한 데이터를 사용한 어떤 논문은 파산으로 큰 이익을 볼 수 있는 가정들(자신의 자산과 주법상 면책 기준에 비해 채무가 가장 많은 가정들)이 파산을 신청할 가능성이 가장 크다는 것을 보이고, 이런 가정들이 '전략적'으로 파산을 이용하는데 이는 그들이 아무런 수치심도 느끼지 않음을 의미한다고 주장한다.

40 미국 법전(USC)에서 파산법에 해당하는 부분은 101조부터 시작되는 11편이다. 11편에는 여러 개의 장(chapter)이 있다. 1장은 모든 파산에 적용되는 규칙을 서술하고 있다. 7장은 개인과 기업의 청산과 파산, 11장은 기업의 재편, 12장은 가족농장의 재편을 각각 다루며, 13장은 시간을 두고 채무를 상환하려는 가정을 위한 것이다.

41 기업은 재편하기를 원하면 11장에 따른 절차를, 청산하기를 원하면 7장에 따른 절차를 각각 신청하면 된다.

42 주마다 천차만별이다. 절반가량의 주들은 2만 달러 이하의 주택지분에 대해서는 처분 대상에서 면제하고, 6개 주는 수백만 달러의 주택지분에 대해서도 면제를 허용한다. 전국 파산조사위원회는 주택 면제의 하한선과 상한선을 설정할 것을 하원에 권고했다. 상원은 주택 면제의 상한선을 12만~25만 달러에서 설정할 것을 여러 차례 제안했지만, 하원이 그러한 상한선 설정을 거부했다. 그러나 주택 면제에 하한선을 설정하는 것에 대해서는 상원이든 하원이든 동의한 적이 없다. 집값에 대한 모기지 채무의 비율이 높은 많은 가정들에 이러한 주택 면제 논쟁은 먼 나라 이야기다. 그들은 보호받아야 할 주택지분이 아예 없기 때문이다.

43 법은 더 구체적이다. 채무자는 6년이 지난 후에만 면제를 신청할 수 있다. 사실상 많은 가정들이 13장에 따른 절차를 신청해서 채무를 상환하려고 노력하다가 상환할 수 없게 되어 그 절차에서 탈락한다. 그들은 아무런 채무면제를 받은 바 없으며, 따라서 그들은 다시 파산을 신청할 수 있다. 우리가 조사해 보니 7장 신청자의 5%가 전에 한 번 이상 파산을 신청한 적이 있었고, 13장 신청자의 31%가

전에 파산한 적이 있었다. 파산을 신청하고, 재신청하고, 심지어는 두 번째로 재신청하면서 자신의 재정생활을 정돈하려고 하는 사람들이 많은 것이다.

44 1981년에 파산가정의 소득 대비 비모기지 채무 비율 중앙값은 0.79였다. 1991년에는 이 비율이 1.06으로 높아졌다. 2001년에는 1.5였다.

45 모기지 법정처분율은 1979년 0.31%에서 2002년 1.1%로 높아졌다.

46 1980년에 29만 1000건의 개인파산 신청이 있었는데, 이는 2002년의 개인파산 신청 150만 건에 비해 19%에 불과했다. 사기만으로 파산신청의 전체 증가를 설명한다면 2002년에 120만 건(총 신청 건수의 80%) 이상의 사기 파산신청이 있었다는 이야기가 된다.

47 유자녀 파산가정 중 71.5%는 실직, 소득감소, 또는 직업 관련 문제를 파산의 이유로 들었다. 53%는 의료문제를 들었는데, 여기에는 1000달러 이상의 의료비를 지불하지 못했다고 보고한 가정, 질병이나 장애로 인해 적어도 2주 이상의 무급휴가를 받은 가정, 의료문제 때문에 파산을 신청한 가정 등이 포함된다. 19%는 파산의 원인으로 '이혼이나 가정파탄'을 들었다. 유자녀 가정 중 86.9%가 이런 것들 가운데 하나 이상을 이유로 들었다. 나머지 13.1%는 다른 이유를 대거나 아무런 이유도 대지 않았다.

48 논의를 단순화하기 위해 남편의 실직 위험과 아내의 실직 위험 사이에 아무런 상관관계도 없다고 가정한다.

49 Boisjoly, Duncan, and Smeeding, "The Shifting Incidence of Involuntary Job Losses". 저자들은 1968~79년과 1980~92년 사이에 비자발적 실업의 가능성이 28% 증가했음을 발견했다. 또한 Daniel Polsky, "Changing Consequences of Job Separation in the United States", *Industrial and Labor Relations Review* 52 (July 1999)를 보라. 두 연구는 근로자들이 1970년대보다는 1980년대와 1990년대에 실직할 가능성이 더 높았다는 증거를 발견했다. 실직률이 1990년대 말의 호황기에 개선됐다는 증거가 있다. 그러나 그런 추

세는 1996~99년보다 대량해직이 40~50%나 많았던 2001~02년의 침체기에 역
전됐을 것이다. 1970년대와 2000년대 초의 비자발적 실업을 비교한 연구 결과
가 발표된 적이 없기 때문에 우리는 편의상 일단 1970년대와 1990년대 초 사이
의 비자발적 실업 증가를 비교했고, 2000년대의 비자발적 실업률은 1980년대와
1990년대 초의 비자발적 실업률과 비슷했을 것으로 가정했다. 우리는 사회학자
나 노동경제학자들이 지난 세대 동안의 실직 가능성에 대해 합치된 의견을 내지
못한다는 데 주목한다. 그들이 사용하는 데이터 집합과 그들이 초점을 둔 변수들,
조사한 모집단에 따라 그들의 실증적 발견은 다르다.

50 대다수 연구들이 남편에게만 초점을 맞추지만, 우리는 부부 양쪽 모두를 염두에
두고 전일제로 일하는 남편과 전일제로 일하는 아내가 동일한 실직 가능성을 안
고 있다고 가정한다. 그렇다면 양쪽의 실직 가능성 사이에 상관관계가 없을 때 한
쪽 배우자가 실직할 가능성은 1980~92년에 3.2%였던 것으로 추정할 수 있다.

51 전체 기혼 여성 중에서는 62%가 취업자였던 데 비해 파산을 신청한 기혼 여성 중
에서는 79%가 취업자였다.

52 파산을 신청한 맞벌이 가정 중에서 83.3%는 직업 문제를 파산의 원인으로 꼽았
다. 혼자 버는 기혼 부부 중에서는 직업 문제를 파산의 원인으로 꼽은 가정의 비
율이 74.6%였으며, 배우자가 없는 독신 파산신청자 중에서는 이 비율이 더 낮아
63.6%였다.

53 맞벌이 가정의 22%가 부모에게서 매달 1시간 이상의 비지불 지원을 받는다고 응
답한 데 비해 38%는 매달 부모에게 1시간 이상의 비지불 지원을 한다고 응답했다.

54 비슷하게 서로 의존적인 부부(각각 가구소득 전체의 40% 이상을 버는 부부)는 그
렇지 않은 부부들에 비해 이혼할 가능성이 57%나 더 크다는 연구결과도 있다.

55 15세 미만의 자녀가 있으나 결혼은 하지 않은 부부의 가정은 1977년의 20만
4000가구에서 2000년에는 170만 가구로 증가했다. 18세 미만의 자녀가 있는
기혼 부부의 수는 2000년에 2710만 쌍이었다.

5장

56 2001년에 경기침체가 있었음에도 여성의 실업률은 5% 미만으로 1970년대의 어느 해보다 낮았다. 여성이 소유한 사업체의 수는 1972년에 100만 개가 안 되던 것이 1997년에는 800만 개 이상으로 늘어났다. 남편보다 연소득이 더 많은 여성의 비율은 1980년의 11%에서 1996년의 21%로 16년 만에 거의 두 배로 높아졌다.

57 1975년에 의회는 주정부의 아동양육 강제를 확장한 사회보장법 4-D편을 통과시켰다. 이어 1984년에 자녀양육 강제를 위한 법 개정이 이루어짐에 따라 주정부는 자녀양육비를 지불하지 않는 비양육 부모의 임금을 압류하기 시작했다. 1988년에는 의회가 즉각적인 임금 압류를 법령화하여 1994년 1월부터 새로운 자녀양육 명령에 대해 실행에 들어갔다.

58 파산신청률을 보면 편모는 1000명당 21.3명인 데 비해 기혼 부부는 14.7명, 결혼 안 한 무자녀 여성은 7.2명, 결혼 안 한 무자녀 남성은 6.1명이다.

59 우리의 추정은 여성의 단독 개인파산 신청과 관련된 1981년, 1991년, 2001년의 데이터에 대한 선형회귀분석에 입각했다. R스퀘어 값은 0.988이다. 이 계산에서 우리는 파산을 신청한 독신여성 중 편모의 비율이 분석대상 기간 중 변하지 않았다고 가정했다. 이러한 가정은 1980년대 초 유자녀 편모의 수를 과장했을 것이고 따라서 1981년에서 2001년까지 이 집단의 파산신청 증가를 과소평가했을 가능성이 있다. 또한 우리는 1981년과 1991년에 모든 단독 파산신청 독신여성이 결혼하지 않은 상태에 있었으며 모든 공동 파산신청 여성은 결혼한 상태에 있었다고 가정했다.

60 게일이 법원에 제출한 서류에 따르면 그녀는 모기지 대출업자와의 약정에 따라 매월 1435달러의 모기지 대금(연체금 포함)을 지불해야 했다. 게다가 그녀는 유틸리티비로 매월 600달러, 재산세로 1년에 2700달러를 지불해야 했다. 이 세 가지를 합해 한 달에 2260달러를 지불한 셈이다. 최근의 봉급인상 전에 그녀가 집

에 가져온 소득은 한 달에 약 3000달러였다. 그녀의 소득이 그 뒤에 상당히 인상됨으로써 주택에 들어가는 지출의 비율이 집에 가져오는 소득의 3분의 2로 떨어졌다.

61 부부 모두의 전일제 취업이 결혼 파탄 후 생활수준 악화로부터 여성을 반드시 보호하지는 않는다. 자신의 저임금 때문이든 남편의 고임금 때문이든 가계소득에 상대적으로 적은 금액만을 보태는 전일제 취업 여성은 이혼 후에 다른 여성들보다 생활수준 악화를 훨씬 더 크게 겪는다. 이혼 전에 취업하지 않았거나 시간제로만 일했던 여성은 이혼 후에 새로 취업하거나 근로시간을 늘릴 수 있는 반면에 전일제 취업 여성은 이혼 후에 추가적인 훈련 없이는 소득을 늘리기가 훨씬 더 어려울 것이다.

62 저스틴과 킴벌리의 이혼 전 지출에 대해서는 앞의 주석 34번을 보라. 자녀 부양비는 전 남편 소득의 18%로 계산된다. 이는 킴벌리와 저스틴이 각각 차 한 대씩을 사용한다고 가정하고 계산한 것이다. 킴벌리는 모기지, 건강보험, 탁아에 대해 이혼 전과 같은 지출을 유지한다고 가정됐다. 우리는 양육을 맡지 않은 부모의 4분의 1이 자녀에게 건강보험을 제공한다는 데 주목한다. 이혼 후 아버지가 전처와 자녀에게 건강보험을 제공한다면 전처와 자녀의 가정에 남는 재량적 소득이 약간 덜 급격하게 감소할 것이다. 이런 시나리오 아래서는 이혼 전 소득 대비 이혼 후 재량적 소득의 비율이 1973년에 21%, 2000년에는 6%가 되어 두 해 모두 2%포인트 높게 나타날 것이다.

63 전형적인 양육협정 아래서는 저스틴이 소득의 18%인 7020달러를 지불하고 3만 2000달러를 수중에 남기게 되고, 킴벌리의 수입은 3만 6000달러로 증가한다. 이로써 저스틴의 소득은 빈곤선의 3.6배 수준이 되지만, 킴벌리와 두 자녀는 빈곤선의 2.6배 수준으로 살 것이다. 고통분담 접근법 아래서 저스틴과 킴벌리, 두 자녀가 모두 동일한 수준(빈곤선의 약 3배)으로 살려면 저스틴이 자녀양육비로 1만 2400달러를 내야 한다. 이 경우에 킴벌리의 수입(자녀양육비 포함)은 4만 1200

달러로 증가하지만, 저스틴의 소득은 2만 6600달러로 감소할 것이다.

6장

64 소비자의 비회전 채무는 1993년의 5000억 달러에서 2002년에는 1조 달러로 커졌다(인플레이션 조정을 하지 않았음). 개인 가처분소득 대비 모기지 채무의 비율은 1973년 39.6%에서 2001년 73.2%로 높아졌다.

65 미국 주택소유자의 주택지분 담보 채무는 1997년에 비모기지 소비자 채무 총액에 비해 3분의 1의 규모에 이르렀다.

66 예를 들어 시티은행은 1981년에 신용카드 사업본부를 뉴욕에서 사우스다코타로 옮겼다.

67 신용카드 연체율은 1980년대 초에는 3% 이하였지만 2001~02년에는 4%가 넘었다. 그럼에도 불구하고 신용카드 대출은 다른 형태의 대출들에 비해 수익성이 약 두 배로 유지됐다.

68 2001년에 50억 통의 DM 카드권유서가 발송됐다. 2002년에 DM 카드권유서 발송 건수는 2001년에 비해 3억 통이나 증가했다. 신용카드당 평균 신용한도는 1999년에 7160달러였다. 계산의 편의상 우리는 이 수치가 2002년에도 같았다고 가정했다. 2000년에 미국의 가구 수는 1억 500만 가구였다.

69 1997년에 주택담보 대출을 받은 주택소유자 중에서 61%는 다른 채무를 상환하기 위해 대출을 받았다고 대답했고, 휴가비를 마련하기 위해 대출을 받았다고 한 사람들은 1%에 불과했다. 신용한도를 갖고 있는 주택소유자(주택담보 대출을 받은 사람들보다 약간 더 부유한 집단) 중에서는 49%가 다른 채무를 상환하기 위해 대출을 받았다고 했고, 13%는 휴가비를 마련하기 위해 대출을 받았다고 했다.

70 파산신청 가구 중 49.7%는 신용카드 채무가 6개월치 소득보다 많다고 응답했다.

71 '신용카드 채무'나 '비상경비 지출(trouble managing money)'은 전체 파산신청 가구의 55%가 파산신청의 이유 가운데 하나로 꼽았다. 파산신청의 이유로 실직,

의료문제, 가정파탄을 꼽지 않고 이 두 가지 이유만 꼽은 가정은 전체 가정 중에서 5.7%, 유자녀 가정 중에서는 3.7%였다.

72 우리는 2001년 통계로는 중산층을 연 2만~10만 달러 소득자로 정의했다. 1975년 통계로는 중산층을 연 7000~3만 5000달러 소득자로 정의했는데, 인플레이션 조정을 하면 이는 2만 1000~10만 8000달러 소득자다. '유주택빈민'은 소득의 35% 이상을 주택에 지출하는 가정을 가리킨다. 전체 주택소유자 중에서 소득의 35% 이상을 지출하는 중산층 주택소유자는 1975년의 2.8%에서 2001년에는 13.5%로 높아졌다.

73 비우량 모기지 대출업자는 상대적으로 더 빈곤한 주택소유자들에게 주의를 기울여 왔다. 저소득 주택소유자 가운데 비우량 대환대출을 받게 되는 비율은 26%인데, 이는 중간소득 가구 가운데 비우량 대환대출을 받게 되는 비율의 두 배가 넘는다.

74 전국소비자법센터 소장인 마고트 손더스는 1998년 9월 16일 하원에서 다음과 같이 증언했다. "담보대출에서 대출업자는 유리한 입장에 있다. 차입자로 하여금 대출금을 고금리로 상환하게 할 수도 있고, 법정처분을 통해 직접 주택에서 대출금을 회수할 수도 있다. 법정처분이 진행되고 차입자의 재산이 공정한 시장가치 이하로 대출업자에게 넘어가면 대출업자는 법정처분 후 재산을 되팔아 주택소유자의 지분을 현금화할 수 있다. 이런 예상되는 횡재는 일부 대출업자들로 하여금 결국은 법정처분으로 가도록 고안된 대출을 계획적으로 하도록 부추긴다."

75 전체 모기지 대출 가운데 법정처분되는 비율은 1979년 1분기의 0.15%에서 2002년 1분기에 0.37%로 상승했다. 거의 150%나 상승한 셈이다. 우리는 법정처분 중인 주택 수가 법정처분이 시작된 건수보다 더 빨리 증가한 점에 주목한다. 법정처분의 법적 절차는 거의 달라지지 않았으므로 그 차이는 오늘날 법정처분 절차가 개시되면 한 세대 전보다 그 절차가 끝까지 진행될 가능성이 더 크다는 사실에 주로 기인한다. 이는 오늘의 가정은 25년 전의 가정에 비해 모기지 대출 회

사에 연체된 상환금을 지불하게 되거나 주택을 법정처분당하기보다 매각하게 될 가능성이 낮다는 것을 의미한다.

76 신용카드 연체료 평균액은 1994년 2월 11.6달러에서 2002년 11월 30.04달러로 증가했다.

77 상위 100대 채권추심회사들의 수입은 1995년의 17억 달러에서 2000년에는 42억 달러로 증가했다.

78 오늘날 많은 주에 고리대 금지법이 있지만, 많은 경우 이자율 상한선이 너무 높아서 채무자를 보호하는 역할을 거의 하지 못한다. 이런 주들에서는 주 바깥의 대출업자가 그 법의 적용을 받지 않기 때문에 주 안의 대출업자가 주 입법기관에 이자율 상한선을 높여서 경쟁상 불이익을 당하지 않게 해달라고 요구해 왔다. 게다가 주 바깥의 대출업자가 주 경계를 넘어 고금리 대출 영업을 함으로써 간단히 그 주의 법을 회피할 수 있기 때문에 어느 한 주가 이자율 상한선을 낮게 유지하더라도 그런 조처가 주민들을 보호해 주기가 어렵다.

79 위원회는 예컨대 파산으로 면제된 채무를 상환한다는 데 동의하라고 신용카드회사들이 가정에 요구하는 것을 허용하는 관행이 금지돼야 한다고 권고했다. 위원회는 또 부유층 가정이 자산을 값비싼 주택의 형태로 은닉하지 못하도록 자기 주택에 대한 강제처분과 과세의 무제한 면제 제도를 없애고 그 대신 그러한 면제에 10만 달러의 상한선을 둘 것을 권고했다.

80 신용카드업 분석가들은 신용카드 채권 상각의 31%가 가정의 파산 때 이루어지고, 나머지 69%는 가정이 파산을 신청하지 않아도 추심 불가능 채권으로 상각된다고 추정한다.

81 전미 소비자파산연맹은 언스트앤영을 고용해 홍보용 수치들을 만들도록 했다. 언스트앤영은 파산법 7장에 의거해 파산신청을 한 가정의 15%가 제안된 법 아래서 얼마간 지불할 능력이 있을 것이라고 추정했다. 파산법 13장의 적용을 받는 채무자들은 이미 상환을 하고 있기 때문에 그들에 대해서는 계산하지 않았다. 그럼에

도 불구하고 제안된 파산법에는 13장 신청자들에게도 몇 가지 새로운 부담을 지우는 내용이 들어 있었다. 예컨대 기존 법 아래서는 가정이 주택모기지 연체금을 내는 데 가용 소득을 집중 사용할 수 있었다. 그러나 제안된 법 아래서는 신용카드 발행자와 자동차대출 업자가 더 많은 상환을 받게 되며, 그렇게 상환하지 않는 가정은 13장에 의거한 보호를 받을 수 없게 돼 있었다. 1년 후 언스트앤영은 잠재적 지불가능자 추정치를 7장 신청자의 10%로 더 낮추었다.

82 2001년의 1000명당 파산신청률을 보면 흑인 주택소유자는 39.9%, 중남미계 주택소유자는 14.4%, 백인 주택소유자는 5.8%였다.

83 2002~03학년도에 71만 4000명의 여성이 학사 학위를 받았다. 1999년에는 한 달에 보통 180만 명의 아동이 연방아동보육기금이 지원하는 탁아시설에 맡겨졌다. 이 아동들 가운데 다수는 '여러 해 동안' 같은 프로그램을 이용할 것이다. 이에 비해 부모의 파산을 경험하는 아동은 '2년간'의 통계로만 봐도 310만 명에 이른다. 미국에서 매년 약 150만 명의 여성이 가까운 파트너에 의해 강간 등 폭행을 당한다. 그중 약 37만 5000명이 경찰에 보호를 구한다.

7장

84 2001년에 소년야구리그는 110만 명의 신입회원을 받았다. 개는 약 3400만 가구가 기르고 있다. 그 가운데 20%인 680만 가구는 동물구조협회에서 개를 분양받았다. 개의 평균 나이(5~6살)와 평균 수명(10년 이상)을 고려하면 매년 약 68만 가구가 동물구조협회에서 개를 분양받는다. 미국 치과교정의사협회에 따르면 매년 약 160만 명의 아동이나 십대 청소년이 치아교정을 받는다.